新时代新理念职业教育教材
课程思改建设探索教材
校企“双元”合作开发教材

中国旅游地理

主　编　张宏权　夏　岩　刘　涛

北京交通大学出版社
·北京·

内 容 简 介

中国旅游地理是职业教育众多专业的重要课程。本书依据相关专业教学标准，从旅游、地理、旅游地理、旅游区划、旅游线路等基本概念出发，系统介绍了中国旅游地理的知识与技能。本书共设置了 10 个项目，分别为旅游与地理、旅游资源与地理环境、中国旅游交通地理、东北旅游区、华北旅游区、华中旅游区、华东旅游区、华南旅游区、西南旅游区、西北旅游区。本书体系完整、内容丰富、图文并茂、版式精美，是一本体现职业教育改革精神、探索课程思政建设方法、校企“双元”合作开发的教改教材。

本书适合作为高等职业教育和中等职业教育旅游管理、现代服务、交通运输、城市建设、经济管理、外事接待等相关专业的专业课教材，还可供对中国旅游地理感兴趣的社会读者参考。

图书在版编目（CIP）数据

中国旅游地理 / 张宏权，夏岩，刘涛主编. -- 北京 : 北京交通大学出版社，2024. 11.
ISBN 978-7-5121-5411-7

Ⅰ. F592.99

中国国家版本馆 CIP 数据核字第 2024PY6254 号

中国旅游地理
ZHONGGUO LÜYOU DILI

责任编辑：刘　辉
出版发行：北京交通大学出版社　　电话：010-51686414　　http://www.bjtup.com.cn
地　　址：北京市海淀区高梁桥斜街 44 号　　邮编：100044
印 刷 者：艺堂印刷（天津）有限公司
经　　销：全国新华书店
开　　本：185 mm×260 mm　　印张：13.75　　字数：370 千字
版 印 次：2024 年 11 月第 1 版　　2024 年 11 月第 1 次印刷
定　　价：58.80 元

本书如有质量问题，请向北京交通大学出版社质监组反映。对您的意见和批评，我们表示欢迎和感谢。
投诉电话：010-51686043，51686008；传真：010-62225406；E-mail：press@bjtu.edu.cn。

前　言

为了满足职业教育旅游管理、现代服务、交通运输、城市建设、经济管理、外事接待等相关专业的教学需要，我们组织职业院校一线教师和旅游行业专家联合编写了本书。本书具有以下特点。

1. 贯彻立德树人根本任务，融入思政教育元素

为贯彻立德树人根本任务，本书在编写过程中深入挖掘教材内容蕴含的思政映射点，结合专业知识与技能融入党的领导、家国情怀、乡村振兴等方面的思政教育内容。通过优化思政内容供给，提升育人效果。在介绍核心旅游景点时，对红色景点、爱国主义教育景点，以及体现中华民族优秀科技、艺术、文学成就的景点，进行重点介绍。

2. 遵循课程学习认知规律，逻辑叙述脉络清晰

（1）本书的内容编排遵循以下逻辑脉络：在介绍旅游、地理、旅游地理、旅游区划、旅游线路等基础知识的基础上，以东北、华北、华中、华东、华南、西南、西北七大旅游区为切入点，将各旅游区的旅游资源进行系统、全面的介绍。这样的内容安排循序渐进，逻辑清晰。

（2）本书图文并茂、版式精美，契合职业教育学生的学习特点与认知规律。本书在语言表述上既强调作为教材的学理分析要求，又力争做到文字优美、通俗易懂、引人入胜。

为方便教师与学生使用本教材，我们提出以下建议：① 通过“职业能力目标”了解学习要求，对各项目的知识、技能点做到心中有数；② 通过“思政课堂”扩大思考范围，进而提升学习境界，培养情操；③ 通过“三重视”（重视行政区划图、交通图等各类地图的作用；重视实地调研；重视联系过往人生经验、旅游经验），结合各项目实训，践行知行合一、理论联系实际的方法论，提升今后的学习与生活能力。本书对港澳台地区的旅游地理情况未作介绍。

本书由西安城市建设职业学院张宏权、伊春职业学院夏岩、江海职业技术学院刘涛主编，张宏权编写项目 1、2、3、4、5，夏岩编写项目 6、7、8，刘涛编写项目 9、10。

受编者水平、时间、精力的限制，本书难免存在不足之处，恳请广大读者批评指正。

编　者

2024 年 11 月

目 录

项目 1

旅游与地理

职业能力目标

1. 掌握旅游的概念、要素
2. 了解旅游的分类
3. 了解地理、自然地理和人文地理的概念
4. 掌握地理与旅游的关系
5. 掌握旅游地理的概念，体会旅游地理的人文地理属性
6. 掌握旅游区划的基础知识

思政课堂

我国旅游业的发展历程

我国现代旅游业产生于20世纪20年代，在百年的发展历程中，我国旅游业经历了从无到有再到规模化的变迁过程。

1. 1949年前我国旅游业的产生与发展

20世纪20年代，在中国早期资本主义化进程中，交通运输和新式旅馆等旅游设施得到发展，为人们的出行提供了便利条件。经济的发展必然促进人员的流动，客观上需要专门的旅行机构为其提供服务，我国旅游业就是在这样的背景下产生和发展起来的。

当时的中国已有几家“洋商”开办的旅行服务机构，包括英国的通济隆旅行社、美国的运通公司等，这些机构专门为“洋人”和少数上层社会华人服务，缺少专门为中国普通民众服务的民族资本旅行社。爱国民族资本家、上海商业储蓄银行创始人陈光甫先生在外资旅行代理机构购买船票时受到冷遇，因而立志创办一家中国人自己的旅行服务机构。除了爱国和维护民族尊严的原因，陈光甫创办旅行社的目的还在于让“国人及各国人士了解中国古老悠久的文化和名胜古迹”“辅助工商”“服务社会”。1923年4月，由陈光甫任总经理的上海商业储蓄银行正式呈文北洋政府交通部，提请代售火车票，办理旅行业务。当时交通部正召开全国铁路联运会议，该案一经交议，立即遭到身居要职的铁路“洋员”反对。其表面理由是英、日、美、法等国在华均有旅行机构，绝无再设的必要，实际上是担心民族资本旅行机构削减外国在华旅行机构的既得利益。幸好时任交通总长的叶恭绰、路政司司长刘景山及各路“华员”竭力支持，才经激烈辩论后终获通过。

1923年8月15日，我国第一家民族旅行社——上海商业储蓄银行旅行部正式成立。旅行部以“顾客至上，服务社会”为宗旨，确立了“发扬国光，服务旅行，阐扬名胜，改进食宿，致力货运，推进文化”的二十四字方针，开始了创业之路。刚开始，其业务比较简单，以客票发售为主，先是代售国内火车及轮船票，复与美、日等国铁路公司及美、法、英、日等国轮船公司洽妥，代售国外铁路、轮船公司客票，待中国航空公司成立后，再代售飞机票。1927年初，旅行部与银行分立，改组为中国旅行社，成为独立的旅行商业机构。其经营范围从1923年旅行部设立之初的代售国内外火车、轮船客票及旅行咨询，逐步扩大到车站、码头

接送和转送，行李提取和代运，发行旅行支票，为国人办理出国及留学事宜，以及观光游览等业务。1927 年至 1937 年间，中国旅行社在客运服务的基础上又开辟了货运服务和招待所业务，分、支社增加到 49 处，形成了覆盖全国并延伸到境外的服务网络。这期间，中国旅行社的业务拓展有一个特点，即与国内新开辟的交通线路相同步。中国旅行社代售海陆空客票如图 1–1 所示。

图 1–1 中国旅行社代售海陆空客票

1937 年至 1945 年全民族抗日战争期间，中国旅行社在自身资产和业务遭受巨大损失的同时，本着爱国和服务社会的经营宗旨，将协助民众战时流动和物资转移作为其主要职能。抗战结束后，中国旅行社的业务虽然一度有所恢复，可随着国内战争的开始，步履维艰。

中国旅行社的产生和发展，对我国近代旅游交通的发展具有极大的带动和示范作用，但时逢乱世，外敌入侵，国内战乱，国民政府推行反动统治，普通民众更多的是在为生计而奔波，中国旅游交通发展艰难，其发展速度非常缓慢。

2. 1949—1978 年我国旅游业的恢复与发展

新中国成立初期，刚从战争阴影中走出来的共和国，面临着医治战争创伤和恢复国民经济的历史重任。交通线路也面临恢复，在党的领导下，旅游交通事业逐渐恢复，并开始步入正常发展轨道。我国出差和旅游的游客逐年增加。在此期间，虽然旧中国遗留下来的“中国旅行社”能够负责一部分接待任务，但难以完全承担当时的旅游业务。于是，在周恩来总理的关心下，经当时的政务院批准，1954 年 4 月 15 日，中国国际旅行社总社在北京成立，并在上海、天津等地成立了 14 家分社。中国国际旅行社的经营原则和任务是“收费低廉、服务周到”，在尚难做到自负盈亏和上缴利润的情况下，作为实行企业化管理的事业机构，承办政府各单位及群众团体有关外宾招待等事项，并发售国际联运火车票、飞机客票。1957 年，华侨旅行社成立，负责接待海外华侨。20 世纪 50 年代国内旅游场景如图 1–2 所示。

(a) 游客在内蒙古锡林郭勒草原上骑马采花

(b) 游客在哈尔滨眺望松花江

图 1–2 20 世纪 50 年代国内旅游场景

1957 年，中国国际旅行社和 11 个社会主义国家的主要旅行机构建立了业务合作关系，还与西方国家 113 个旅游机构建立了联系。

随着旅游接待规模不断扩大，为了进一步加强国家对旅游业的管理和领导，全国人大常委会于 1964 年 7 月 22 日批准成立中国旅行游览事业管理局。其主要职能是：负责境外自费旅行者的旅游管理工作、领导各有关地区的国际旅行社和直属的服务机构的业务，组织我国公民出国旅行、负责有关旅游的对外联络工作和宣传工作。与此同时，国务院还明确规定了发展我国旅游事业的方针和目的：首先是学习各国人民的长处，宣传我国社会主义建设的成就，加强和促进与各国人民之间的友好往来和相互了解；其次，通过增加外汇收入，为国家建设积累资金。

1971 年，周恩来总理亲自部署并召开了全国旅游工作会议，提出了我国发展旅游要“宣传自己，了解别人”的工作方针。在周恩来总理等一批党和国家领导人的关心支持下，加上 1971 年中国在联合国合法地位的恢复、中美和中日建交等利好因素的促进，我国的旅游业在 20 世纪 70 年代得到了一定的发展。

3. 改革开放后旅游业发展进入快车道

改革开放后，我国的旅游业进入了新的发展阶段。1978 年 12 月，十一届三中全会确定将党和国家的工作重心转移到经济建设上来，我国的旅游业自此开始步入全面振兴的发展时期。尤其是在 20 世纪 70 年代末，邓小平曾先后五次就我国新时期旅游发展问题发表了谈话。在他的关心和指导下，我国的旅游业被重新定位，由外事接待行业转变成为经济创汇兼对外窗口行业。1984 年 6 月审议通过的国民经济和社会发展第七个五年计划明确提出：“要大力发展旅游业，增加外汇收入，促进各国人民之间的友好往来。”第一次将旅游业的发展纳入国民经济发展规划体系之中，这标志着旅游业的产业地位在我国被正式认可。

1978 年至 20 世纪 80 年代中期，我国旅游业的发展战略以发展国际入境旅游为主。这样的决策在当时有非常重要的现实意义。改革开放之初，我国经济建设要引进国外先进的生产技术，需要大量外汇。旅游业作为国家创收的重要渠道、对外开放的窗口，得到国务院的重视。1978 年 9 月召开的旅游工作会议，进一步明确了新时期旅游工作的方针、政策和任务，明确了接待外国人、华侨、外籍华人、港澳台同胞和新时期总任务的关系，优先发展入境旅游。20 世纪 80 年代在景点拍照的游客、旅游宣传品和旅游大巴如图 1–3 所示。

20 世纪 80 年代中期至 1997 年，我国旅游业发展的特征是入境旅游和国内旅游并举。在这一阶段，国际入境旅游总体上仍然保持着强劲增长态势；另外，改革开放已初见成效，国内经济迅速发展，人民生活得到不断改善，国内居民的旅游需求增加。国家制定了“因地制宜，正确引导，稳定发展”的国内旅游政策。进入 20 世纪 90 年代，国家又制定了“积极发展”的国内旅游政策。国内旅游在这一时期增幅较大，我国旅游业的市场结构在这一阶段出现了明显的变化。

(a) 在景点拍照的游客　(b) 旅游宣传品　(c) 旅游大巴

图 1–3　20 世纪 80 年代在景点拍照的游客、旅游宣传品和旅游大巴

20 世纪 90 年代国内旅游场景如图 1–4 所示。

(a) 游客在上海外滩　　(b) 游客在山东蓬莱

图 1–4　20 世纪 90 年代国内旅游场景

1997 年 3 月，《中国公民自费出国旅游管理暂行办法》出台，并于同年 7 月 1 日起正式实施。这标志着国家正式允许旅行社开办组织中国公民自费出国旅游的业务，标志着中国出境旅游市场的形成。如图 1–5 所示，东南亚是早期中国公民出境旅游的主要目的地之一。

图 1–5　早期中国公民出境游

从 1998 年开始，“假日制度”推出，“黄金周”让大众旅游风生水起，旅游市场繁荣兴旺。“黄金周”旅游场景如图 1–6 所示。

(a)“黄金周”期间的北京长城　　(b)“黄金周”期间的上海外滩

图 1–6　“黄金周”旅游场景

4. 我国入境旅游、国内旅游和出境旅游进入全面发展阶段

党的十八大以来，我国入境旅游、国内旅游和出境旅游进入全面发展阶段。按照《关于

促进旅游业改革发展的若干意见》(国发〔2014〕31 号)的要求，旅游业应主动构建与新型工业化、信息化、城镇化和农业现代化相结合的更大格局，以对经济、社会、文化、生态多方协同的改革精神，全面融入国家战略体系，在推动“旅游+”“大旅游”“全域旅游”的过程中，转型升级。旅游业正按照“五位一体”总体布局和“四个全面”发展要求，遵循市场经济规律，成为促进经济社会统筹推进和协调发展的重要载体。

纵观改革开放以来我国旅游业的发展历程，我国旅游业的发展主要取得了八个方面的成就：① 入境旅游居世界前列；② 国内旅游发展迅速；③ 出境旅游不断扩大；④ 旅游设施建设已具相当规模；⑤ 旅行社行业快速发展与成熟；⑥ 旅游法制建设逐步完善；⑦ 旅游人力资源的开发与建设硕果累累；⑧ 旅游经济作用全面体现。新时代的中国游客如图 1-7 所示。

(a) 中国游客在南极　(b) 游客在三亚潜水

(c) 游客在上海中心大厦 118 层观光厅　(d) 游客在茶卡盐湖“天空之境”

图 1-7　新时代的中国游客

任务 1.1　旅游基础认知

1.1.1　旅游的概念和要素

1. 旅游的概念

1）字面上的理解

“旅”是旅行，外出，即为了实现某一目的而在空间上从甲地到乙地的出行过程；“游”是外出欣赏、参观、娱乐、放松。“旅”和“游”二者结合起来即旅游。

2）学理上的分析

旅游是非定居者的旅行和暂时居留而引起的一种现象及关系的总和。传统观念认为，旅游者不会因旅游而永久在旅游地居留（将旅游与移居、移民区别开来），且在旅游地不从事赚钱的活动（将旅游与工作区别开来）。随着社会的发展，旅游的外延在不断扩大，例如，在旅游地居住时间延长，且边旅游边在当地工作的旅游模式在部分人群中开始流行。

旅游作为一种社会行为，古代即已存在，中国是世界文明古国之一，是世界上最早出现旅游活动的国家之一。例如，春秋战国时期，老子传道骑青牛西去，孔子讲学周游列国；汉时张骞出使西域；唐时玄奘西游取经；明时郑和七下西洋，大旅行家徐霞客云游四方，撰写游记。

进入现代，旅游业蓬勃发展，在各国经济中的比例不断升高，旅游活动在世界各国人民生活中的重要性愈发突出。旅游业作为“无烟工业”，成为绿色、环保、体验式经济的典型代表，是各国争相发展的支柱性产业。旅游成为人们生活重要的组成部分如图 1–8 所示。

图 1–8　旅游成为人们生活重要的组成部分

随着我国成为世界第二大经济体，国民收入水平逐年提高，国人的旅游热情与消费实力为世界旅游界瞩目，我国成为世界上重要的旅游客源国和目的地。

2. 旅游的要素

“吃、住、行、游、购、娱”是通常意义上的旅游六要素。这六个要素，是发展旅游业的根本，指导旅游业的规范，衡量旅游业的标准，同时，也是旅游时必须考虑的六个要点、六个方面。

1.1.2　旅游的分类

1. 按目的分类

旅游的目的，也可以理解为旅游的内容，按目的，常见的旅游可以分为以下几种。

（1）以常规消遣为目的的旅游。以陶冶情操、增加见识、放松心情等消遣活动为目的的旅行是自主决定的、非强制性的旅行活动。曾经，人们将以消遣为目的的旅行视为旅游，而把商务出差等活动从旅游行为中排除。时至今日，以常规消遣为目的的旅行仍是最经典的旅游概念，旅游业常规的统计指标也是基于此种旅游形式而言的。

（2）以探亲、访友为目的的旅游。“走亲戚”“回母校参加同学会”等是典型的以探亲、访友为目的的旅游。

（3）商务和专业访问类旅游。商务、专业访问、会议等活动往往是和一定量的消遣旅游结合在一起的。出差办公、异地商务洽谈、项目考察、访学研习、参加会议等也被视为旅游。也可将奖励旅游归入这一类，因为奖励旅游与游客个人职业及所在单位的经济活动存在紧密联系。

（4）宗教旅游。宗教旅游是以宗教活动为目的的出行活动，例如在特殊日期，信徒们前往宗教圣地进行参拜等活动，也被视为旅游。

（5）体育旅游。体育旅游是与体育活动联系在一起的旅游。奥运会、世界杯足球赛等都是重要的体育旅游契机。

（6）医学、美容旅游。医学、美容旅游是以就医或进行美容手术等为主要目的的旅游。

（7）其他目的的旅游。其他目的的旅游指上述类型没有包括的其他旅游活动，例如探险旅游等。

2. 按地理范围分类

按旅游者到达目的地的地理范围，旅游可以分为国际旅游和国内旅游。

1）国际旅游

国际旅游是指跨越国界的旅游活动，分为入境旅游和出境旅游。

图 1-9　中国游客出境游

入境旅游是指他国公民到该国进行的旅游活动，出境旅游是指该国公民到他国进行的旅游活动。

中国游客出境游如图 1-9 所示。

近年来，中国经济总量稳居世界第二，长期笼罩着中国的贫穷、屈辱的阴霾一扫而光，中国人终于找回了自己的尊严与自信。这尊严，首要的当是公民品格的尊严；这自信，首要的当是中华文明的自信。

2）国内旅游

国内旅游是指人们在居住国境内进行的旅游活动，包括该国公民在国内的旅游活动，也包括在一国长期居住、工作的外国人在该国内进行的旅游活动。一般来说，国内旅游是一国旅游业发展的基础，国际旅游是国内旅游的延伸和发展。国内旅游旺季场景如图 1-10 所示。

(a) 北京　(b) 上海　(c) 广州

图 1-10　国内旅游旺季场景

3. 按旅行社参与程度分类

1）跟团旅游

跟团（团队）旅游是由旅行社或旅游中介机构将购买同一旅游线路或旅游项目的若干名游客组成旅游团队进行集体活动的旅游形式。跟团旅游一般以包价形式出现，具有方便、舒适、相对安全、价格便宜等特点，但游客旅行的自由度小。

2）自助旅游

自助旅游是人们不经过旅行社，完全由自己安排旅游行程，按个人意愿进行活动的旅游形式，例如背包旅游。自助旅游的特点是自由、灵活、丰俭由人。自助旅游使所有的花费都可依自己的喜好来支配，行程可弹性调整，还可深入了解当地民情风俗。目前半自助旅游越来越流行，此种方式结合了跟团旅游和自助旅游的优点，灵活方便。

3）定制旅游

定制旅游是指旅行社应游客要求，提供一项或多项旅游服务，其特点是根据游客需求量身定制，但费用较高。定制旅游的内容可谓五花八门，无论是目的地，还是住宿及餐饮的要求等，都可以定制。

随着社会的发展，出现了许多旅游新形态，例如网络共享经济条件下的互助旅游。互助旅游是以自主、平等、互助为指导思想的一种交友旅游活动，通俗地说，互助旅游就是“交朋友+旅游”，使网络上的人脉关系走向现实世界，强调旅游不该只是“我路过”，而应该是“我体验”。互助旅游是科技时代带给人们的现代旅游方式。

任务 1.2 地理与旅游地理

1.2.1 地理基础认知

地理（geography），是世界或某一地区的自然环境（山川、气候等）及社会要素的统称。“地理”一词最早见于《易经》。古代的地理学主要研究地球形状、大小的有关测量方法，或对已知的地区和国家进行描述。现代地理学是研究地球表面的地理环境中的各种自然现象和人文现象，以及它们之间的关系的学科。地理是一门综合性的基础学科。

一般来讲，地理所涉及的范围包括人类生活的各种环境，也就是自然环境与人文环境。自然环境包括大气圈、水圈、岩石圈、生物圈、土壤圈等圈层，由此产生了地理的各个分支，例如水环境、自然资源、地貌、生物的分布、土壤的分布等很多现象，除了这些以外，自然地理现象还包括水文、植物、土壤相互作用的地表系统现象和由于人类活动而产生的各种环境现象、气候现象。因此，学者们把这样的学科叫作自然地理。除了自然地理，因人类具有社会性，所以还产生了各种人类社会现象与地理环境的关系，例如农业的分布、工业的分布等现象，这类现象属于人文地理范畴。人文地理有一个突出的理念就是要实现人类的发展与环境的和谐统一，也就是可持续发展。

经济地理学、农业地理学、工业地理学、商业地理学、交通运输地理学、旅游地理学、人口地理学、人种地理学、乡村地理学、城市地理学、社会地理学、文化地理学、历史地理学、医学地理学、政治地理学、军事地理学、地图学、地名学、理论地理学、区域地理学、应用地理学、灾害地理学等都属于人文地理范畴。

1.2.2 地理与旅游的关系

地理学作为一门自然学科，主要研究自然界中存在的各种自然地理现象，以及地理和人文之间的关系。人类旅游所使用的主要资源就是地理资源，所以二者之间有着紧密的联系。

1. 地理因素是旅游行为产生的背景之一

旅游产生的地理背景，是指对旅游行为的产生具有恒定、持续影响的地理环境，它对旅游的影响在于激发旅游动机的形成与旅游行为的实现。地理环境的差异是旅游产生的外部动力，由地理环境的差异而衍生的旅游资源的互补性是旅游产生的重要条件。旅游活动体验可以使目的地与客源地两地间的地理环境的差异性得到互补。同样，旅游系统的地域差异，又折射在旅游资源分布、旅游者的流动与旅游通道的地域差异上。旅游者旅游的过程实际上是从一个地域进行空间位移到达另一个地域，其间，人们有计划地进行休息和观赏资源来满足自身的精神需求。旅游者在选择旅游景点的时候受到地理因素的影响。

地理因素能够激发人们产生旅游的需要，激发人类的好奇心。在地理环境诸因素中，与旅游密切相关的主要因素有自然地理因素、文化地理因素、经济地理因素、生态环境因素四个方面。

1）自然地理因素

不同的自然地理环境对于生活在各自环境中的人们产生彼此吸引，特别是特征截然不同的环境会给人强烈的刺激，从而激发旅游者的旅游动机，促使旅游者产生旅游行为。

（1）自然地理环境的差异性与丰富性。自然地理是由地质地貌、水文、气候、动植物等要素组成的，它被人们称为旅游的第一环境。根据地带性、非地带性，以及地区的分布规律，地球表面的自然环境的差异可分为以下三级。第一级：自然地带的差异（景观基调的差异）。所谓自然地带是指因地理纬度和海陆位置影响而形成的，具有完全独立景观特征、东西带状延伸、南北依次更替的自然地理环境单元。每个自然地带都有其独特的景观特征，不同自然地带其环境基调不同。第二级：同一自然地带内沿海与内陆的差异。这种差异主要体现在这两者之间的景观、气候的不同，以及沿海所具有而内陆水面所不具备的水上运动的环境条件。另外还有大量的海滨景观，这些都是同纬度的内陆地带所没有或少有的。第三级：岩石性质、地质作用的不同，形成特殊的景观。首先由于岩石性质不同，影响了地貌发育，即岩石的性质在很大程度上决定着山石的外观造型特征，在地表上形成景观各异、魅力不同的风景旅游资源。我国有大面积形体雄伟的花岗岩山体，如泰山、黄山、华山一类的秀美景观，也有碳酸岩类岩石形成的岩溶地貌，如桂林山水、广东仁化丹霞地貌景观等。其次由于大规模的地壳运动，使地形起伏千差万别。我国基本地貌类型齐全、分布范围广的自然地理物质基础对我国自然景观的形成与演变有着深刻的影响，作为旅游资源开发的潜力巨大。

（2）自然地理背景对旅游的影响。不同的自然地理环境对旅游产生的影响，主要是激发旅游动机的形成。其具体表现规律是：不同基调景观间、沿海与内陆间相互吸引、激发，它们彼此互为客源地与接待地；奇特、秀美的自然景观，对不具有这种景观的一般环境和人为环境中生活的人们具有单向吸引激发作用。前者是接待地，后者则为客源地。

2）文化地理因素

文化是人类社会历史实践过程中所创造的物质财富和精神财富的总和。文化地理环境是在自然环境的基础上，人类为某种实践的需要，有意识地利用自然所创造的有形的文化景观（称为物质文化要素）和蕴含在文化景观中的无形的气氛（称为精神文化要素）共同构成的，是人类创造与自然存在的复合体。其中能够体现某地文化环境特征的是物质文化要素，它能给人以直观的感觉。我们平时看到一幅风景画或一张风景照片，往往能从其中所表示的田野风光、建筑、人物、服饰、交通工具，以及道路、店铺等所构成的复合体中，辨认出它是世界上什么地方的风光，判断的主要依据便是画面中的文化景观。

3）经济地理因素

世界上经济地理环境的地区差异有两种不同的划分标准。以经济发达程度为标准，经济地理环境划分为两大基本背景区，即经济发达地区和经济发展地区；以经济发展性质为标准，也划分为两大基本背景区，即城市和农村。

经济发达地区是主要的旅游客源地，经济发达为旅游者的产生奠定了基础。高度发达的生产力必然带来高效的生产、高额的人均国内生产总值，以及高额的人均收入，这使旅游者产生的主观条件得以具备。

经济发达促使人们出游的主观原因有：渴望恢复由于工作单调、枯燥、紧张而受到影响的身心健康；渴望回归自然；渴望人与人之间真诚的交往；渴望体现主体的感受。

4）生态环境因素

生态环境质量是指自然环境原始性质、状态的变化程度，衡量其好坏的标准有两个方面，即生态环境的退化程度和环境污染程度。生态环境质量也是激发旅游者产生旅游动机的又一重要因素，暂时摆脱严重污染的环境，到少污染或无污染的地方去恢复健康，增强体质，越来越成为人们旅游的重要动机之一。正是基于这个原因，20 世纪 90 年代以来，生态旅游在国际旅游业中日趋盛行。

2. 对地理环境的开发是旅游资源的重要来源

对于旅游行业而言，最重要的就是旅游资源，它是一个地区旅游行业发展的保障。用地理学的观点来分析旅游资源，旅游资源就是进行地理资源开发而得到的。地理环境为旅游活动提供了载体，没有一定的地理环境，旅游活动根本无法得以顺利开展。

3. 旅游对地理环境的影响

1）旅游对人文地理环境的影响

（1）旅游对经济的影响。

① 旅游对经济发展的促进作用。

a）独特的产业优势。旅游业是一种“无形”的产业。旅游者到旅游地购买的是旅游服务、旅游产品，获得旅游体验，支付货币。旅游业提供给旅游者的是旅游服务和旅游产品，所消耗的资源少、能耗小，对资源的破坏程度也就较小，这对于各国尤其是发展中国家而言是一条非常可行的发展道路。此外，旅游服务和旅游产品的价格由本国控制，具有较大的调节弹性，旅游地可以充分利用这一杠杆而不会引发和其他地域的贸易争端。旅游业所创外汇收入是现汇，资金可以马上投入使用，即使是换汇，和其他产业相比，旅游业也具有成本低、获利高的优势。

b）重要的创收渠道。旅游业的发展，促进了旅游企业的盈利，旅游企业的盈利有利于增加政府税收，促进经济繁荣。

c）创造大量就业岗位。旅游业是一种劳动密集型产业，需要大量劳动力。旅游业对就业的贡献包括直接就业和间接就业。旅游业的直接就业是由于游客的直接消费产生的，即各种旅游组织中的就业，包括各种接待设施、商店、旅馆、酒吧、运输，以及有关管理部门在内的就业。此外，由于旅游业的发展还涉及建筑、渔业、制造业、轻工食品、商业服务等行业部门，也扩大了这些行业的就业队伍，这就是间接就业。

d）促进经济结构的调整。旅游业为区域的经济结构注入了动力，推动经济结构的调整。旅游消费涉及食、住、行、游、购、娱等多方面的需求，为了满足旅游者的消费需求，地区的经济结构就会发生相应的变化。例如，旅游消费带动交通业、通信业、轻工业、建筑业，以及农业的发展。

② 旅游业对地方经济也存在一定的消极影响。

a）盲目投资，导致超前发展。由于旅游业被认为是一种投资少、见效快、效益高的产业，所以易导致盲目投资，出现浪费。投资少、见效快、效益高只是对那些旅游资源丰富、配套设施完善、可达性好、商业价值高的地区而言。有的地方资源丰富但开发条件还没有成熟，过度超前发展旅游业，将导致旅游经济效益不高，对区域经济不仅没有起到应有的促进作用，反而会增加区域的财政负担。

b）单一经营，缺乏风险意识。旅游业的波动性较大，具有一定的不可预测性。有的地区资源结构单一，开发经营也单一，缺乏对旅游业波动性的认识，一旦出现旅游业的波动往往会造成经济的整体萧条。

c）通货膨胀、地价上涨。旅游会导致通货膨胀，旅游者以较高的价格购买商品，零售商为旅游者服务可以极大地提高边际利润，本地居民往往会受到这种价格上涨的影响，从而导致通货膨胀。此外，旅游业的增长对土地的需求增加，也会导致地价的上涨，使本地居民付出更高的生活成本。

（2）旅游业对区域社会的影响。旅游业对区域社会的影响指的是旅游业对旅游目的地带来的表现在价值观、个人行为、家庭关系、生活方式、道德观念、语言健康等方面的变化，简单地说，是对人的影响，是旅游地居民通过与旅客的直接或间接接触所受到的影响。

① 旅游地居民态度。旅游业发展之初，旅游地居民无一不以欢迎的态度对待蜂拥而至的投资者和游客。然而，随着旅游业的发展带来的游客激增，本地居民开始担心自己的传统习俗和生活方式受到冲击。每当旅游旺季到来之时，大批旅游者在旅游地出现，他们使旅游地变得拥挤不堪，给本地居民生活带来很大的不便，居民们不得不忍受那种拥挤并分担旅游者造成的各种不便。旅游者享受的一些特殊设施和服务，也会引起本地居民心中的不满。意大利的威尼斯就是一个非常典型的例证。

② 旅游与示范效应。旅游者以其自身的意识形态和生活方式介入旅游地社会之中，引起旅游地居民的思想变化，这种作用称为示范效应。示范效应是旅游对社会施加影响的主要途径。对于落后地区来讲，示范效应对提高人的素质有积极作用，但也给旅游地的社会经济带来不良影响。一些专家甚至认为，旅游业把西方的生活方式“出口”到发展中国家，并把那些在西方有争议的都市价值观和腐朽的观念传播开来。

③ 旅游与社会道德。一些专家认为，旅游业的一个很不好的副产品是它对旅游地人民道德标准的影响，色情、犯罪和赌博被认为是旅游业带来的社会道德负面影响。

④ 旅游与语言。语言是交际工具，具有特定人群的社会和文化属性。在社会文化交流中，本国语言的使用程度直接反映该国的文化力量，而语言的变化会使该国人民对外国种族的态度和言行发生变化。因此，语言既是分析社会和文化变化的一个重要因素，又是衡量国际旅游业对社会影响的尺度。对一些旅游地的调查表明，有些地方随着旅游业的发展而出现的同化力严重地威胁着旅游地语言的纯洁性，本民族语言的衰弱会动摇旅游地稳固的社会模式和文化特征。

⑤ 旅游与健康。旅游与健康以三种方式发生关系：第一，旅游的普遍动机是提高健康水平；第二，旅游地的公共卫生标准对旅游产品质量有重大影响；第三，旅游者可能会在某旅游地患病后把疾病带到旅游地之外或已患病的旅游者将疾病带到旅游地。

2）旅游对自然地理环境的影响

（1）旅游与植物。植物是很多旅游目的地主要的旅游资源之一，如北京香山的红叶（黄栌树红叶），黄山的黄山松，大理苍山的杜鹃。不同的旅游活动对植物产生不同的影响，主要包括：对鲜花、苗木和真菌的采集，会引起物种组成的变化；有些森林火灾是由于旅游者用火不慎引起的；任意砍伐树木做柴火和帐篷，毁坏了大量幼树；大量的垃圾堆放，会导致土壤营养状态的改变，使生态系统受到损害；步行旅游者和旅游汽车等交通工具直接对植物产生影响。总之，当利用强度超过生态系统的容量时，旅游就会对植物产生不利的影响。

（2）旅游与水质量。以水为资源基础开展诸如游泳、钓鱼、划船等旅游活动的旅游目的地，如果大量污染物进入水体，对环境和经济都将产生危害。旅游对水资源的影响主要有下述几点：第一，大量的未经适当处理的生活污水进入水环境，对使用这些资源的旅游者和当地居民的健康是潜在的危害；第二，过多的营养物质进入水体将加剧其富营养化的过程；第三，氧的供给和分布变化会对水生动植物产生影响。

（3）旅游与大气质量。旅游意味着要利用汽车、轮船、火车、飞机旅行，这些交通方式或多或少会对大气产生污染。

（4）旅游与野生动物。观看野生动物是重要的旅游活动之一。观看、欣赏动物质量的高低对旅游者的满意程度影响很大，在自然环境中观看未被人为干扰的野生动物获得的享受要远高于在城市动物园中的体验。人类的旅游活动对野生动物的生存环境会产生一定的影响。

（5）旅游与地质。在大多数地区，旅游对地质的影响很小，只是局限于对一些独特地质景观的破坏，如钟乳石、石笋被破坏，珊瑚礁被挖走等。

旅游活动会进一步影响地理环境，旅游业在为当地经济做出一定贡献的同时，不合理、不科学的旅游活动会对地理环境造成严重的破坏，造成当地生态系统的退化及交通拥堵等现象发生。为了有效解决这些问题，就需要协调地理环境与旅游业的关系，使两者能够和谐发展，减少旅游对生态环境的破坏。科学开发旅游资源，规范游客的旅游活动有助于对地理环境的保护和永续利用。

1.2.3 旅游地理

旅游地理是研究人类旅行游览与地理环境关系的学科。旅游地理（学）为人文地理学的分支。旅游地理（学）不仅同地理学的许多分支关系密切，而且与社会学、民俗学、考古学、历史学、建筑学、园林学、经济学彼此渗透，因此它又是一门边缘学科。旅游地理（学）所研究的主要内容有：旅游的起因及其地理背景，旅游者的地域分布和移动规律，旅游资源的分类、评价、保护和开发利用论证，旅游区（点）布局和建设规划，旅游区划和旅游线路设计，旅游交通、旅游业发展对地域经济综合体形成的影响等。

以上旅游地理的主要研究内容可以归纳为三大研究领域：旅游主体（旅游者）的地理研究、旅游对象（旅游资源）的地理研究和旅游手段或旅游媒介（旅游宣传、组织、交通运输和接待设施）的地理研究。

1. 旅游者的地理研究

旅游者的地理研究主要包括旅游者的地域分布和移动规律，如旅游者的地理分布，旅游客流的流向、变化规律及其原因分析，旅游客源市场的变化及发展趋势等。

2. 旅游资源的地理研究

旅游资源的地理研究主要包括旅游资源的类型划分、地域分布、形成条件，旅游资源的评价与规划开发，旅游资源的保护与生态发展等。

3. 旅游媒介的地理研究

旅游媒介的地理研究主要包括旅游区（景点）的布局、建设规划，旅游交通线路设计，区域旅游特色定位与营造，旅游业对地域经济、社会、环境的影响等。

任务 1.3 旅 游 区 划

1.3.1 旅游区划认知

1. 旅游区划的概念

旅游区划是遵循一定的原则和方法，通过实地工作和综合分析，找出比较合理的旅游区界线；确定各旅游区的性质、特征和地位，指出其今后发展的方向；分析确定区内各级旅游经济中心等活动的旅游学概念。

2. 旅游区划的作用

旅游区划的作用在于明确旅游资源的区域特色，以及旅游开发与区域社会经济发展和地理环境的相互关系，因地制宜地合理开发利用各地的旅游资源，配置相应的旅游产业，建设风格不同、各具特色的旅游区，扬长避短，形成合理的旅游地域分工体系，以取得良好的旅游经济、社会与生态效益，促进各地区社会经济的发展。其具体作用如下。

（1）为旅游规划提供科学依据。

（2）有利于组织区域特色旅游。

（3）有利于提高区域整体效益。

（4）有利于旅游业的可持续发展。

3. 确定旅游区划的原则

（1）地域相对完整性原则。

旅游资源的形成、开发和利用，因受自然条件和人文因素的影响，分布上具有明显的地域性，会形成各具风格的客观存在的旅游区。同时，划分旅游区的主要目的是搞好各旅游区的建设，为各级旅游行政部门合理组织和管理旅游业服务，所以也应尽量照顾到现行行政区划的完整性。这样既尊重了旅游资源的地域性特征，又便于行政区域的协作和统筹管理。然而，如果过分强调行政区域的完整性，则无异于画地为牢。强调旅游区划地域相对完整性原则的意义特别重大，它要求在确定旅游区划的过程中要具体情况具体分析。

（2）相对一致性原则。

坚持相对一致性原则主要是指在同一旅游区内，把自然条件具有相似性，人文、社会传统具有近似性的旅游资源划分在一起。

（3）综合分析和主导因素分析相结合原则。

在确定某一级旅游区划时，要综合分析旅游资源各要素在空间组合上的共同特征，探讨开发和利用方向，依据社会和自然条件，进行多层次的深度开发。在综合分析的基础上，进一步剖析各区景观特色和旅游资源形成的主导因素，从而发挥各区旅游资源和环境条件的优势，使旅游区主题鲜明，重点突出，富有个性。

（4）旅游中心地原则。

每一个旅游区都应有一个或几个旅游中心地作为旅游业发展的依托。无论旅游中心地、旅游风景名胜区，还是旅游中心城市，都可成为整个旅游区的核心，成为旅游者的进出之口，集散之地、驻留之所。因此，旅游中心地的旅游设施设备必须完善，要有足够数量、等级各异的宾馆饭店，便捷的邮电通信，较大规模的购物中心和旅游商店，健全完善的医疗机构，内容丰富的文化、体育、游乐场所，通往各旅游点的便捷交通，以便旅游者从这些旅游中心地出发进行区内和区外旅游。

（5）多级划分原则。

由于旅游资源的相似性和特异性是相对的，旅游区的划分也应该多级，从较宽级别到较细级别，其内部的相似性应逐级递增。常规的划分采取“三分法”，即划分为：第一级旅游区，又称旅游资源大区，是把一个国家或整个世界划分为疆土相互衔接的旅游地理单元；第二级旅游区，又称旅游资源亚区，是以旅游资源大区内主要的旅游中心地为核心划定的；第三级旅游区，由各地区旅游主管部门和旅行社具体拟定和负责开发建设，直接担负起为旅游者服务和承接旅游经营活动的任务。

（6）覆盖性与不连续性原则。

旅游区划在地域上应该是连续的、完整的，但旅游资源在分布上具有特殊性，往往呈不均匀的离散状态，各风景区之间常会隔开较大空间，不具备发展成有明显旅游效益的区域。所以，在实际工作中，第一、第二级旅游区可以覆盖全国，而第三级旅游区则往往不相连。鉴于这一客观事实，旅游区划可将不具备产生明显旅游效益的区域置于旅游区之外，呈不连续状态。

4. 旅游区划的层次

旅游区划包括两个层次。

（1）部门层次，包括旅游资源区划、旅游气候区划、旅游市场区划等。

（2）综合层次，全面地考虑区域内自然和人文条件，根据相似性、差异性和内部联系划分旅游区。区内不仅有若干具有共同特征的景点单位，而且包含有联系的服务接待设施及交通、通信等基础设施和相对完整的行政管理体系。

1.3.2 中国旅游区划

1. 中国旅游区划系统

按综合层次来划分，根据中国旅游地理特征和区划原则，从全国整体分析，中国旅游区划系统以分为三级为宜：旅游大区（一级区）、旅游省（二级区）和旅游区（三级区）。

旅游大区，着眼于全国范围内大区域的旅游资源，社会经济环境和历史文化的相对一致性，通常由几个省（自治区、直辖市）或数个地理单元组合而成。

旅游省，即二级区。为了利于旅游资源开发利用和旅游业的发展，二级区基本上与省级行政单位相一致。

旅游区，是在二级区内，以旅游城市或著名的大型风景名胜区为主体或中心而划分的第三级区划单位，是发展旅游业的相对独立的专业区。

旅游区由数个景区景点组成，其旅游资源的发展具有更大的相似性。由于旅游资源分布的不平衡或斑点状分布的特点，所以一个旅游省不可能全部被旅游区覆盖，旅游大区和旅游省同自然区域或经济区域相重合，而旅游区则呈斑点状分布。

2. 中国旅游地理区划方案

根据中国旅游地理区划的目的和原则，一般将全国划分为 8 个旅游大区，34 个旅游省。各旅游省划分若干个旅游区，旅游大区采用“旅游特色+文化+区位”命名形式，二级旅游区（旅游省）用省级行政区名称命名。

（1）林海雪原，关东文化——东北旅游区

东北旅游大区包括黑龙江省、吉林省、辽宁省。该旅游大区山水脉络相连，浑然一体，气候相近，以冰雪、火山、森林、海滨、边境游为其特色。三省的民风民俗相近，突出了关东文化主题。

（2）京都古迹，中原文化——华北旅游区

华北旅游大区包括北京市、天津市、内蒙古自治区、山西省、河北省。该旅游大区是华夏文化的发祥地之一，名胜古迹众多，著名山岳云集，海滨风光旖旎，以北京为中心辐射至各旅游地的交通便捷，是我国以人文景观为主并具备多种旅游资源的旅游大区。

（3）锦绣河山，中部文化——华中旅游区

华中旅游大区包括湖南省、湖北省、河南省。该旅游大区河湖胜景众多，名山峡谷特色鲜明，文化古迹丰富多彩，自然保护区原始独特，连接其他各旅游区的交通便利，旅游业发展潜力巨大。

（4）山水海景，吴越文化——华东旅游区

华东旅游大区包括江苏省、浙江省、安徽省、江西省、福建省、山东省、台湾省、上海市。该旅游大区的自然山水风光和人文景观兼优，是我国旅游资源最密集、类型最多的旅游区之一。既有现代化的世界大都市上海，又有众多江南古镇；既有名山的秀丽和丰富的文化内涵，如黄山、庐山、九华山、普陀山、龙虎山、井冈山等，又有江、河、湖、海、潮的妩媚多姿和壮美，如西湖、瘦西湖、太湖、鄱阳湖、千岛湖、长江、钱塘江等。古典园林、鱼米之乡都向世人展示着这块旅游宝地的风采。这里交通便捷，经济发达，发展旅游业的经济与区位优势明显。

（5）侨乡风情，岭南文化——华南旅游区

华南旅游大区包括广西壮族自治区、广东省、海南省和香港特别行政区、澳门特别行政区，具有典型的热带和南亚热带山海风光。该旅游大区位居我国改革开放的前沿，经济发达，是著名的侨乡和海外游客的主要入境口岸区。港、澳回归祖国，给这里的旅游业带来了更大的生机。

（6）岩溶风光，民族文化——西南旅游区

西南旅游大区包括四川省、重庆市、云南省、贵州省、西藏自治区。该旅游大区岩溶景观典型，峡谷风光迷人，动植物资源丰富，各类保护区中有许多珍稀动植物物种。该旅游大区高原风光独特，少数民族众多，民族风情浓郁，自然生态景观和人文景观都很丰富。

（7）大漠草原，边塞文化——西北旅游区

西北旅游大区包括陕西省、青海省、宁夏回族自治区、新疆维吾尔自治区、甘肃省。该旅游大区深居内陆，呈现与众不同的景观。辽阔的草原上牛羊成群，骏马奔驰，茫茫沙漠上风蚀风积地貌千姿百态，响沙轰鸣，雪山巍巍；丝绸之路的驼铃，引导着人们探古访幽，石窟艺术也是举世闻名。

实　训

1. 实训目的

体会地理与旅游的关系，深刻认识地理对旅游的影响。

2. 实训内容

对照职业能力目标的要求，认真学习本项目的内容，分析地理与旅游的关系，总结地理对旅游的影响，提交地理与旅游关系的 PPT 演示文件。

3. 实训步骤

（1）绘制本项目思维导图，掌握本项目职业能力目标要求的能力。

（2）以本项目的内容为脉络，前往图书馆查找文献，通过互联网收集网络资料，制作 PPT 演示文件。

（3）在班级讨论会上，提交 PPT 演示文件并进行简短的汇报。

（4）听取教师及其他同学对 PPT 演示文件的点评，取长补短，复盘本项目的内容。

项目 2

旅游资源与地理环境

职业能力目标

1. 掌握旅游资源的概念，了解我国旅游资源形成的地理背景
2. 掌握旅游资源的分类和我国旅游资源的特征
3. 掌握自然旅游资源的各种类型
4. 掌握人文旅游资源的各种类型

思政课堂

通过新中国成立前后，我国旅游资源开发情况的对比，体会党的领导是实现中华民族伟大复兴的根本保证。安定团结、太平盛世是旅游资源保护、开发的基础。

保护旅游资源是所有炎黄子孙的责任

我国地大物博，幅员辽阔，拥有丰富的自然旅游资源，作为东方文明古国，人文旅游资源也极其丰富。我国一直是世界旅游资源大国之一。但在新中国成立之前，由于封建势力、反动军阀、官僚买办的破坏和盗窃，以及帝国主义的掠夺和践踏，中国文物古迹、自然风光、民族风情等旅游资源广遭劫难，众多旅游胜地的园林荒废，古建筑倒塌，文物盗卖、流失触目惊心，神州大地失去了应有的光彩。

鸦片战争后，帝国主义列强对中国发动了多次侵略战争，他们一方面掠夺、盗窃我国的珍贵历史文物，另一方面大肆破坏名胜古迹。如北京的圆明园，是清皇室耗巨资，耗时多年兴建的皇家园林，集中外园林艺术之大成，被誉为“万园之园”，却在 1860 年被英法侵略联军破坏，成为废墟。侵略者无耻的行径，将永远受到谴责。

1860 年，圆明园十二生肖兽首铜像被英法联军掠夺后流落海外。截至 2020 年 12 月，圆明园流失的牛首、猴首、虎首、猪首、鼠首、兔首、马首七尊兽首铜像通过不同的方式回归祖国，剩余五尊仍下落不明。圆明园十二生肖兽首铜像（复制品）如图 2-1 所示。

图 2-1　圆明园十二生肖兽首铜像（复制品）

1856—1932 年间，俄国、英国、德国、法国、日本、瑞典、美国等国曾考察我国西北地区 66 次，每次考察都掠走大量中国文物。1911 年辛亥革命后，北洋政府出台了相关文物保

护法令，但是，这些法令条文对于不法文物买办来说，形同一张废纸。中国内忧外患，各地盗掘成风，文物如潮水般地涌出国门。1914 年，法国人戈兰兹将昭陵六骏中的“飒露紫”“拳毛騧”从唐太宗的陵墓建筑上剥离下来，被当地农民发现后，拦住。然而这“二骏”又落入当地军阀之手，后来又运到北京，被当时国内不法古董商人盗卖到国外。流失海外的“飒露紫”和“拳毛騧”如图 2–2 所示。

(a) 飒露紫

(b) 拳毛騧

图 2–2 流失海外的“飒露紫”和“拳毛騧”

1931 年九一八事变至 1945 年抗日战争胜利前夕，日本对我国东北、华北、华中、华东等地文物进行了大规模的盗掘，大量文物被劫走。当时，国民政府无论是在财力上还是在管理上都比较弱，博物馆事业、考古工作都处于比较初级的阶段，对文物的保护不力，石窟等许多古迹由于长期风化、侵蚀而面目皆非，遭受着自然毁坏。

新中国成立以后，中国共产党和人民政府在发展工农业生产的同时，十分重视旅游资源的开发、利用和保护工作，使得自然风光更加秀丽，历史古迹更加光辉灿烂，民族风情更加绚丽迷人。

1. 加强了文物古迹等旅游资源保护的法制建设

新中国成立后，针对“物质文化遗产”的保护，迅速建立起从中央到地方的文物行政机构，全国性的文物保护行政体系逐步完善。一系列以国家机关为主体发布的“文物保护法规”起到了十分积极的约束作用。1950 年 5 月政务院制定《禁止珍贵文物图书出口暂行办法》，同年 6 月中央人民政府委员会第八次会议通过《中华人民共和国土地改革法》，其第四章“特殊土地问题的处理”第二十一条强调要保护“名胜古迹，历史文物”，同年 7 月政务院又公布《关于保护古文物建筑的指示》。1953 年 9 月至 1959 年 4 月间，《关于在基本建设工程中保护历史及革命文物的指示》《关于在农业生产建设中保护文物的通知》等涉及“物质文化遗产”的保护文件相继出台。1961 年 3 月 4 日，国务院正式发布《文物保护管理暂行条例》，而《关于进一步加强文物保护和管理工作的指示》也于同日发出。此外，当时还制定了延续至今的全国重点文物保护单位和省级文物保护单位制度。

改革开放后，中国“物质文化遗产”和“非物质文化遗产”的立法保护工作进入一个全新的阶段。在《文物保护管理暂行条例》（1961 年）颁布二十余年后，我国第一部“物质文化遗产”保护法，即《中华人民共和国文物保护法》，于 1982 年 11 月 19 日由第五届全国人大常委会第二十五次会议通过。1982 年 12 月 4 日，第五届全国人大第五次会议通过并颁布《中华人民共和国宪法》，其第一章总纲第二十二条为“国家保护名胜古迹、珍贵文物和其他重要历史文化遗产”，这恰为“文保”事业的可持续发展奠定了“根本大法”的基础。1983

年，城乡建设环境保护部发布了《关于加强历史文化名城规划工作的通知》和《关于在建设中认真保护文物古迹和风景名胜的通知》。1985 年，国务院发布了《风景名胜区管理暂行条例》；进入 20 世纪 90 年代后，城市发展与“物质文化遗产”保护产生了一定的矛盾，为了协调后者的时代适应性，一些被列入国家“历史文化名城”的城市开始依据相关法律法规制定“历史文化名城保护条例”。1992 年 4 月 30 日，《中华人民共和国文物保护法实施细则》经国务院批准施行，国家建设部和文物局则于 1994 年 3 月 15 日联合组建了“全国历史文化名城保护专家委员会”，从而强化了全国历史文化名城的评审、管理及保护机制。

以上梳理仅至 20 世纪 90 年代初，我国针对“物质文化遗产”的立法工作持续推进，除了上述法律法规的修正（订）和废止（取代），专项法规、规范性文件及部门规章等也在不断细化“物质文化遗产”的保护面，如《世界文化遗产保护管理办法》《长城保护条例》《大运河遗产保护管理办法》《博物馆条例》等。

我国政府十分重视对文物古迹和风景名胜的保护，颁发了一系列政策和法规法令，同时，建立了各级各类自然保护区，加强对旅游资源的保护，并加强自然保护区的立法、执法工作。

2. 加大了旅游资源保护开发的经济投入

2013 年 7 月初，财政部、国家文物局联合发布的《国家重点文物保护专项补助资金管理办法》，设立专项资金支持全国重点文物保护工作、促进文物事业发展。

党的十八大以来，中央财政投入了大量国家文物保护资金。全国近 90%的博物馆向社会免费开放。文物出入境审核管理不断完善，1 700 余件（套）流失海外文物回归祖国。

投入专项资金修缮古迹如图 2–3 所示。

3. 运用科技手段进行旅游资源保护开发

科技手段在旅游资源保护中的作用越来越受到重视，现代科学技术在旅游资源保护中的应用也越来越广泛。数学方法、物理方法、化学方法、生物手段、工程手段、卫星与遥感技术、信息技术和数字化技术等在旅游资源的保护开发中运用得越来越普遍。运用科技手段监测古建筑健康情况如图 2–4 所示。

图 2–3　投入专项资金修缮古迹

图 2–4　运用科技手段监测古建筑健康情况

4. 公民旅游资源保护开发意识空前提高

随着我国成为世界第二大经济体，公民的整体文化素养水平得到了大幅度的提升，旅游资源保护开发的意识空前提高。

2022 年 2 月 21 日，《文化和旅游部办公厅　教育部办公厅　国家文物局办公室关于利用文化和旅游资源、文物资源提升青少年精神素养的通知》正式发布。该通知要求进一步整合文化和旅游资源、文物资源，利用学生课后服务时间、节假日和寒暑假，面向青少年开展社会主义先进文化、革命文化和中华优秀传统文化教育。

改革开放以来，随着中国旅游业的飞速发展，旅游资源的开发保护工作也进入新的阶段，取得了举世瞩目的成就，不仅使原有的旅游资源得到合理、科学的开发和保护，还开发了许多新的适应国际旅游趋势的资源和产品，使旅游资源的内涵和外延得到进一步的充实和扩大。

截至 2024 年 2 月，我国有 5A 级旅游景区 339 家。截至 2023 年 5 月，我国有国家级旅游度假区 63 家。经过多年建设，我国旅游资源优势得到了充分的发挥，增进了中国人民与世界各国人民的交往与友谊。

在党的领导下，我国旅游资源保护开发工作取得了前所未有的成绩，我国在旅游资源保护水平、旅游资源开发能力、旅游资源利用效率等方面走在了世界的前列。只有在党的坚强领导下，旅游资源保护开发事业才具备了永续发展的能力，中华民族才能迎来伟大复兴的光明前景。百年来，中国共产党团结带领人民，从民族危亡中奋起，在时代洪流中屹立，中华民族迎来了从站起来、富起来到强起来的伟大飞跃。

任务 2.1 旅游资源基础认知

2.1.1 旅游资源概述

1. 旅游资源的概念

旅游资源作为旅游活动的对象，是发展旅游业的基本前提。对于什么是旅游资源，目前较普遍的认识是：凡是能够直接使旅游者产生旅游动机、实施旅游行为，并能为旅游业所利用，产生一定经济、社会与环境效益的任何旅游地吸引因素，都是旅游资源。从这一概念出发，旅游资源不仅可以是自然山水景观、历史文物古迹等有形的、物质的吸引因素，也可以是民族风情、社会新貌、节庆活动、神话传说等无形的、精神的吸引因素。

旅游资源作为一类特殊的资源，具有双向功能。一是其必须是能给旅游者带来审美与愉悦体验，直接吸引旅游者身临其“境”去旅游的因素，这也是旅游资源的本质特性和核心所在。事实上，我国使用的旅游资源这一概念，在很大程度上等同于西方旅游学界普遍使用的“旅游吸引物”（tourism attraction）或“旅游吸引因素”的概念。二是其必须能为旅游业所“利用”，能为旅游业发展带来相应的经济、社会与环境效益。那些不可能由旅游业组织、实施的行为（如尖端武器观摩），或缺乏一定旅游吸引规模，以及危害社会（如赌博）、环境等方面的吸引因素就不能、不宜作为旅游资源。现实条件下就能利用的旅游吸引因素是现实的旅游资源；在可预见的未来能利用的旅游吸引因素，则是潜在的旅游资源。

2. 我国旅游资源形成的地理背景

地域性是一切旅游资源最根本的特征，任何国家或地区的旅游资源都是其特定地理环境的产物。

1）广袤的国土与多样的自然地带

我国位于北半球世界最大的大陆——亚欧大陆的东部，世界最大的大洋太平洋的西岸，幅员辽阔。由于大气环流的控制与距海远近的差异，加上地形的影响，我国由沿海地带向内陆依次形成了湿润的森林地带、半湿润的森林草原地带、半干旱的草原地带和干旱的荒漠地带。辽阔的国土与多样的自然地带是影响我国旅游资源形成与分布最基本的地理背景。

2）复杂的自然结构与突出的地域差异

自然环境结构的复杂性是我国地理环境最显著的特征。

我国山地、丘陵、高原、平原、盆地 5 种基本地貌类型齐全，其中山地、丘陵和高原约占全国国土面积的 68%。我国地势呈西高东低三级阶梯状分布，第一、二级阶梯均由高原和盆地组成，第三级阶梯主要由平原、低山和丘陵组成。每一级地势阶梯上都有山脉纵横分布。我国不仅是世界上山地最多、分布最广的国家，而且也是地势最高、高差起伏最大的国家。青藏高原南缘的世界最高峰——珠穆朗玛峰海拔达 8 848.86 m，而西北吐鲁番盆地的艾丁湖（见图 2-5），却在海平面以下约 155 m。由此形成了我国错综复杂的地貌格局。

我国的地势特征使得来自海洋的湿润气流能够深入内陆腹地，并形成东部季风区充沛的降水，而降水受地形的控制，又形成以“一江春水向东流”为主的众多江河。在地貌格局的作用下，还使我国山区普遍存在着气候及植被的垂直地带性差异，尤以横断山区为典型。我国地形的复杂性也带来了生物种类的多样性、独特性，并间接影响到人文地理环境的差异、民族种类的多样性等。受海陆对比、地形特征和大气环流的影响，我国形成了大陆性季风气候显著的突出自然地理环境特征；而呈纬度地带性分布的温度带和略呈经度地带性分布的干湿地区相组合，加上各地地形等因素的影响，又形成了我国各地不同特色的自然环境结构类型。

从总体上看，沿东北大兴安岭西坡至西南青藏高原东南部边缘一线，大体上是季风区与非季风区的分界线。此线以东以南的地区受海洋来的夏季风影响，降水较多，雨热同季，能够形成森林及草甸草原。东部季风区地势大部分在海拔 500 m 以下，以平原、低山和丘陵为主，河湖水系发育，开发历史悠久，面积占国土总面积的 47.6%，人口却占全国总人口的 95%，是我国各大产业与城镇集中分布的地区。以秦岭—淮河一线为界，南方气候温暖湿润，冬季 1 月平均气温在 0 ℃以上，多常绿阔叶林（见图 2-6），山地丘陵广布，河湖众多，水量充沛，且冬季一般不结冰。北方主要地处温带半湿润地区，冬夏温差大，降水高度集中于夏季，地形以大平原及高原为主，河流水量洪枯变化大，冬季有结冰期。其中东北山地气候湿润，河流水量充沛，有以针叶林（见图 2-7）为主的森林分布。

“春风不度玉门关”的非季风区，降水少，光照充足，河流多为内流河，是草原与荒漠的分布地区。以青藏高原北缘为界，其又分为青藏高寒区与西北干旱区。前者终年气温低，为世界最大的冰封雪山区，湿度相对较大，植被以高山草甸及草原为主；后者气候干旱，多沙漠戈壁及草原景观。复杂多样的自然环境结构，为我国形成极为丰富多彩的自然旅游资源提供了优越的地理条件。青藏高原冰峰雪山区如图 2-8 所示，玉门关如图 2-9 所示。

图 2-5　艾丁湖

图 2-6　阔叶林

图 2-7　针叶林

图 2-8 青藏高原冰峰雪山区

图 2-9 玉门关

3）悠久的历史与灿烂的文化

在长江三峡地区发现的距今达 200 多万年的巫山人化石，是我国迄今为止发现的史前时期最早的古人类化石。我国是目前世界上最大的文明古国。古老的文明史创造了博大精深、绚丽多彩的中国文化，留下了世人为之惊叹的众多历史文化古迹。

在旧石器时代早期，我国就形成了华北和华南两大文化体系。到新石器时代，我国已形成旱地农业、稻作农业和狩猎采集三个史前文化区。黄河流域成为古代世界人类四大文明发祥地之一，长期为中华民族的政治、经济、文化活动的中心地区。在几千年的历史发展中，这一重心又大体经过了东迁南移的地域扩展过程，形成了以黄河中下游地区、长江中下游地区及东南沿海等省区为主，不同朝代历史文化古迹较集中的地区。

春秋战国时代产生的孔孟儒家文化及墨、道、法家文化奠定了中国传统思想文化深厚的根基。中国传统的唐诗宋词、国画书法、戏曲杂技等均是在世界上独具魅力的民族艺术形式。此外，中国独特的传统医学、烹饪、武术均为世界所瞩目。中国的丝绸和瓷器也曾在历史上作为东西方文化交流的重要媒介而享誉世界。中国古代的造纸术、印刷术、指南针、火药四大技术发明，深刻地影响了世界历史发展的进程。中国古代的园林、建筑与石刻等实体艺术，以及以万里长城、京杭大运河（见图 2-10）为代表的众多杰出古代工程，都是中国古代物质文明的宝贵结晶。从规模数量和历史文化价值上看，我国是世界文物古迹旅游资源大国。

图 2-10 京杭大运河

4）众多的民族与多彩的民俗风情

我国是世界上人口最多的国家，拥有 56 个民族，民族数在世界上仅次于俄罗斯和印度。由此形成一道道多彩的民族民俗风景线。我国汉族占总人口的 90%以上，主要分布于东部季风区。各地汉族在生活、生产习俗上也不相同。如在南、北方的差异上，自古以来即有“南稻北麦”“南船北马”“南床北炕”的生产、生活习惯分野。北方粗犷豪放的环境气概，与南方柔和细腻的环境情调，对各自居民的性格、语言与文学艺术风格均有深刻影响。

我国少数民族分布面积占到全国面积的一半以上，主要以大西南、大西北及东北和部分南方地区所在的内陆边疆和山地高原为主。全国共形成了内蒙古自治区、广西壮族自治区、西藏自治区、宁夏回族自治区和新疆维吾尔自治区 5 个自治区。云南省是我国少数民族种数最多的省区。

我国各地的民族风貌尤其表现在多姿多彩的民族服饰、民族建筑、民族艺术、民族节庆和民族生活习俗上，从而使民族风情成为我国非常富有活力与魅力的一大人文旅游资源。

2.1.2 旅游资源的分类和我国旅游资源的特征

1. 旅游资源的分类

旅游资源的范畴极其广泛，根据旅游研究及旅游开发的实际需要，可将其作不同的分类。

1）按旅游资源本体的成因性质划分

根据旅游资源本体的成因性质，旅游资源可分为自然旅游资源和人文旅游资源。这也是旅游资源最基本的分类方式。

（1）自然旅游资源。优美的山水风光、宜人的气候与生态环境基本上属于大自然的产物。自然旅游资源即由地貌、气候、水体和生物等自然环境要素构成，是具有旅游价值的自然地理环境。自然地理环境被称为旅游的第一环境，具有资源与环境双重属性的自然旅游资源是最基本的旅游资源。基于自然地理环境的性质，自然旅游资源具有突出的地域性与地带性、季节性与节律性、组合性与共生性等特征。

图 2-11 园林古建

（2）人文旅游资源。人文旅游资源是指因古往今来的人类活动产生，并具有旅游价值的一切事物和现象。人文旅游资源依附于一定的自然地理环境而存在，其内容复杂、内涵丰富，大致可分为历史遗迹、园林古建（见图 2-11）、民俗风情、城乡风貌、康乐与购物设施，以及文学艺术与文化等方面的旅游资源。人文旅游资源具有显著的民族性与地方性、文化性与思想性、时代性与创造性。

2）按旅游资源的形成与存在状况划分

根据旅游资源的形成与存在状况，旅游资源可分为原生性旅游资源与萌变性旅游资源。

（1）原生性旅游资源。经过漫长的自然与社会历史过程所形成，对于现今而言是先天赋予的旅游资源即原生性旅游资源。其包括基本上属天然性质的自然旅游资源和所有作为历史遗产的人文旅游资源。其中，相当部分自然旅游资源和所有历史遗存的物质性人文旅游资源都具有不可再生的特点。由于这类旅游资源存在的长期性与稳定性，以及其属于大自然和人类祖先无偿“馈赠”的特点，其构成了世界旅游业发展最基本的旅游资源，也是传统意义上的旅游资源。

（2）萌变性旅游资源。萌变性旅游资源主要包括通过现代社会发展及投资因素新营造出来的人为旅游吸引因素，例如现代城乡风貌、当代人造景观、文体及科技等方面的吸引因素、名优特新产品及商贸购物场所，以及优越的区位因素、节庆活动等。此外其还包括经现代人工改造过的自然景观，如人工湖、人造生态等。这类旅游资源具有不断萌生和发展变化的性质，并且大多具有可模仿性和可发展创新的特点。从总体上说，这类旅游资源的发展变化与现代社会经济、科技、文化的发展休戚相关。

3）从旅游资源利用角度划分

从旅游资源利用角度来看，旅游资源可分为观赏型旅游资源、康乐型旅游资源、特殊型旅游资源。

（1）观赏型旅游资源。其包括所有景观性自然与人文旅游资源。

（2）康乐型旅游资源。其包括娱乐与大众体育项目，以及休憩与疗养方面的地域性场所和相关条件构成的旅游资源。

（3）特殊型旅游资源。其包括可作为探险、考察、修学等特殊旅游活动的地域性对象。

4）按旅游资源吸引因素的性质划分

根据旅游资源吸引因素的性质，旅游资源可分为场所吸引因素旅游资源、事件吸引因素旅游资源和其他吸引因素旅游资源。

（1）场所吸引因素旅游资源，如自然风景、康乐设施等。

（2）事件吸引因素旅游资源，如“广交会”“世博会”及各种节庆活动等。

（3）其他吸引因素旅游资源，如“红色文化”“诗词文化”等。

此外还有从其他不同角度对旅游资源进行分类的多种分类方法。

2. 我国旅游资源的基本特征

1）观光型旅游资源极为丰富

我国堪称世界上原生性旅游资源最为丰富的国家之一，其中又以山水风光、文物古迹等观光型旅游资源的世界地位最为突出。特别是在地貌与气候景观、山岳与岩溶景观（见图 2–12）、河流与峡谷景观、观赏植物、珍稀保护动物等自然旅游资源方面，以及历史文化遗存数量、皇宫建筑、古墓葬数量、近现代革命斗争史迹、近代史迹、民俗文化、传统特产、烹饪名肴等人文旅游资源方面均可列为世界第一，堪称世界之最的奇绝旅游资源数不胜数。

图 2–12 岩溶景观

2）旅游资源分布广泛

我国旅游资源分布非常广泛，仅就国家级的旅游资源而言，其遍及全国各个省级行政区，同时又具有呈一定规律的相对集中特点。如我国的名山胜水主要集中在东部季风区；皇家建筑、帝王陵寝以北京、西安为代表的北方为胜；山水园林风光以苏州、杭州为代表的南方为优；现代建设成就和人造吸引物以位置优越、经济发达的京津地区、长三角地区和珠三角地区为集中；较原始的自然风光与民族风情则主要以青藏高原东缘和川、滇两省西部的广义横断山区最为富集。目前，我国旅游资源比较集中连片或成带分布的区域主要有：环渤海地区，黄河中下游沿线地区，长江中下游沿线地区，浙闽沿海地区，珠三角地区，四川中西部地区，云贵高原与横断山区，西北古丝绸之路沿线地区等。

3）地域组合特色突出

从总体上看，我国自然旅游资源组合结构以山水风光为主体，人文旅游资源组合结构以历史古迹及民俗风情为突出。东北地区的林海雪原与关东风情，华北地区的京都古迹与名山海景，华东地区的名城佳园与秀山丽水，华南地区的岭南风姿与海派文化，华中地区的山水峡谷与文化胜迹，西南地区的岩溶山水与民族风情，青藏地区的雪域藏乡与高原胜景，西北地区的丝路古迹与塞外风光等，体现了我国旅游资源无论是在南北之间还是在东西之间，无论是在自然方面还是在人文方面，都有很强的对比性和互补性。

4）人文旅游资源与自然旅游资源交融性强

中华民族五千年的文明史，不仅创造了众多历史与文化价值很高的人文旅游资源，而且还赋予我国不少自然旅游资源以丰富的文化内涵。我国历史上就形成的名山胜水，几乎都留下了历代的诗文、题刻、碑碣，以及亭台楼阁、寺庙宫观、文化书院等胜迹。由此使我国不少风景名胜都成了历史文化、审美文化的载体，人文旅游资源与自然旅游资源的复合交融体。一方面，正是在山水胜景的基础上，产生了“三大名楼”（见图 2-13）、“四大名亭”等文化积淀深厚的人文胜景；另一方面，山水胜景也正是借历代帝王与名人的诗文与题刻，才成为人们广泛认同的风景名胜。也正因为如此，我国不少名山、名湖、名泉、名瀑都具有深厚的文化积淀和自然与人文的双重审美价值。

(a) 黄鹤楼　(b) 滕王阁　(c) 岳阳楼

图 2-13　三大名楼

任务 2.2　中国旅游资源介绍

2.2.1　中国自然旅游资源

1. 地质地貌旅游资源

由地质作用形成的各种具有旅游开发价值的地质地貌现象，即为地质地貌旅游资源。地质地貌是一切旅游资源形成的基础和前提，地貌更有“风景的骨骼”之称。一定的地质地貌条件是陆上活动型旅游资源最重要的组成部分，优美奇特的地貌形态更直接构成了各种引人入胜的观赏型旅游资源。

1）我国地质地貌旅游资源的类型

地球上任何地貌形态与山石景观都是内、外地质营力共同作用的产物。在不同内外力地质作用及不同岩石性质的条件下，我国形成了构造地貌、流水地貌、岩溶地貌、海岸地貌、冰川地貌、荒漠地貌等多姿多彩的地质地貌景观类型。

（1）构造地貌旅游资源。构造地貌旅游资源指主要受地壳运动及岩浆活动等内营力地质作用，由地质构造特点决定的风景地貌类型。我国突出的风景构造地貌，根据其岩石性质和具体成因的差异可分为以下几种类型。

① 花岗岩与流纹岩地貌景观。亮丽的花岗岩及流纹岩是由地下炽热岩浆冷凝后形成的两种性质相似的酸性岩浆岩。在我国众多名山名丘景观中，由花岗岩构成的景观为数最多，且以东部沿海地区最为集中。常可看见大面积危崖峭壁、峰林深壑或孤峰拔起的裸岩风景地貌

景观，以及因球状风化而形成的巨大“石蛋”造型，或浑圆多姿的巨石兀立形态。如黄山、华山（见图 2-14）的峻峭风姿，鼓浪屿日光岩（见图 2-15）和三亚“天涯海角”的巨石造型（见图 2-16），都是其典型代表，而具有“变幻造型”特点的流纹岩所构成的奇特的造型地貌景观在我国东南沿海闽浙一带分布很广，尤以浙江雁荡山为杰出代表。

图 2-14　华山

图 2-15　日光岩

(a) 天涯　　(b) 海角

图 2-16　“天涯海角”的巨石造型

② 砂岩与丹霞地貌景观。由中生代开始发育的一套富含红色氧化铁、砂砾岩与页岩交互成层的陆相红色岩系构成的我国丹霞地貌经内外力地质作用，形成以方山、石墙、石柱、奇峰等陡峻峰林地貌为主要造型的赤壁丹霞景观（见图 2-17）。这种地貌广泛分布于南方的广大省区及北方的部分地区，较早在粤北丹霞山被发现和研究，其构成的地貌风光又以闽西武夷山最为著名。在湖南张家界地区，由石英砂岩夹薄层砂质页岩构成的神韵独具、举世罕见的武陵源“砂岩峰林峡谷地貌”更为奇特壮观。

③ 火山与熔岩地貌景观。以黑龙江五大连池火山群为代表的东北地区火山群，以及云南腾冲火山群（见图 2-18）、台湾大屯火山群等，均是我国具有代表性的火山与熔岩地貌景观。我国富有景观魅力的火山都是休眠火山。

图 2-17　赤壁丹霞景观

图 2-18　云南腾冲火山群

（2）岩溶地貌与峡谷地貌旅游资源。作为重要外营力地质作用因素的水，对地貌形态有着极为强大的塑形作用，特殊的岩溶地貌和峡谷地貌的形成即与此紧密相关。

① 岩溶（喀斯特）地貌景观。岩溶地貌是石灰岩等可溶性的沉积岩，在以水的溶蚀为主的内外力的作用下所形成的特殊地貌类型。在岩溶地貌发育的地区，往往山石嶙峋，多奇峰异洞，其形态的多样性和奇异性为其他地貌类型所难以比拟，最易形成独特的旅游胜地。其景观以峰丛、峰林、石林、溶洞，以及天生桥、边石堤为主。其中，喀斯特溶洞是世界洞穴风光的主体，洞中不仅有钟乳石、石笋、石幔、石瀑布、边石堤等因地下水中过饱和的碳酸钙沉淀结晶而成的化学堆积物，还有地下河、地下湖，甚至地下瀑布等多种景观。近代岩溶地貌研究始于南斯拉夫的喀斯特高原。我国是世界上岩溶地貌分布最广、发育最典型的国家，一半以上省区都有分布，尤以湿热的南方地区为代表。广西、贵州、云南三省岩溶地貌大面积连片分布，形成世界上最大的岩溶地貌典型发育区，“甲天下”的桂林山水即世界上岩溶地貌景观的典型代表之一。云南路南石林、四川黄龙露天边石堤、湖北腾龙洞、贵州织金洞（见图 2–19）和重庆芙蓉洞等都是世界罕见的岩溶地貌景观。

图 2–19　贵州织金洞

② 峡谷地貌景观。河流峡谷是由河流穿切山地高原而形成的雄奇景观，多分布于河流的上游地带。我国峡谷景观堪称世界一流，尤其是在多河流切割、地形高差较大的中南和西南地区。长江三峡是世界上最壮丽的大江峡谷；金沙江虎跳峡堪称世界闻名的最深、最险的峡谷；而雅鲁藏布江大峡谷则是世界上目前发现的最大峡谷。峡谷地貌景观如图 2–20 所示。

(a) 长江三峡　(b) 雅鲁藏布江大峡谷

图 2–20　峡谷地貌景观

（3）海岸地貌旅游资源。海岸地貌旅游资源主要是指海岸地带受波浪、潮汐、海流及生物等外营力地质作用而形成的地貌旅游资源。我国杭州湾钱塘江口以南及北方的山东半岛、辽东半岛等地多为山地丘陵海岸（基岩海岸），这类海岸为最富旅游价值的海岸。一方面，其岩石海岸易形成如青岛的“石老人”和三亚的“南天一柱”之类的海蚀柱，以及海蚀拱、海蚀穴（龛）、海蚀崖等海蚀地貌景观（以福建海坛岛尤为集中）；另一方面，最适宜开展海滨度假旅游活动的沙砾质海岸，也主要发育于岬角与港湾相间的平阔基岩海岸。我国东部沿海北起大连金石滩，南至海南三亚湾有不少海滨沙滩都是进行海水浴、日光浴、沙滩浴的著名海滨浴场。此外，我国东南沿海还有不少由珊瑚残骸、红树林等形成的富丽多彩的特殊生物海岸地貌。我国海岸地貌旅游资源如图 2-21 所示。

(a) 大连金石滩

(b) 青岛石老人

(c) 舟山朱家尖

(d) 湛江金沙湾

(e) 三亚大东海

图 2-21 我国海岸地貌旅游资源

除上述地貌类型外，在我国西部地区还有分别以风力、冰川及水等外营力地质作用为主所形成的荒漠地貌、冰川地貌及黄土地貌等奇异壮观的特殊地貌旅游资源。

2）专题：我国的山地旅游资源

（1）我国山地旅游资源的价值。纵横于地球表面的山地及丘陵是最能形成富有多样性、组合性风景的基本地貌类型。我国广义的山地（包括山地、丘陵和崎岖的高原）占到国土面积的 2/3 左右，不同高度、不同规模、不同类型的各种山地，广泛分布于全国各地，由此使得我国成为世界上山地旅游资源最为丰富的国家之一。我国被列入世界自然遗产的黄山、三清山、梵净山等项目均属山地旅游资源。以构造地貌、岩溶地貌及流水地貌为主所形成的奇峰、怪石、异洞、幽谷构成了我国山地风景地貌的主要审美内容。历史上便有泰山雄、华山险、黄山奇、雁荡秀、青城幽的传统说法，珠穆朗玛峰更是地球山岳地貌景观雄奇险峻审美极致的代表。我国各处山地又形成了丰富多彩、组合性很强的自然景观与生态环境类型。深厚的历史文化蕴含也构成了我国山地旅游资源的一大突出特色。我国山地旅游资源为观光、休憩、疗养、登高、攀岩、探险、考察等多种活动提供了优越的场所和条件。

（2）我国山地旅游资源的一般分类。我国山地旅游资源按海拔可划分为极高山（>5 000 m，如贡嘎山）、高山（3 500～5 000 m，如台湾玉山）、中山（1 000～3 500 m，如泰山）、低山（500～1 000 m，如玉女峰）、丘陵（<500 m，如普陀山）；按地质成因可分为褶皱山（如喜马拉雅山）、断块山（如华山）、褶皱—断块山（如天山）、火山（如阳明山）、侵蚀剥蚀山（如雁荡山）。

我国山地旅游资源按旅游功能则可划分为：① 观景游览型山地旅游资源，以中山及以下高度的风景名山为主，如黄山（见图 2-22）、武夷山、普陀山等，台湾山脉、云南玉龙雪山（见图 2-23）等少数高山、极高山也被开发为此类旅游山地；② 度假休养型山地旅游资源，以低山、丘陵为主的消夏避暑山地为典型，如浙江莫干山、江西庐山、河南鸡公山等均是我国著名的避暑山地；③ 特殊活动型山地旅游资源，可开展登山、探险、科考等活动的山地，以一些极高山、高山为代表，如中尼边界的珠穆朗玛峰、新疆的乔戈里峰（世界第二高峰）等。

图 2-22　黄山

图 2-23　玉龙雪山

（3）我国的名山及类型。我国传统的名山是指在具有自然美的典型山岳景观基础上，渗透人文美的山地空间综合体。我国名山在总量上以南方为盛，但历史悠久的传统名山则以北方为多。根据我国名山的文化价值取向，可将其分为以下几类代表性名山。第一，“五岳”与“四镇”。它们是源于远古以来人们对“山神”的敬畏和天地信仰而形成的历史名山。“五岳”是由历代帝王根据封禅祭天、巡幸天下的需要，按地理方位加封的五座山岳，即“东岳泰山、西岳华山、北岳恒山、中岳嵩山、南岳衡山”。历史上与“五岳”并举，被作为四方之镇（“四镇”）的四座名山为南镇会稽山、东镇沂山、北镇医巫闾山、中镇霍山。第二，传统山水文化名山。其是具有突出的自然山水美或具有世外桃源般的田园风光美，以及渗透了中国传统山水审美文化的名山。黄山、武夷山、雁荡山等可谓这类名山的典型代表。第三，近现代历史名山。因近现代政治、军事、经济、文化等重大历史活动和历史过程，尤其是社会变革过程而成名的风景山岳，如庐山、井冈山、延安宝塔山等。第四，当代风景名山。其主要指经新发现、新开发而成的当代旅游名山，也包括可部分为旅游利用，具有突出自然特色的著名山地自然保护区，如武陵源、梵净山（见图 2-24）等。

图 2-24　梵净山

2. 水体水景旅游资源

水体作为重要的构景要素之一，有“风景的血脉”之美誉，同时还是最富普遍吸引力和参与性的康乐型自然旅游资源。我国水域面积广大，构成水体旅游资源的河流、湖泊、瀑布、涌泉、冰川、近海等水体类型齐全，内涵丰富，是自然旅游资源开发的重点内容之一。

1）河流

河流与沿岸景观共同构成立体画廊似的河流风景，加上两岸丰富的人文景观资源，有利于游客进行舒缓的乘船观光，一些河段还可开展漂流、游艇、划船等水上康乐旅游活动。我国数万条河流像大大小小的血脉一样广布于大地，总长度可绕地球赤道 10 圈以上。

（1）我国综合性大型河流旅游资源。我国有许多长度在 1 000 km 以上的河流，最具代表性的大型河流旅游资源主要有黄河、长江及珠江。

① 黄河。我国第二大河黄河，全长 5 464 km，其发源于青海，流经九个省区，经山东注入渤海。黄河上游穿切了龙羊峡、刘家峡、青铜峡等多个峡谷，并在干旱的内蒙古高原上冲积形成了有“塞上江南”之称的银川平原与河套平原；黄河自内蒙古河口镇后进入黄土高原所在的中游地段，形成含沙量高居世界各大河之冠的浑浊黄水，在此段还形成了著名的龙门和壶口瀑布；黄河冲出著名的三门峡后，自河南孟津进入下游河段，在华北平原上形成了全球罕见、举世闻名、长达 900 km 的“地上河”。黄河流域各地文物古迹极为丰富多彩，并有众多的古人类文化遗址。黄河流域的咸阳、西安、洛阳、开封等都是显赫一时的历史古都。作为中华民族的母亲河，黄河是我国古代历史文化景观最丰富灿烂的河川旅游线。黄河如图 2–25 所示。

图 2–25 黄河

② 长江。世界第三长河长江，全长约 6 300 km，发源于青藏高原，干流横贯 11 个省区市，最后注入东海。上游江水深切于横断山区，形成奇险的虎跳峡；在四川宜宾以后的中游地段切穿巫山山地，形成举世闻名的长江三峡；出三峡后又在“极目楚天舒”的两湖平原形成世界罕见的“九曲回肠”荆江河段。长江中下游地区，尤其是长三角地区则是一派水乡泽国景象，“扬子江”段江阔水深、水天一色，尤为壮观。长江流域古人类遗迹和名胜古迹众多，干流上就有众多国家级历史文化名城。长江流域也是中国人口与城镇最密集、经济最发达的地区，有上海、南京、武汉、重庆四座我国特大城市，因此长江是我国最重要的河川旅游线和黄金旅游线之一。

③ 珠江。珠江是华南地区最长、最大的河流。珠江发源于云贵高原，最后注入南海。珠江流经石灰岩山地丘陵，热带、亚热带植被茂密区域，是全国含沙量最低的河流之一，被誉为祖国各大江河中最为秀丽的一条大江。

（2）我国主要风景河溪与漂流河段。我国的风景河段与溪流主要分布于长江以南及东北地区。东南珠江流域、长江中游、西南、东北等山区尤为集中，如富春江、楠溪江、瑞丽江、鸭绿江等。而漂流河段多集中于南方，比较有代表性的有湖南猛峒河、贵州马岭河、重庆大宁河、浙江天目溪等。此外，在黄河的宁夏、内蒙古河段上还开展了独具特色的羊皮筏与牛皮筏漂流旅游活动。

2）湖泊

湖泊是水域风景中最能体现相对静态的形、影、光、色等审美特征的水体，更是陆上水域康乐度假活动最重要的场所。我国拥有数以万计的湖泊，其中面积在 1 km^2 以上的就有 2 800 多个。东部季风区的淡水湖，为我国旅游开发程度较高的水体旅游资源；咸水湖和盐湖则主要分布在非季风区。全国可分为青藏高原、蒙新地区、东部平原、东北地区及云贵高原五大湖区。风景湖泊的景观类型大体有以下几种。

（1）平原大湖。平原大湖给人以壮阔浩渺之感，易形成生动、活跃的水乡景观，其主要分布于东部平原。长江中下游的鄱阳湖（见图 2–26）、洞庭湖、太湖、洪泽湖及巢湖被称为我国五大淡水湖。

（2）山地秀湖。山地秀湖是镶嵌于山地丘陵之中的湖泊，其形态多变，青山、雪峰倒映，风景格外秀丽。我国的千岛湖、天山天池、长白山天池、日月潭，以及九寨沟的海子等都是非常著名的山地风景湖泊。

（3）高原旷湖。高原旷湖主要分布于青藏高原、内蒙古高原和云贵高原。其远山近草、蓝天白云倒映，兼具山地秀湖与平原大湖的美感。藏北高原是世界上湖面最高、湖泊数量最多的高原湖区，其中纳木错为世界最高的大湖；青海湖（见图2–27）是我国最大的湖泊（咸水湖）；洱海、红枫湖等也均是著名的高原风景湖泊。

图2–26　鄱阳湖

图2–27　青海湖

（4）园林风景湖。园林风景湖是在城市内部或周边地区，由历代人工改造、人工建设而成的公园性质的湖泊。园林风景湖以杭州西湖和北京颐和园昆明湖最具代表性。

3）涌泉

地下水的天然露头称为泉。涌泉主要分布于地表径流丰富的山区，南方多于北方。我国是世界上涌泉较为丰富多样的国家之一，估计总泉数在10万以上，其中名泉不下数百，它们具备清纯美、声色美、味觉美、触感美、康体美、动态美及人文美等审美特征。

（1）沐浴性温泉。我国地热资源非常丰富，拥有遍布多省区数万处的温泉。这些温泉主要集中于东南沿海的粤、闽、台三省和西南滇、藏两省，这些省区的温泉占全国温泉的一半以上，且水温普遍偏高。温泉是涌泉中占主体地位的沐浴性疗养康乐旅游资源，往往易以此为中心形成园林风景旅游度假区。我国著名的温泉风景旅游度假疗养地有：陕西临潼，南京汤山等。

（2）康体性矿泉。矿泉在习惯上泛指一切含有对人体健康有益的特殊成分，具有医疗或保健价值的涌泉。我国矿泉中的温泉数高居世界首位。我国具有显著医疗价值的代表性矿泉主要有：鞍山市区的汤岗子温泉，黑龙江五大连池的“药泉”，内蒙古的阿尔山温泉，广东的从化温泉。

（3）品茗性淡水泉。我国唐代以来即盛行“好茶须有好水煮”的茶风，由此评出了不少天下名泉。济南趵突泉、镇江金山泉、无锡惠山泉、苏州观音泉、杭州虎跑泉被誉为我国古代的五大名泉。其中，无锡惠山泉更以盲人二胡艺术家阿炳的一曲《二泉映月》而名扬海内外。

（4）观赏性奇特泉。涌泉的动势，尤其是由较强的地热活动形成的温泉动势，具有特殊的动态景观美。如泉城济南的“趵突泉”，云南腾冲的沸泉、气泉，青藏高原的间歇喷泉和水热爆炸泉，安徽寿县的喊泉，四川广元的含羞泉，云南大理的蝴蝶泉等都是观赏性奇特泉。

4）瀑布

瀑布是由溪、泉、河、湖等水体流经陡坎断崖时，凌空跌落而形成的特殊水景。它突出地体现了陆上水体形、声、色三者相结合的动态美，成为历史上文人吟诵的对象。我国以南方为主降水较多的山地高原地区，瀑布景观较为丰富。瀑布中的河湖宏瀑，宽流急泻常成为主体旅游吸引物。贵州黄果树瀑布（见图 2-28）、黄河壶口瀑布（见图 2-29）、黑龙江吊水楼瀑布为我国三大河湖名瀑，而我国的山岳名瀑，几乎遍布各地名山，它们飞流直下，如银练高悬、玻帘珠挂、轻纱飘逸、白龙嬉戏，增添了山景的活力与秀色，常成为山地风光的重要“兴奋”中心。庐山、黄山、雁荡山的瀑布自古享有“天下三奇”之誉。台湾山地也是我国瀑布最多的地方之一。我国在拥有瀑布的数量和山地瀑布与周围景观的组合类型方面，享有世界声誉。

图 2-28 黄果树瀑布

图 2-29 壶口瀑布

5）海洋

20 世纪 60 年代后期以来，在全球范围内出现了前所未有的海洋旅游热。我国虽然在海滨气候及沙滩方面，与欧美、澳大利亚、北非等一些国家相比有所不足，但从海滨旅游资源的整体规模和景观类型的多样性上看，我国仍属世界主要海滨旅游资源大国之一。海洋作为一种康乐性旅游资源，首先在于其空气、阳光、沙滩和海水相结合的休养功能，同时海洋还为驾舟、帆板、冲浪、滑水、潜水等多种水上活动提供了广阔的空间。我国东部沿海夏季高温多雨的气候特征，决定了我国海滨最大的休养性项目是海水浴，而不是西方盛行的海滩日光浴。我国目前由北向南，在大连与三亚之间漫长的沿海地带，开发了数以百计的海滨度假胜地，尤以海南、台湾、广东、广西、福建等省区的海滨度假胜地利用季节长，旅游价值高。

海洋与海岸、天气、天象、海船、渔港、灯塔等不同自然与人文景观的组合形成了优美的海域风光，尤以岬湾海景的层次性、立体感最强。我国呈南北延展的漫长海岸线非常有利于形成丰富多彩、组合各异的海域风光。以杭州湾钱塘涌潮为代表的海洋的潮汐现象，直接为一种蔚为壮观的海水运动景观。五光十色的海底世界也极具魅力，我国不仅在大连等沿海城市修建了海洋公园供游客观览海洋世界，而且还分别在广东电白放鸡岛、海南三亚湾等地建立了十多处潜水观光旅游点。潜水观光旅游已成为当今世界热门的旅游活动。

3. 气象气候旅游资源

云雾雨雪与日月天光等大气现象是自然界最基本、最富于变幻的构景因素。气象气候条件不仅直接影响旅游活动的开展，而且通过对生物、水体乃至地貌及民风民俗的制约，促使各地形成丰富多彩的气候景观。

1）我国气候景观的丰富性与立体性

我国从最南端南沙群岛长夏无冬的赤道带，到以“北极村”漠河为代表的东北端及西北端严冬凉夏的寒温带，形成了六大温度带的差异。六大温度带和四大干湿地区组合成各种不同的气候景观类型区。大体上又可分为东部季风区、西北干旱区和青藏高寒区三大类型区。

在地形的作用下，更为多样的气候景观随之形成。我国广大的山地高原形成了各具特色的垂直地带性气候景观，尤其是西南地区低纬度的高山峡谷，更具有“一山共四季”“十里不同天”的突出立体气候风光。在同一山脉两侧，也常常形成气候迥异的两个“世界”。南岭、秦岭、天山等东西向山脉差不多都有“南枝向暖北枝寒”的显著气候差异。平均海拔在 4 000 m 以上的青藏高原，则更是形成了一个在我国太阳辐射最强而年平均气温最低的世界上独特的高原气候区。我国大部分地区位于中纬度温带和亚热带范围，加上大陆性季风气候显著，使得我国以东部季风区为主的地区四季分明，自然季相变化非常显著。而且季节变化时序随纬度和海拔的推移，又使得我国自然季相变化在时序上多彩纷呈。“人间四月芳菲尽，山寺桃花始盛开，长恨春归无觅处，不知转入此中来”的著名诗句，就是这种情形的形象描述。上述气候特征，使得我国成为世界上气象气候景观最为丰富多样和立体气候景观最为显著的国家之一。

2）我国观光气象气候旅游资源

气象因素是最活跃、最富于变化，以非实体为主的构景因素。在大的气候背景作用下，我国的气象景观丰富多彩。沧海日，赤城霞，峨眉雪，巫山云，洞庭月，彭蠡烟，潇湘雨……是我国气候旅游资源的代表。我国的云海、雨凇、日出、夕阳、佛光、蜃景又被称为“天象六景”。

（1）云、雾、雨景观。在湿润的南方及东部沿海地区由云、雾、雨这类非实体气象因素构成的景观较为普遍。轻纱般缥缈的雾景在山中、水面都常出现。细雨也能组合为一种特殊、诱人的意境，如江南春雨、巴山夜雨、潇湘烟雨等。

（2）冰雪、雾凇、雨凇景观。冰雪、雾凇、雨凇奇景以冬季的北方，尤其东北地区较为普遍。四季分明的亚热带山区也易出现这类美景。“太白积雪”“西山晴雪”“玉山积雪”分别是著名的关中八景、燕京八景、台湾八景之一。雾凇是雾气在低于 0 ℃的附着物上凝华而成的白色松絮状冰粒，其漫挂于树丛、树林，似绽开的繁盛而精致的银花。“吉林树挂”就是我国最著名的雾凇奇景。雾凇如图 2-30 所示。雨凇是由过冷雨滴或毛毛雨落到 0 ℃以下的地物上，迅速冻结而成的均匀而透明的冰层，冬季常见于湿润的南方山区。

图 2-30　雾凇

3）我国康乐气象气候旅游资源

（1）休养性康乐气候旅游资源。休养性康乐气候旅游资源指舒适宜人、有益健康的气象气候环境。我国以北戴河、大连、青岛等海滨地区及云贵高原和东部一些名山为代表，形成了不少夏季避暑旅游胜地；而以三亚避寒旅游胜地为突出代表的热带和亚热带地区，则是冬季避寒度假的好去处。海南岛和“春城”昆明所在的云南高原，冬暖夏凉，温和湿润，堪称我国突出的常年性宜人气候旅游资源所在。

（2）活动性康乐气候旅游资源。活动性康乐气候旅游资源指适合进行某些户外康乐活动的特殊气象气候条件。如东北地区的冰天雪地、青藏高原和西北内陆盆地的特殊气候环境，均可成为开展冰雪运动、特殊环境体验活动及科考探险活动的旅游资源。滑雪堪称是当今世界上最受欢迎的户外大众性运动项目之一，我国滑雪旅游资源也非常丰富。

4. 动植物旅游资源

动植物是自然生态环境的主体，是美化、活化、净化人类环境的主角。动植物通过生命过程中表现出来的形、态、声、色、香等审美因素，起着不可替代的特殊构景作用。植被有“山水的肌肤”“风景的容颜”之称。动植物还有突出的康乐休闲与求知探奇旅游功能，其中以绿色植物区的休养性功能最强。一定的动植物环境也是进行采集、狩猎、牧马、探奇、科考等活动的重要旅游吸引因素。

1）我国的植物旅游资源

我国一向有“世界植物王国”之称，植物种类数目仅次于马来西亚和巴西居世界第三位。我国拥有约 200 种特有种属植物，其中绝大多数为古老孑遗植物。在植被类型上，我国除极地苔原外，几乎所有类型均有，还具有独特的高寒草原植被。森林和草地是人类最基本、最宝贵的生物资源及旅游资源，是最大的两类整体性生物景观。

（1）我国的森林。我国森林面积居世界前列，但森林覆盖率较低。东北山区、西南山区和长江中下游山地丘陵地区是我国的三大林区。东北山区的中温带与寒温带森林分布区，以及以亚热带森林为基础的西南横断山区和藏东南地区，是我国重要的原始森林分布区。长江中下游山地丘陵主要是亚热带次生林分布区。云南西双版纳是典型的热带季雨林分布区。此外，如太行山的栎树林，河北围场的桦木林，新疆天山的冷杉林，海南岛的椰林等成片纯林，均可构成富有景观魅力的旅游资源。以东北山区和西南山区为代表的原始林区，往往地形复杂，交通不便，动植物种类保存较完好，在科学考察、探险寻奇及采集狩猎方面的旅游价值较高。大兴安岭林区如图 2-31 所示。

（2）我国的草原。我国天然草原主要分布于西部半干旱地区及高寒地区，包括内蒙古、青海、西藏、新疆四大草原。内蒙古草原属典型的温带草原，干湿季荣枯变化大，其草甸草原深厚的绿草往往形成一派“天苍苍、野茫茫，风吹草低见牛羊”的典型牧区美景，春夏草原上还呈现一派五彩缤纷的花海景象。青藏地区两大草原均属高寒草原，草类矮小，但面积辽阔，有雪山、湖泊映衬，风光旖旎。新疆（天山）草原分布在天山南北坡森林带上下，上为高寒草原，下为温带草原。

（3）我国的名木古树与奇花异卉。我国被世界公认为“世界树木宝库”。我国特有的珍稀树种水杉、银杏、鹅掌楸，被列为世界三大“活化石”。此外，我国特有的裸子植物金钱松、银杉等，被子植物杜仲、珙桐、金钱楠、香果树等古孑遗植物都较著名。这些珍稀植物大多分布于长江流域及西南地区。我国具有特殊观赏价值和历史价值的个体名木古树也繁多。如黄帝陵前的柏树之王“轩辕柏”等都是我国古老的名树，曲阜孔林更是我国最大的名贵古树园。

我国还是著称于世的花卉之邦，赏花、育花的历史达几千年之久，拥有名贵花卉近 600 种，约占世界总数的 3/4，由此形成了许多著名的赏花旅游地。如洛阳、菏泽每年的“牡丹节”旅游盛会（牡丹如图 2-32 所示），西南地区由漫山遍野的杜鹃花等形成的天然高山花园等。

在我国著名风景林木中，最重要的就是种属数居世界第一，有“高风亮节”之寓意的翠竹，其主要分布于南方亚热带的一些低山丘陵，尤以宜宾“蜀南竹海”最为著名。

图 2-31　大兴安岭林区

图 2-32　牡丹

2）我国的动物旅游资源

野生动物的形色、动态、声音与生态环境的结合，共同构成了我国自然景观中最生动的部分。我国鸟类占世界鸟类的比例超过整个欧洲、北美洲。此外，我国还有许多特有珍稀动物。

（1）珍禽异兽及分布。我国有不少世界稀有和我国特有的珍禽异兽。其中被列为一级保护动物的就有 68 种。大熊猫、金丝猴、白鳍豚和白唇鹿被称为我国的四大国宝动物。其中，世界级濒危动物大熊猫堪称世界最珍贵的动物，其形象已成为世界野生生物基金会标志。此外还有古老的爬行动物扬子鳄、世界珍禽丹顶鹤、“东方活宝石”朱鹮等著名珍禽异兽。我国珍禽异兽比较集中的地区为：以小兴安岭和长白山为主的东北地区，有东北虎、紫貂、梅花鹿、丹顶鹤等珍奇动物；青藏高原东缘以川西为主的山区，有大熊猫、金丝猴、大鲵（娃娃鱼）、亚洲蜂鸟、峨眉琴蛙等珍奇动物；云南西双版纳地区，有长臂猿、亚洲象、绿孔雀等珍奇动物；华南地区，有华南虎、长臂猿、坡鹿等珍奇动物。以秦岭“四宝”（朱鹮、大熊猫、羚牛、金丝猴）为创意原型的中华人民共和国第十四届运动会吉祥物如图 2-33 所示。

图 2-33　中华人民共和国第十四届运动会吉祥物

（2）著名野生动物栖息地。驰名中外的鹤乡——黑龙江扎龙自然保护区、世界最大的白鹤越冬栖息地——江西鄱阳湖候鸟保护区、高原湖泊鸟类王国——青海湖鸟岛等，都是我国著名的禽鸟类栖息地；以保护金丝猴为主的四川白河自然保护区、以保护猕猴为主的海南南湾自然保护区、海南猴岛等，都是我国著名的猴类栖息地；大连蛇岛则是我国著名的蛇类栖息地。

2.2.2　中国人文旅游资源介绍

1. 历史遗迹与古代建筑类旅游资源

历史遗迹与文物是民族与国家过去历史的记录，特别是其中的建筑类文物，作为古代物质文明的结晶，往往具有较高的艺术表现形式，因而也是观赏性很强的人文景观资源。它们构成了我国最基本、最耀眼、最丰富的人文旅游资源大类。

1）古遗址、古代工程与历史纪念地

（1）古人类与古文化遗址。

① 古人类遗址。古人类遗址是指从人类诞生到有文字记载以前的人类活动遗址。它是人文旅游资源中年代最为久远的景观。我国是世界上保存完整的古人类遗址最多的国家。目前，我国年代最早的古人类遗址是距今 200 多万年以前的重庆巫山人化石发掘地，其与 170 万年以前的云南元谋人化石发掘地、50 万年前的北京周口店北京人化石发掘地都是著名猿人遗址。其中，北京周口店为我国境内发现最早的猿人住所，也是当今世界上发现古人类遗址化石最齐全、最多的一处，因而被列入《世界遗产名录》。

② 古文化遗址。古文化遗址是指人类有文字记载以来的，古代人类从事政治、经济、文化等活动的场所遗址，包括古城池、古战场、古道路等。这类遗址往往给人以古代社会发展和各地历史兴衰的畅想空间。殷商遗址、丰镐遗址、咸阳遗址、楼兰遗址等都是著名的古城遗址；三国赤壁之战遗址，楚汉鸿沟之战遗址，具有世界意义的南宋合川钓鱼城之战遗址均是著名的古战场遗址；而举世闻名的丝绸之路遗址，剑门蜀道遗址则是有代表性的古道路遗址。

（2）长城与其他古代工程。古代工程是指历朝历代为了生产、交通、水利、军事、科技等需要而兴建的，与国计民生关系密切的重大建筑工程。

① 长城。长城作为中国古代军事防御体系中最大的工程建筑，是中华民族的骄傲。自西周算起，长城的兴建历经 10 多个朝代，延续 2 000 多年。长城分布于 10 多个省区市，其修筑历史之长，工程量之大，建筑之宏伟，影响之深远，实属举世罕见。

② 古城池。我国早在殷商时就已出现城市。早期的城市，特别是都城，一般都具有完整的城防体系，包括瓮城、子城、牙城、皇城等不同功能的建筑。我国保存较完整的城池遗址有江苏南京城、陕西西安城、山西平遥城、云南大理城等。南京城墙是当今世界所存留的最大规模砖石古城墙；西安城则是我国保存最好的一座大型古城墙；山西平遥（古）城（见图 2–34）的筑城技术和艺术吸引着四方游客。

③ 古代水利工程。水利在我国具有非常特殊的地位。京杭运河、浙闽海塘、新疆坎儿井因工程巨大而成为我国古代著名的三大水利工程。从春秋时就开始开凿的京杭大运河，是世界上最长、最古老的运河。其作为历史上中国南北水路交通的大通道，北起北京，南止杭州，流经我国东部六个省区。四川的都江堰作为至今仍造福一方的世界上最古老的多功能大型水利工程，也是一项吸引中外游客的伟大工程。

④ 古代桥梁。在西安半坡遗址中，已有桥梁建筑。我国古代有不少桥梁建筑技术为世界首创。古代的各式桥梁不仅具有交通功能，而且其本身的造型和工艺也极具观赏价值。我国古代桥梁的类型包括梁桥、拱桥、索桥、浮桥、廊屋桥、铁桥、竹藤桥、网桥等。其中著名的有河北赵州桥、北京卢沟桥、广西程阳风雨桥等。浙东平原还有绵延百里的著名水乡文物景观古纤道，绍兴古城则以拥有各代古桥几百上千座，而有“桥都”之称。

（3）近现代历史纪念地（红色景区）。近现代历史纪念地主要为鸦片战争以来形成的革命纪念地，以及其他重大历史事件的纪念地，包括革命遗址、旧址，重要会议会址，烈士陵园，纪念性建筑物等。如南昌“八一”起义指挥部遗址（见图 2–35），遵义会议会址，重庆“中美合作所”集中营旧址，河北冉庄地道战遗址，广州黄花岗七十二烈士墓，天安门广场人民英雄纪念碑，北京圆明园遗址等。

图 3-34　山西平遥（古）城

图 3-35　南昌“八一”起义指挥部遗址

2）古建筑与古园林

古建筑与古园林堪称我国古代建筑类旅游资源中最富有艺术价值、审美价值的景观资源。

（1）古建筑。古建筑被喻为“凝固的音乐”和“石头的史书”。以木构架“大屋顶”结构为主要形式的中国古建筑，与西方哥特式尖顶及罗马式圆顶建筑有鲜明差别。其组群布局多主次分明，讲究中轴对称，富有节奏感，同时其注重建筑与环境的巧妙结合，堪称世界建筑中灿烂的瑰宝。我国的古建筑旅游资源，主要分为以下几种类型。

① 宫廷与礼制建筑。宫廷与礼制建筑包括宫殿、庙坛、祠堂等建筑。宫廷与礼制建筑作为历朝历代最高级、最富丽的古建筑，体现了中国古建筑的最高成就。同时作为历朝历代社会政治文化活动的中心，又堪称最重要的历史载体。帝王宫殿、庙坛不仅金碧辉煌，而且收藏了大量稀世珍宝和文物。因此，其所在地基本上都是我国重要的旅游中心。明清故宫、曲阜孔庙和泰山岱庙作为我国规模最大的三处古建筑群，皆属宫廷与礼制建筑。

图 2-36　醉翁亭

② 景观建筑。景观建筑主要指园林区内外独立存在，并有实用和装饰等各项功能的游乐性建筑物，包括亭、台、楼、阁、廊、榭、舫等。“有园必有亭，有亭即成景。”安徽滁州醉翁亭（见图 2-36）、北京陶然亭、长沙爱晚亭、杭州西湖湖心亭为我国古代的四大名亭。

③ 民居建筑。民居建筑指除宫殿、官署和寺观以外的居住建筑。我国古代的民居建筑可谓丰富多彩，现保存较完好的代表性古代汉族民居建筑街道，主要有安徽黄山的屯溪老街、北京的琉璃厂、西安北院门老街等，其中屯溪老街被誉为“活动的清明上河图”。山西平遥古城和云南丽江大研古城则是我国古代民居保存较好的典型古城。城堡式闽西客家大土楼，木构塔式侗寨鼓楼，是我国具有突出地方特色的杰出古民居建筑代表。民居建筑也突出表现了民俗风情，其也是人文旅游资源的物质载体。

（2）古园林。中国古典园林是由筑山、理水、植物配置、建筑营造和书画墨迹等基本要素构成，本着“师法自然”的造园艺术基本准则所形成的造景园地。具“无声的诗，立体的画”之称的中国古典园林，以其迥然不同于西方几何图形式园林的写情自然山水型园林风格，被公认为世界上风景式园林的渊源，由此赢得了“园林之母”的美誉。我国山水园林艺术奠基于魏晋南北朝时期，明清两朝的造园规模和水平走向鼎盛时期，由此形成了以皇家园林为主体的北方园林和以私家园林为代表的江南园林两个主流体系。我国古代园林发展以江南地区水平最高，数量也最多。江南园林建筑体量较小，多用平瓦粉墙，色彩素雅淡泊，园石、绿树、花草和自然水体利用较多，景致玲珑纤巧、秀美雅致、曲折幽深。江南园林以太湖平原一带数量最多、艺术水平最高。北方园林一般面积较大，风格趋于粗犷豪放，其园林建筑也厚重而少婉约。自清代起，规模宏大、豪华富丽、集南北造园之精髓的皇家园林便成为北方园林建筑的主流。作为江南园林代表的苏州园林，我国现存最大的皇家园林承德避暑山庄，我国现存古代帝王苑囿建筑中最完整、最华美代表的颐和园，均被列入《世界遗产名录》。此外，以广东园林为代表的岭南园林，因地制宜，兼容并蓄，也形成了自己的风格。

3）古陵墓与名人纪念地

我国几千年的厚葬习俗，使古墓葬数量高居世界之冠。古代帝王陵寝形制雄伟、建筑富丽、文物珍贵而多样。同时，由于古墓葬多选址于“风水宝地”，陵区更易成为园林式的游览地。

（1）古代帝王陵寝。我国古代帝王从商代起即兴厚葬之风。宏大的帝王陵寝主要由三部分构成：封土、墓室和陵园建筑。在封土形式上，中国历史上第一个皇帝陵秦始皇陵采用大型方上形式，著名的唐高宗李治和武则天合葬的乾陵则是以山为陵，明清帝陵则更替到结构复杂而豪华的宝城宝顶。古代帝王陵寝的墓室也由早期简单的土墓穴，逐渐发展到结构豪华、富丽，堪与人间宫阙相媲美的地宫。帝王陵墓前的建筑物则主要由祭祀建筑区、神道、护陵监三部分组成。其面积之大，修筑之豪华，较之生前宫殿毫不逊色。这种帝王陵寝地上地下的豪华气派，以大型帝陵群明十三陵最具代表性。中国历史上最大的皇陵——秦始皇陵及其规模宏大的地下兵马俑坑则被誉为“世界第八大奇迹”。宁夏西夏王陵也因其特有的历史价值和造型而被游客誉为“中国金字塔”。

（2）历代名人墓与名人纪念地。历代名人墓中的曲阜孔林，为孔子及其子孙墓地，其延续时间之久、墓葬数量之多、保存之完好，为世界罕见。其与孔府、孔庙合称“三孔”，是典型的由名人纪念地形成的旅游地。名人纪念地由历代名人故居、名人活动遗址及相关的纪念性文物与建筑构成。此外，有上千年，甚至数千年历史的长江三峡、福建武夷山等地的各种悬棺葬、悬墓葬，高崖“船棺”等特殊墓葬形式，均富有奇特、神秘的旅游价值。

2. 文化艺术与民俗风情类旅游资源

本大类旅游资源属以非物质表现形式为主，参与性较强的传统人文旅游资源。

1）文学艺术

中国文化源远流长，文学艺术作为以非物质表现形式为主的审美性文化产品，对旅游资源的开发具有重要意义。人们可借助文学艺术的生动形式与感染力、想象力，实现情与景、境与意的交融和统一，发掘自然山水和名胜古迹更深层次的内涵和情趣，甚至演绎、创造新的旅游景观与旅游对象，从而使文学艺术成为一种具有隐性特征的旅游资源。我国文学艺术作为旅游资源的意义主要反映在以下三个方面。

（1）直接构成丰富多彩的文化艺术景观资源。我国独特精湛的传统书画艺术、戏曲杂技、武术表演，以及碑碣、壁画、石刻、工艺品等有形文化景观，都可直接构成旅游资源。书法是我国特有的艺术瑰宝。我国还有“戏剧王国”之称，京剧、越剧、秦腔、评剧、黄梅戏、川剧、豫剧等数百个剧种，均是具有特殊魅力的文化景观。广泛流传于民间的少林、武当、峨眉等武术流派，吸引了不少游客。

（2）无形包装强化各种自然与人文旅游资源。不少影响面大、艺术感染力强的文学艺术作品，其对象与背景地都可成为旅游资源，甚至旅游热点。如泰山以杜甫《望岳》诗的题刻，引导着千百年来游客的审美取向；张继的《枫桥夜泊》使寒山寺的钟声随着诗情播扬远方。

（3）凭借名作演绎创造各种主题人文旅游资源。凭借名作在有关地点创造旅游资源之风，在当今也颇为流行。如依《桃花源记》建“桃花源”，依《红楼梦》建“大观园”，依《清明上河图》建清明上河园（开封清明上河园见图 2–37），依《三国演义》开发三国旅游线路等，不一而足。

2）民俗风情

民俗即民间的风俗。一般由自然环境的差异而形成的社会习尚叫“风”，由社会环境不同而形成的习尚称“俗”。我国地域辽阔，民族众多，早在汉代就有“千里不同风，百里不同俗”的说法。民俗风情堪称我国人文旅游资源中最生动、最多彩的组成部分。我国民俗风情的主要表现形式如下。

（1）服饰。服饰反映了一个民族传统的审美观和复杂的社会意识，为民族最基本的形象符号特征之一。中国 56 个民族的服饰和身体修饰千姿百态，各具特色。如傣族姑娘爱穿鲜艳漂亮的短衫和筒裙，景颇族男子有带长刀的习惯，赫哲族人常穿独具特色的鱼皮衣等。

（2）居住。民间建筑是民俗文化最主要的物质表现形式。我国的民居建筑可谓丰富多彩，大体可分为三类：第一类是帐篷型和蒙古包型民居，这是游牧民族的居住方式；第二类是干栏式民居，多见于我国南方少数民族地区，其中的纯木结构建筑又以西双版纳傣族竹楼最为典型；第三类是上栋下宇式民居。应用最为广泛的单层四合院住宅，以北京民居最为典型。我国典型的民居还有客家土楼（见图 2–38）、西部的黄土窑洞等类型。

（3）饮食。我国各民族的饮食习俗因所从事的生产内容和所处的地理环境而异。如以畜牧业和狩猎为主的少数民族肉食比重大，蒙古族偏爱牛羊肉、奶制品；南方的侗族、苗族、瑶族，都有腌制鱼、肉的习俗等。我国居民在饮食口味的地域分布上还有“南甜北咸、东酸西辣”之说。

图 2–37　开封清明上河园

图 2–38　客家土楼

（4）礼仪礼节。经过数千年的发展，中国已形成整套具有东方文明色彩的礼仪礼节，享有“文明古国，礼仪之邦”的美誉。尤其在待人接物方面，各民族也形成了具有本民族特色的好客形式和内容。

（5）婚丧嫁娶。婚丧嫁娶为人生大事，历来为社会所重视，其仪式、程序和内容在各地各民族的差异性吸引了众多游客。

（6）传统节日。我国各种传统时令节日众多。如藏族的雪顿节（藏戏节），苗族的赶秋节，傣族的泼水节等均是我国的传统民族节日。

3）名食佳肴

中华民族特有的烹饪技艺所制作的精美菜肴，以其选料讲究，刀工精细，配料奇巧，色、香、味、形、器俱佳而享誉世界。由于各地自然经济、社会文化条件和饮食习俗上的差异，经长期经验积累，我国形成了地方菜、宫廷菜、素餐、药膳等各种不同体系和层次的菜系、菜种。

（1）地方菜。我国地方菜最初有粤菜、川菜、淮扬菜和鲁菜四大菜系，后来逐渐发展成八大、十大菜系（粤、川、苏、鲁、湘、闽、徽、浙、京、沪）。粤菜取材广博奇珍，口味清鲜、嫩滑、脆爽；淮扬菜选材严谨，加工精细，重视原汁原味；川菜有“一菜一格，百菜百味”之誉，麻辣应用更是锦上添花；鲁菜选料精细，讲究丰满实惠，烹制海鲜独到。我国部分地方招牌菜如图 2-39 所示。

(a) 粤菜——蜜汁叉烧

(b) 苏菜——狮子头

(c) 川菜——麻婆豆腐

(d) 湘菜——剁椒鱼头

图 2-39 我国部分地方招牌菜

（2）宫廷菜。宫廷菜是历史上专供皇族们享用的菜肴，具有花色品种多、制作精细、用料考究、色香味形兼备、名目寓意吉祥、讲究依次序上菜等特点。现以西安唐菜、北京清菜等为代表。宫廷菜如图 2-40 所示。

图 2-40 宫廷菜

（3）素餐。素餐历史悠久，流传广远，经长期发展已形成寺院素餐、宫廷素餐和民间素餐三大派系。各派系虽风格各异，但都具有选用素菜原料、模仿荤菜式样、制作精细、风味独特的共同特点。目前，在我国的一些寺庙和城镇出现了不少专供旅游者享用的素餐馆。

（4）风味小吃。我国地方风味小吃久负盛名，深受广大旅游者的青睐。如天津的狗不理包子，新疆的烤羊肉串，厦门的鱼肉丸汤，云南的过桥米线等，不一而足。

4）特产

（1）名茶。中国是茶叶的故乡，茶在我国已有数千年的历史，形成了中国特有的茶文化。根据产茶地点不同，制法不同，风味不同，加上当地历史典故，形成了各具特点的众多名茶。安徽祁红、云南滇红等为著名红茶；西湖龙井（见图 2-41）、太湖碧螺春、黄山毛峰、庐山云雾等入中国十大绿茶之列；苏州茉莉花茶是花茶中的精品；乌龙茶则以福建铁观音等为著名。

（2）名酒。中国酿酒历史悠久，美酒之多，更是世界首屈一指。中国白酒类名酒数量最多，以茅台酒（见图 2-42）、五粮液酒、剑南春酒、汾酒、董酒、泸州老窖特曲等为代表；黄酒类则有加饭酒、沉缸酒等；啤酒类有青岛啤酒；葡萄酒类有玫瑰香红葡萄酒、中国红葡萄酒、味美思、金奖白兰地等；配制酒有竹叶青等。

（3）丝绸刺绣。我国早在 4 000 年前就发展了养蚕、缫丝和丝绸业，并向海外出口丝绸。中国因此被世人称为“东方丝国”。越罗、吴绫、蜀缎、宋锦等均为各代名产。苏绣（见图 2–43）、湘绣、蜀绣、粤绣为我国的四大名绣。云锦、宋锦、蜀锦为我国三大名锦。

图 2–41 西湖龙井

图 2–42 茅台

图 2–43 苏绣

（4）工艺美术品。我国工艺美术特产品类繁多。北京景泰蓝、江西景德镇瓷器和福建脱胎漆器并称为我国传统工艺的“三绝”；江苏宜兴则有“陶都”之称；宣纸、端砚、湖笔、徽墨为“文房四宝”之首。此外，北京牙雕、寿山石雕、无锡泥塑、安顺蜡染等均是富有地方特色的著名传统工艺美术品。

3. 城镇风貌与康乐购物类旅游资源

本类旅游资源以综合性功能较强的城镇旅游资源为主体。

1）现代都市环境

伴随着改革开放与现代化建设的进程，我国城市正以空前的速度改变着它的风貌。现代都市的繁华气氛，内容丰富的各种活动，鳞次栉比的各式建筑，功能多样的文体设施，琳琅满目的购物场所，高速快捷的生活节奏，吸引着众多的旅游者涌向不同特色的城市。人们日益认识到现代都市作为整体性旅游资源的巨大吸引力。各具特色的现代都市环境可以说是我国上海、深圳、香港、大连等城市的主体旅游资源，这些城市正是借此取得了旅游业发展的巨大成功。上海现代都市风光如图 2–44 所示。

图 2–44 上海现代都市风光

不同性质与功能，以及不同地理背景下的现代都市具有不同的风貌，如首都北京，特区深圳，航天城西昌，石油城大庆，北国冰城哈尔滨，西南山城重庆，海滨城市大连等，都具有不同的吸引力。

2）现代人造旅游吸引物

现代人造旅游吸引物，广义上可包括各类人造景观、城市公园、游乐场所与休闲性康体健身场所，狭义上则指可主要为旅游业所利用，甚至主要以旅游为目的而建设的人造景观、主题公园。

（1）主题公园。主题公园是指充分利用现代科学技术，按某一个或多个主题，将历史的、异域的、现实的、想象的各种可能富有吸引力的自然或人文现象，“移植”、融会在一地，以达到娱乐、消遣、增长知识等目的的人造景观。国内部分主题公园如图 2-45 所示。

(a) 北京环球影城

(b) 上海迪士尼乐园

(c) 广州长隆欢乐世界

图 2-45　国内部分主题公园

（2）事件吸引物。现代社会不仅将丰富的传统节庆活动加以充分利用来为发展现代旅游与商贸服务，而且还不断设计和利用新的现代节庆与商贸活动及博览会之类的事件吸引物来发展旅游业，如举办潍坊风筝节、哈尔滨冰雪节（见图 2-46）、重庆三峡国际旅游节、昆明世界园艺博览会，以及各类“服装节”“文化节”“啤酒节”等。传统节庆加上现代节庆活动的繁荣，令全国范围内几乎每天都有各具地方特色的节庆活动开展。这些节庆活动及博览会之类的事件吸引物，也构成了对旅游者极富吸引力的人造旅游景观。

图 2-46　哈尔滨冰雪节

（3）现代建设工程。作为现代建设成就的宏伟建筑、重点工程，不仅具有景观上的意义，而且还充分展示着人类征服自然、改造自然的能力，因此其也可以成为独立而富有魅力的旅游吸引物。如新中国成立以来兴建的北京工人体育场、上海展览馆、武汉长江大桥、南京长江大桥，以及改革开放以来兴建的长江三峡水利枢纽、北京奥运村、上海东方明珠塔、广州塔、重庆朝天门广场（见图 2-47）、成都太古里（见图 2-48）等大批宏伟工程，已成为展示我国城市形象的标志性旅游新景观。

图 2-47　重庆朝天门广场

图 2-48　成都太古里

实　训

1. 实训目的

体会旅游资源与地理环境的互动关系。

2. 实训内容

对照职业能力目标的要求，认真学习本项目的内容，分析旅游资源与地理环境的关系，提交《旅游资源与地理环境》小论文。

3. 实训步骤

（1）绘制本项目思维导图，掌握本项目职业能力目标要求的能力。

（2）以本项目的内容为脉络，前往图书馆查找文献，通过互联网收集网络资料，撰写小论文。

（3）在班级讨论会上，提交小论文并进行简短的汇报。

（4）听取教师及其他同学对小论文的点评，取长补短，复盘本项目的内容。

项目3

中国旅游交通地理

职业能力目标

1. 掌握旅游与交通的关系
2. 理解旅游交通的概念、特点
3. 掌握中国旅游交通的发展情况
4. 熟悉旅游线路的概念，了解中国主要旅游线路

任务 3.1　旅游交通认知

3.1.1　旅游与交通的关系

传统观点认为，具有一定旅行距离的旅游才具有旅游业统计的意义，即在家门口赏花、去隔壁社区就餐不算旅游。许多国家、区域和机构采用居住地和目的地之间的往返距离作为重要的旅游衡量尺度。低于规定的最短行程的旅游不包括在官方旅游统计中，最短行程标准具有人为、随意和易变性。例如，有的国家规定的最短旅游往返行程为 160 km。旅行的距离直接涉及交通。不同的旅行距离、预算、偏好影响旅游者采用不同的交通方式（航空、铁路、轮船、大巴、自驾车或其他交通工具）。旅游与交通是天然的“同盟”关系。旅游与交通的关系如下。

1. 交通是旅游的先决条件（需求角度）

旅游者在外出旅游时，要解决的第一个问题就是从定居地到旅游目的地的空间位移问题，不同的位移方式和采用不同位移方式所耗费的时间，都是需要考虑的因素。旅游者可用于旅游的时间总是有限度的，如果克服空间距离所占用的时间超过一定的限度，旅游者则会改变对旅游目的地的选择，甚至会取消旅游计划。旅游交通是旅游业产生和发展的先决条件。

2. 交通是旅游的命脉（供给角度）

交通是旅游系统的重要组成部分，是旅游行为完成的必要条件。旅游功能结构系统包括三部分：旅游客源地，主要是现有及潜在的旅游者；旅游目的地，主要是旅游的直接对象；旅游交通，主要是交通设施及服务等。三者组成相互联系、相互影响的功能系统，其中旅游交通作为旅游通道的物质主体，是连接旅游客源地和旅游目的地的重要纽带，是完成旅游行为必不可少的重要环节。

3. 互相制约而又互相促进的同盟关系

根据旅游统计年鉴等资料，欧美游客来我国旅游，其交通费用的支出（包括国际往返交通费、在我国旅游期间的城市间交通费和市内交通费）往往要占其旅游总费用的一半以上。在国内旅游中，旅游者的交通支出也占据着旅游总费用的极大比重。

某些地区旅游资源丰富，但由于交通基础设施不完备或交通线路班次配额不足而限制了旅游市场的发展，一旦交通问题得到解决，旅游事业发展突飞猛进。同时某些地区凭借强势的旅游资源，带来持续、稳定的交通需求，促进了该地区交通基础设施的建设与完善，促进该地区交通行业获得丰厚的利润。旅游与交通是紧密相连的，现代交通业的发展促进了现代旅游业的产生与发展，同时，现代旅游业也为现代交通业的发展带来了强大的需求拉力。旅游与交通相互依存，彼此促进，共同发展。

旅游消费带动了交通消费，交通的完善又促进了旅游的开发，有些时候交通本身就是旅游的特色项目，乘坐不同的交通工具可以领略不同的风光，获得不同的享受和经历。交通特色旅游项目如图 3–1 所示。

(a) 乘直升机游壶口瀑布

(b) 丽江“天空之镜”列车

图 3–1 交通特色旅游项目

我国观光列车近年来得到了迅速发展，如中国铁路乌鲁木齐局集团有限公司开行的新东方快车、中国铁路哈尔滨局集团有限公司开行的呼伦贝尔号列车、中国铁路成都局集团有限公司开行的熊猫号列车、中国铁路兰州局集团有限公司开行的敦煌号列车等。我国部分观光列车如图 3–2 所示。

(a) 新东方快车

(b) 呼伦贝尔号列车

(c) 熊猫号列车

(d) 敦煌号列车

图 3–2 我国部分观光列车

旅游与交通密不可分，交通是旅游的基础支撑和先决条件，旅游是交通难以或缺的盈利领域，两部门的融合发展具有客观必然性。随着大众旅游时代的来临，交通为旅游带来了便利，旅游为交通创造了新的发展空间，旅游与交通融合发展的趋势越来越明显。

3.1.2 旅游交通认知

1. 旅游交通的概念

正因为旅游与交通关系密切，犹如唇齿，旅游交通的概念孕育而生。

旅游交通指旅游者利用某种手段和途径，实现从一个地点到达另一个地点的空间转移过程。它既是“抵达目的地的手段，也是在目的地内往来活动的手段”。旅游交通的核心内涵是：因旅游需求而伴随着旅游全过程的交通线路、工具、设施，以及服务的总和。通过之前对旅游与交通关系知识的学习，我们很容易理解：

（1）旅游交通是旅游业产生和发展的先决条件；

（2）旅游交通是旅游地社会经济发展的重要推动力；

（3）旅游交通是旅游业稳定而重要的收入来源；

（4）旅游交通是旅游活动的重要内容。

2. 旅游交通的特点

1）季节性

旅游本身具有较强的季节性，使得旅游交通具有季节性变化的特点。旅游活动受到季节、天气及休假时间的影响，一般在天气温暖的春秋季节，人们喜欢外出旅游，这就构成了旅游旺季，旅游旺季自然也是旅游交通的繁忙季节。在我国，每年的长假，给很多人带来出行的机会，在这期间，旅游交通也就极为繁忙。例如，冬季假期出国旅游会选择东南亚地区，北方人喜欢到南方过冬，夏季假期南方人喜欢到北方避暑等。然而，旅游交通服务是一个过程，生产和消费同步进行，不可储存。运输力量在一定的时期内是一个定值。当旅游旺季到来时，游客人数的变动必然导致旅游交通在运力方面的紧张；相反，旅游淡季时运力还会过剩。对此，旅游交通部门往往利用票价浮动的杠杆来调节旅游需求，如铁路、民航部门在旅游淡季对客票进行打折，公路和水运部门在旅游旺季提高票价以调节客流。

2）舒适性

旅游交通更强调舒适性。旅游交通在厢（舱）内设施、服务质量、服务项目等方面，都追求舒适性。旅游交通工具如飞机、火车、汽车等，往往带有空调、音响设备、角度可调的高靠背椅等，这样游客在乘坐时能使身体得到休息，精神得以放松。这些完备的旅游交通设施可以为游客提供更舒适的旅游服务，使游客在完成旅游活动的同时，得到更好的休息。

3）区域性

旅游交通本身具有一定的区域性。旅游交通线路根据旅游客流的因素，集中分布在旅游客源地与旅游目的地，以及旅游目的地内各旅游集散地之间，具有明显的区域特征。旅游交通从其运送游客的区域空间及人们的旅游过程来看，可以分为大、中、小三个范围。大范围的旅游交通，是指从旅游客源地到旅游目的地所依托的中心城市之间的交通，具有跨国或跨省的特点。其交通方式主要是航空、铁路和高速公路。中范围的旅游交通，是指从旅游中心城市到旅游景点之间的交通。其交通方式主要是铁路、公路和水路。小范围的旅游交通，是指风景区内部连接各景点之间的旅游交通。其交通方式主要是徒步或特种旅游交通方式，如索道、游船、景区小火车、马车、滑竿等。

4）游览性

游览性是旅游交通区别于普通交通最明显的特征。这一特性无论是在交通线路设置，还是在交通设施上都表现了出来。首先，旅游交通一般只在旅游客源地与旅游目的地间进行直达运输，在若干旅游目的地之间进行环状运输，使旅游者迅速到达，便于游览，使一次旅行能到达尽量多的旅游景点。其次，在旅游交通的设施方面，旅游交通工具一般都装饰豪华，车窗宽大而明亮，便于人们领略沿途风光。现在一些城市之间（如大理和丽江之间）开设了豪华双层旅游直达列车，方便了旅游热点城市间的游客，很好地体现了旅游交通的旅游性特点。最后，某些特殊形式的旅游交通工具本身就是游览工具，如羊皮筏、游船、渡船、索道、缆车、轿子、滑竿、马车、骆驼等，因其本身具有民族特色和地方风格，这些特殊的旅游交通工具既方便了旅游者，又能满足人们求知、求乐、求异、求奇的心理，对旅游者有很大的吸引力。

5）无形性

农业收获粮食，工业生产工业品，它们均具有生产有形产品的产业特征，但旅游交通运输业不生产有形产品，只实现旅游者及其行李的空间位置转移。这种运输产品看不见，摸不着，无法试用，具有无形性特征。无形性增加了旅游交通经营管理的难度，如服务质量难以评定，服务产品难以促销，服务特色难以体现，服务纠纷难以解决等。这就要求旅游交通行业管理部门制定严格的行业服务标准和规范，要求企业根据行业标准和规范的要求进行各项运输活动，最终通过树立行业和企业形象，增强商业信誉，赢得旅游者的理性认同。

6）不可储存性

工业品可以长期储存，今天卖不出去可以留到明天再卖，其使用价值基本保持不变。旅游交通运输能力不能储存，今天的座位（舱位，下同）卖不出去，这些座位今天的使用价值就浪费掉了，明天的座位有明天的使用价值。运力的不可储存性，要求企业制订科学周密的运营计划，建立高效的预订及销售网络，并进行及时合理的运营调度，不断提高座位利用率，才能避免运力浪费，实现良好的经济效益。

7）服务与消费同步性

工农业的产业运行一般分为生产、流通和消费三个相对独立的环节，在时间和空间上表现出相互隔离的特征。而旅游交通产业只有服务和消费两个环节，而且这两个环节在时间和空间上高度统一，同步进行。旅游交通运输服务开始，旅游者的交通运输消费同时开始；旅游交通运输服务结束，旅游者的交通运输消费也随之结束。服务与消费的同步性决定了旅游交通运输服务不能进行事先检验，其结果必然是服务质量、意外事故、顾客满意度等难以预测和控制。旅游交通管理、技术和服务人员必须以高度的责任感和敬业精神，严格管理，规范操作，热情服务，才能提高服务质量，杜绝事故隐患，使旅客高兴而来，满意而去。

3. 旅游交通的类型

本书接下来讨论的旅游交通特指旅游客源地和旅游目的地之间、多个旅游目的地之间的交通（非旅游目的地内的交通），在此范围内，旅游交通可以划分为航空、铁路、公路、水路交通等基本类型。在旅游业中，对旅游交通的基本要求是安全、快速、舒适、方便、经济。各种旅游交通方式（类型）由于自身特点的不同有着各自的优点和局限性。因此，各类旅游交通方式应充分发挥各自的优点，更好地为旅游业服务。

旅游者对旅游交通运输方式的选择主要受价格、费用、距离、时间、收入、旅游经验等因素的影响。价格和费用的变化会使旅游者在旅游交通运输方式的使用上作出不同的选择。时间、距离与收入也会对此产生影响，遇时间少、行程长时，旅游者会在收入允许的前提下选择速度快的旅游交通运输方式。旅游者的经验、感受也会使其对某种交通运输方式产生偏好。

1）航空旅游交通

航空交通在各种交通运输方式中历史最短、发展最快。航空旅游交通是各种旅游交通方式中速度最快，可以跨越地面上的各种自然障碍的交通方式。它可以按旅行社的要求定时间、定航线，凭借舒适、安全、省时的特点，深受旅游者的欢迎。航空旅游交通是远距离旅行的重要交通方式。

航空旅游交通服务方式分为定期航班服务和旅游包机服务。定期航班服务是航空公司在国内航线和国际航线上按照对外公布的航班时刻表飞行的航空服务；旅游包机服务是一种不定期的航空包乘服务业务。旅游包机没有固定的时间和航线，可根据需要调整，方便了旅游者。尽管宽体载客飞机相继问世，使得飞机的载客量大为增加，也更为舒适，但是航空旅游交通也有其不足之处，飞机的购置费用太高，耗能大，运量相对小，受气候条件的影响大，只适合远距离、点对点的运输，不适合做近距离的运输。因此，航空旅游交通必须和其他交通工具相互配合、取长补短，共同完成旅游交通服务。旅游包机如图 3–3 所示。

(a) 跨境旅游包机　　(b) 国内旅游包机

图 3–3　旅游包机

2）铁路旅游交通

铁路交通是发展较早的一种交通方式，它一经出现便极大地促进了旅游业的发展，是现代空间位移的主要形式之一。在我国，铁路旅游交通一直是国内长距离旅游的主要交通方式之一。铁路旅游交通的优点是运量大、速度快、价格低、安全系数高、连续性强、受气候条件影响较小，不足之处是灵活性差、建设周期长、建设投资大等。

由于航空、高速公路的发展，乘坐火车出游的游客一度大量减少。一些国家的铁路旅游交通营业量呈现大幅度下降的趋势。为了改变铁路旅游交通在竞争中的不利地位，许多国家都在对铁路旅游交通进行改革，如提高列车运行速度、增加旅游直达快车、发行旅游列车年票、改善列车乘坐条件、降低运输费用、实行“夕发朝至”的运输组织方案、增加服务项目、减少停站等措施。保证游客旅途的舒适性和在最短时间内到达旅游目的地，以此来减轻市场竞争的压力。近年来，随着高速铁路的发展，铁路旅游交通焕发了新的生命力，在旅游交通中的地位再次凸显。旅游列车如图 3–4 所示。

(a) 旅游专列　　(b) 假日旅游列车

图 3–4　旅游列车

3）公路旅游交通

公路交通是世界上最受欢迎的短途运输方式。公路旅游交通最大的优点是自由灵活、方便舒适，可以随时随地停留和任意选择旅游地点。公路旅游交通的主要运输工具是汽车，汽车旅游是世界旅游交通发展的大趋势之一。目前在西方经济发达国家，高速公路密集成网，汽车普遍进入家庭，很多人喜欢驾车在国内旅游或到邻近国家旅游。随着我国高速公路网的修建，轿车越来越多地进入家庭，汽车旅游也表现出强劲的发展势头。很多地区的旅行社已经开展了自驾游的旅游项目，一些拥有汽车的家庭也会采取驾车自助出游的方式。乘坐汽车旅游的优点是：对自然交通条件适应性强，可以任意选择旅游点扩大旅游活动的范围。其缺点是：运载量小，运费高，受气候变化影响大，污染程度高，安全系数低，较适合短途旅游。

公路旅游交通如图 3–5 所示。

(a) 旅游大巴

(b) 自驾旅游

(c) 房车出游

图 3–5　公路旅游交通

4）水路旅游交通

水路交通是历史最为悠久的交通方式之一。水路旅游交通服务主要包括远程定期班轮服务、短程轮渡服务、邮船服务和内河客运服务四种。在各种旅游交通方式的价格中，乘坐轮船的价格最为便宜，且其一般大于飞机的运载量。现代水路旅游交通中，邮轮（旅游船）是一种比较受欢迎的交通工具，其有“流动的旅馆”的美誉，游客不仅可以在邮轮上食宿，且因邮轮活动空间大，还配有各种大众娱乐设施，游客可以在船上享受悠闲、舒适的旅途生活。在巡游过程中可以在不同地点登岸游览观光，也可以在船上尽情地观赏湖光山色、两岸美景。近几十年来，邮轮又有了新的发展，许多邮轮经营者开展各种特色的游乐项目，借助邮轮来实现游客的国内和跨国旅游，即邮轮旅游。水路旅游交通具有运载量大、能耗小、成本低、舒适等优点。大型的邮轮一次可以运载数百至上千名游客。其不利的方面是：行驶速度慢，受季节、气候和水域情况的影响，准时性、连续性和灵活性相对较差。邮轮如图 3–6 所示。

(a) 三峡邮轮

(b) 国际邮轮

图 3–6　邮轮

任务 3.2　中国旅游交通

旅游交通是旅游地理的重要研究领域。近年来，我国交通发展迅速，航空网、铁路网的发展与完善给旅游业带来深刻影响。交通的发展不仅提高了“行”的速度和质量，还影响了“游”“住”等诸多旅游要素。

3.2.1　我国民航客运网络

1. 当前航线、机场网络

2022 年，我国共有定期航班航线 4 670 条，其中，国内航线 4 334 条（含港澳台航线 27 条），国际航线 336 条。按重复距离计算的航线里程为 1 032.79 万 km，按不重复距离计算的航线里程为 699.89 万 km。

2022 年，定期航班国内通航城市（或地区）为 249 个（不含香港、澳门和台湾地区）。我国航空公司国际定期航班通航 50 个国家的 77 个城市，内地航空公司定期航班从 20 个内地城市通航香港，从 5 个内地城市通航澳门，大陆航空公司从 7 个大陆城市通航台湾地区。

截至 2022 年底，我国境内运输机场（不含香港、澳门和台湾地区）为 254 个，比上年底净增 6 个。2022 年新增机场有：昭苏天马机场、阿拉尔塔里木机场、鄂州花湖机场、塔什库尔干红其拉甫机场、山南隆子机场、日喀则定日机场。2022 年，达州河市机场迁至达州金垭机场，湛江机场迁至湛江吴川机场。颁证运输机场按飞行区指标分类：4F 级机场 15 个，4E 级机场 39 个，4D 级机场 37 个，4C 级机场 158 个，3C 级机场 4 个，3C 级以下机场 1 个。2022 年，全行业新增跑道 7 条，停机位 182 个，航站楼面积 11 万 m^2。截至 2022 年底，全行业运输机场共有跑道 283 条，停机位 7 315 个，航站楼面积 1 798.9 万 m^2。

2. 民航发展规划

根据《“十四五”民用航空发展规划》，“十四五”期间我国将加大民航基础设施建设，加快构建现代化的国家综合机场体系和空中交通管理体系，发挥整体协同效应，为民航高质量发展奠定坚实基础。

（1）加快机场基础设施建设，加快枢纽机场建设。加快北京、上海、广州、成都、深圳、昆明、西安、重庆、乌鲁木齐、哈尔滨等国际航空枢纽建设，建成成都天府机场，规划建设珠三角枢纽（广州新）机场，推进天津、沈阳、济南、兰州、南宁、贵阳、拉萨等区域枢纽机场扩能改造，实施厦门、呼和浩特、大连、南通等机场迁建。建成投用湖北鄂州专业性货运枢纽机场，优化完善北京、上海、广州、深圳和郑州等综合性枢纽机场货运设施。研究提出由综合性枢纽机场和专业性货运枢纽机场共同组成的航空货运枢纽规划布局。完善非枢纽机场布局。新建一批非枢纽机场，重点布局加密中西部地区和边境地区机场。加强新建机场前期论证，做好项目储备。坚持经济适用原则，实施一批非枢纽机场改扩建工程。加强支线机场通用航空保障能力，为国产支线飞机起降等配置相应设施，项目中要加强贯彻国防要求。审慎决策机场迁建，研究开展南阳、景德镇、黄山机场迁建项目前期工作。鼓励毗邻地区合资合作建设规划内机场设施，实现资源共享、互利共赢。推进存量设施提质增效。加强多机场、多跑道、多航站楼运行模式研究，注重空地资源匹配，探索运行新标准、新模式，充分挖掘设施潜力。支持有条件的机场优化改造跑滑系统，提升飞行区运行效率。适应旅客出行方式和需求变化，针对捷运系统、安检系统、行李系统等效率短板和流程堵点，推进既有机场航站楼空间重构和流程再造。优化提升航油保障能力。结合机场建设同步推进航油设施建设。规划建设粤港澳大湾区、西南等航油储运基地，提升支线机场航油保障能力，健全航油调度应急保障机制，确保航油供应安全。鼓励航油供应设施建设投资主体多元化。

（2）完善客运网络格局，优化国内航线网络布局。

① 构建以骨干网、基础网为支撑的国内航线网络。以提高网络整体效率为导向，扩容京津冀、长三角、粤港澳大湾区、成渝世界级机场群枢纽机场之间的主骨干通道，畅通四大世界级机场群、国际航空枢纽、区域航空枢纽之间的次骨干通道，推进快线公交化，打造高频率、高品质的骨干网，巩固航线网络基本盘。以提升非枢纽机场通达性、激活潜在市场新需求为导向，鼓励创新服务产品，形成覆盖广泛、服务均等的基础网，拓展航线网络覆盖面，实现“干支通、全网联”。在地面交通不便的偏远地区积极推进基本航空服务。

② 完善航空枢纽功能。构建世界级机场群、国际航空枢纽、区域航空枢纽联动发展的航空枢纽格局。增强世界级机场群全球航线网络辐射能力，实现机场群内部协同发展。强化国际航空枢纽航线网络中枢功能，提升北京、上海、广州全球服务能力，完善成都、重庆、深圳、昆明、西安、乌鲁木齐、哈尔滨等国际航空枢纽建设。

2. 我国高速铁路网络

2004 年 1 月国务院批复了《中长期铁路网规划》，确定铁路网要扩大规模，完善结构，提高质量，快速扩充运输能力，迅速提高装备水平。2008 年根据国民经济发展新形势、新需求，国务院及时调整了中长期铁路网规划，批准了《中长期铁路网规划（2008 年调整）》，确定到 2020 年全国铁路营业里程达到 12 万 km 以上，其中客运专线达到 1.6 万 km 以上，复线率和电气化率分别达到 50%和 60%以上。基本形成布局合理、结构清晰、功能完善、衔接顺畅的铁路网络，运输能力满足国民经济和社会发展需要，主要技术装备达到或接近国际先进水平。重点规划“四纵四横”等客运专线及经济发达和人口稠密地区城际客运系统。

2008 年 8 月 1 日，在北京奥运会前，中国第一条高标准、设计时速为 350 km 的高速铁路——京津城际铁路正式开通运营。中国正式步入高速铁路时代。

2011 年 7 月 1 日，当时世界上一次建成运营里程最长、标准最高的高速铁路——京沪高速铁路正式开通运营。

2016 年，新的《中长期铁路网规划》发布。《中长期铁路网规划（2016 年）》关于高速铁路的规划如下。

为满足快速增长的客运需求，优化拓展区域发展空间，在“四纵四横”高速铁路的基础上，增加客流支撑、标准适宜、发展需要的高速铁路，部分利用时速 200 km 铁路，形成以“八纵八横”主通道为骨架、区域连接线衔接、城际铁路补充的高速铁路网，实现省会城市高速铁路通达、区际之间高效便捷相连。

因地制宜、科学确定高速铁路建设标准。高速铁路主通道规划新增项目原则采用时速 250 km 及以上标准（地形地质及气候条件复杂、困难地区可以适当降低），其中沿线人口、城镇稠密，经济比较发达，贯通特大城市的铁路可采用时速 350 km 标准。区域铁路连接线原则上采用时速 250 km 及以下标准。城际铁路原则上采用时速 200 km 及以下标准。

1）“八纵八横”高速铁路主通道

（1）“八纵”通道。

① 沿海通道。大连（丹东）—秦皇岛—天津—东营—潍坊—青岛（烟台）—连云港—盐

城—南通—上海—宁波—福州—厦门—深圳—湛江—北海（防城港）高速铁路（其中青岛至盐城段利用青连、连盐铁路，南通至上海段利用沪通铁路），连接东部沿海地区，贯通京津冀、辽中南、山东半岛、东陇海、长三角、海峡西岸、珠三角、北部湾等城市群。

② 京沪通道。北京—天津—济南—南京—上海（杭州）高速铁路，包括南京—杭州、蚌埠—合肥—杭州高速铁路，同时通过北京—天津—东营—潍坊—临沂—淮安—扬州—南通—上海高速铁路，连接华北、华东地区，贯通京津冀、长三角等城市群。

③ 京港（台）通道。北京—衡水—菏泽—商丘—阜阳—合肥（黄冈）—九江—南昌—赣州—深圳—香港（九龙）高速铁路；另一支线为合肥—福州—台北高速铁路，包括南昌—福州（莆田）铁路。连接华北、华中、华东、华南地区，贯通京津冀、长江中游、海峡西岸、珠三角等城市群。

④ 京哈—京港澳通道。哈尔滨—长春—沈阳—北京—石家庄—郑州—武汉—长沙—广州—深圳—香港高速铁路，包括广州—珠海—澳门高速铁路。连接东北、华北、华中、华南、港澳地区，贯通哈长、辽中南、京津冀、中原、长江中游、珠三角等城市群。

⑤ 呼南通道。呼和浩特—大同—太原—郑州—襄阳—常德—益阳—邵阳—永州—桂林—南宁高速铁路。连接华北、中原、华中、华南地区，贯通呼包鄂榆、山西中部、中原、长江中游、北部湾等城市群。

⑥ 京昆通道。北京—石家庄—太原—西安—成都（重庆）—昆明高速铁路，包括北京—张家口—大同—太原高速铁路。连接华北、西北、西南地区，贯通京津冀、太原、关中平原、成渝、滇中等城市群。

⑦ 包（银）海通道。包头—延安—西安—重庆—贵阳—南宁—湛江—海口（三亚）高速铁路，包括银川—西安以及海南环岛高速铁路。连接西北、西南、华南地区，贯通呼包鄂、宁夏沿黄、关中平原、成渝、黔中、北部湾等城市群。

⑧ 兰（西）广通道。兰州（西宁）—成都（重庆）—贵阳—广州高速铁路。连接西北、西南、华南地区，贯通兰西、成渝、黔中、珠三角等城市群。

（2）“八横”通道。

① 绥满通道。绥芬河—牡丹江—哈尔滨—齐齐哈尔—海拉尔—满洲里高速铁路。连接黑龙江及蒙东地区。

② 京兰通道。北京—呼和浩特—银川—兰州高速铁路。连接华北、西北地区，贯通京津冀、呼包鄂、宁夏沿黄、兰西等城市群。

③ 青银通道。青岛—济南—石家庄—太原—银川高速铁路（其中绥德至银川段利用太中银铁路）。连接华东、华北、西北地区，贯通山东半岛、京津冀、太原、宁夏沿黄等城市群。

④ 陆桥通道。连云港—徐州—郑州—西安—兰州—西宁—乌鲁木齐高速铁路。连接华东、华中、西北地区，贯通东陇海、中原、关中平原、兰西、天山北坡等城市群。

⑤ 沿江通道。上海—南京—合肥—武汉—重庆—成都高速铁路，包括南京—安庆—九江—武汉—宜昌—重庆、万州—达州—遂宁—成都高速铁路（其中成都至遂宁段利用达成铁路）。连接华东、华中、西南地区，贯通长三角、长江中游、成渝等城市群。

⑥ 沪昆通道。上海—杭州—南昌—长沙—贵阳—昆明高速铁路。连接华东、华中、西南地区，贯通长三角、长江中游、黔中、滇中等城市群。

⑦ 厦渝通道。厦门—龙岩—赣州—长沙—常德—张家界—黔江—重庆高速铁路（其中厦门至赣州段利用龙厦铁路、赣龙铁路，常德至黔江段利用黔张常铁路）。连接海峡西岸、中南、

西南地区，贯通海峡西岸、长江中游、成渝等城市群。

⑧ 广昆通道。广州—南宁—昆明高速铁路。连接华南、西南地区，贯通珠三角、北部湾、滇中等城市群。

2）拓展区域铁路连接线

在“八纵八横”主通道的基础上，规划建设高速铁路区域连接线，进一步完善路网、扩大覆盖。

3）发展城际客运铁路

在优先利用高速铁路、普速铁路开行城际列车服务城际功能的同时，规划建设支撑和引领新型城镇化发展、有效连接大中城市与中心城镇、服务通勤功能的城市群城际客运铁路。

任务 3.3 旅游线路基础认知

3.3.1 旅游线路的分类与设计原则

1. 旅游线路的概念

旅游线路是指在一定地域空间，旅游经营者针对客源市场的需求，凭借交通线路和交通工具，遵循一定的原则，将若干旅游地的旅游吸引物、旅游设施和旅游服务等元素合理贯穿起来，专为旅游者开展旅游活动而设计的游览线路。

根据旅游经济学和旅游市场学原理，旅游线路属于旅游产品的核心组成部分。旅游线路是由各种交通方式联结若干旅游城市或旅游景点组成的，一般由旅行社设计、组织并向游客推出。

2. 旅游线路的分类

根据不同的分类标准，旅游线路可划分为不同的类型。

1）按旅游活动的形式划分

按旅游活动的形式，大体上可以将旅游线路划分为观光周游型和度假逗留型两种。观光周游型旅游线路一般串联多个观光型的旅游目的地，适于主要以观光为目的的旅游者选择。中国名胜山水和人文古迹非常丰富，观光旅游对于世界各地的旅游者来说有着强大的吸引力，所以，我国对外推出的线路多为周游型旅游线路。但是，由于周游型旅游线路的费用相对较高，旅游者重复消费的可能性比较小。因此，在设计周游型旅游线路时应注意旅游线路的多样性。度假逗留型旅游线路主要为度假旅游者设计。度假旅游者在度假地度过一段休闲或娱乐的时光，对景观和环境的要求比较高，不是很在乎景观的多样或变化。因此，度假逗留型旅游线路所串联的旅游目的地相对较少，有时甚至只在一个旅游景区（点）活动。显然，这类旅游线路的设计比较简单，目标客户以度假、探亲访友、公务为目的的旅游者为主，而且重复消费的可能性比较大。

2）按旅游活动的结构划分

按旅游活动的结构可以将旅游线路划分为环状旅游线路和节点状旅游线路。环状旅游线路即串联若干旅游地（点），且第一个旅游地（点）与最后一个旅游地（点）相同的旅游线路。这类线路一般跨度大，所选旅游城市或旅游目的地的知名度高，且基本不走“回头路”。旅游者选择一个中心城市或旅游目的地作为旅游活动过程中的常居地，即“节点”，然后以此“节点”为中心向四周的旅游景区（点）作往返性的旅游。这类旅游线路叫“节点”状旅游线路。

它在短途旅游中十分常见，是一种小尺度的旅游线路。一般来说，旅游“节点”多为旅游目的地或者旅游景区（点）的依托城市，食、宿、行、购等条件比较好，交通比较方便，而周围的旅游景区（点）之间却没有方便的交通联系，而且，这类旅游线路的游览路程很短，一般可在一日之内往返，住在“节点”比较方便、经济。

3）按旅游活动的内容划分

按旅游活动的内容可以将旅游线路划分为综合性旅游线路和专题性旅游线路。综合性旅游线路串联的各旅游景区（点）或者旅游目的地的性质不同，整个旅游线路呈综合性特色，旅游内容丰富，能够给旅游者以良好的综合性旅游满足。专题性旅游线路是一种以某一主题内容为纽带串联各个旅游目的地或者旅游景区（点）而成的旅游线路。该类旅游线路一般具有鲜明的主题特色，较强的文化性、知识性和趣味性。由于主题多种多样，此类旅游线路可以满足不同旅游者的不同兴趣和爱好。

4）按旅游组织的形式划分

按旅游组织的形式划分，可以分为面向包价旅游活动的传统旅游线路和面向散客的“灵便式”旅游线路。后者还可分为“拼合选择式”和“跳跃式”两种旅游线路。其中，“拼合选择式”旅游线路是指整个旅程有几种分段组合线路，旅游者可以自己选择拼合，并且可以在旅游的过程中改变原有的选择；而“跳跃式”旅游线路指旅游组织者只提供整个旅程中的几小段线路或者服务，其余皆由旅游者自己设计。“灵便式”旅游线路可以在一定程度上满足旅游者自身的个性需求，其灵活和个性也正受到不少旅游者的青睐。

3. 旅游线路的设计原则

旅游线路开发的成败与旅游线路的设计有着极其密切的关系，而旅游线路设计是一项技术性与经验性都很强的工作，必须遵循一系列原则。

1）市场性原则

旅游线路的销售对象是旅游者，旅游线路的设计要适应客源市场的需要，符合旅游者的个性需求和旅游消费行为规律——最大效用原则，即在花费最少的旅游时间和旅游费用的基础上，力争获得最大限度的旅游效用满足。因此，设计旅游线路时，所安排的观赏时间长短、游览项目多少、项目质量和品位高低、行游比大小，都将影响旅游者对旅游线路的选择。

2）特色性原则

旅游线路的特色性越强，对偏好该特色的那些旅游者的吸引力就越大。因此，旅游线路的设计要根据各个区域旅游景区（点）性质的不同，从满足不同的旅游动机出发，确定特色鲜明的旅游主题，串联尽可能多的、有特定品位和内在联系（如历史、文化、景观等方面）的旅游景区（点），形成具有整体特色的旅游线路。

3）效益性原则

旅游线路说到底是“旅游产品”的重要组成部分，其设计既要注重经济效益，又要注重整体效应。首先，要尽可能做到行游比合理，精华的旅游景区（点）尽量多样，尽可能降低旅游费用，避免线路重复，以满足旅游者的“最大效用”。特别要注意不得随意缩减已承诺的旅游景区（点）而增加某些购物点，这种短期行为令旅游者极其反感。其次，在整条线路的设计上要注重“整体效应”。对于一条线路所串联的若干旅游景区（点），应该把整条线路的精华部分放在线路中间偏后的位置。这种欲扬先抑的手法，会使旅游者对整个游程留下深刻和美好的印象。

4）季节性原则

大多数旅游景区（点）有着显著的季节性景观差异和明显的旅游淡、旺季之分，不同季节的客流量反差很大。因此，旅游线路的设计要考虑季节波动，注意保持客流平衡。淡季尽量以“热点”为主，旺季适当搭配“温冷点”。这样不但有利于“热点”旅游环境的保护和容量控制，而且有利于“温冷点”的旅游发展及其旅游分流作用的发挥，是保持客流时空平衡的有效途径。但是要注意，“温冷点”也必须有一定的品位和知名度，而不是旅游者非常不愿意去的地方。

5）网络化原则

旅游交通网络化不仅是一定密度的交通网络这种量的内涵，而且还包括不同交通方式和交通工具的相互组合和配套的质的内涵。这一原则的目的是使旅游线路有多种路线形式和交通方式可供选择，以保证旅游活动的顺利完成。而且，集水、陆、空多种交通方式于一体的网络化旅游交通线路，不仅可以满足不同旅游者的消费需求与偏好，使旅游活动经济、合理和多样化，而且能使旅游者的旅游过程更加丰富多彩。

6）安全性原则

安全是旅游业的生命，没有安全就没有旅游业。因此，安全性不仅是游客，更应该是旅游线路设计者首先考虑的因素。旅游线路设计中，要特别关注游客的安全，既要避免线路中游客因拥挤、碰撞、阻塞、游路不安全等造成的伤亡事故，还要避免气象、地质、流行病等灾害的影响。

3.3.2 中国主要旅游线路

旅游线路是“旅游产品”的核心组成部分，其开发、设计和销售的成功与否最终决定一个国家或地区旅游业发展的成败。为了尽快将我国丰富的旅游资源转化成富有吸引力的旅游产品，增强其在旅游市场上的竞争力，加快我国旅游业发展的进程，我国以高品位、高知名度、高级别的旅游目的地或旅游景区（点）为基础，向海内外游客推出了一系列精品旅游线路。

1. 丝绸之路游

陕西（大雁塔、小雁塔等）—青海（东关清真大寺、青海湖等）—宁夏（须弥山石窟、北周李贤墓等）—甘肃（莫高窟、鸣沙山月牙泉等）—新疆（吐鲁番、高昌故城、阿斯塔纳古墓、坎儿井、天山、天池、喀什古城等）。

2. 长江三峡游

重庆（大足石刻、白帝城、瞿塘峡、大宁河、巫峡等）—湖北（西陵峡、三峡大坝、神农架、神农溪、荆州古城、黄鹤楼等）—湖南（洞庭湖、岳阳楼等）。

3. 西南少数民族风情游

云南（滇池、石林、九乡彝族及哈尼族风情、大理白族三道茶歌舞、西双版纳傣族歌舞等）—贵州（红枫湖侗寨、黑土苗寨、凯里侗寨苗乡等）—广西（桂林民族风情园、龙胜壮族侗族风情、柳州融水贝江苗族风情等）—四川（凉山、彝族风情、泸沽湖等）。泸沽湖如图 3-7 所示。

4. 中原古都名城游

开封（清明上河园、铁塔公园、龙亭公园、宋都御街等）—洛阳（龙门石窟、白马寺、关林、洛阳博物馆等）—西安（夜市、陕西历史博物馆、兵马俑、古城墙等）。陕西历史博物馆如图 3-8 所示。

图 3-7　泸沽湖

图 3-8　陕西历史博物馆

5. 奇山异水游

福建（武夷山、九曲溪、鼓浪屿等）—安徽（黄山、天柱山等）—贵州（黄果树、天星景区、织金洞等）—湖南（武陵源等）—广西（桂林、漓江、阳朔、芦笛岩、七星岩等）—四川（九寨沟、黄龙等）。

6. 长城游

北京（八达岭、慕田峪）—天津（黄崖关）—河北（秦皇岛、老龙头、山海关、角山、金山岭）—山西（雁门关）—宁夏（长城遗址）—甘肃（嘉峪关）。

7. 黄河风情游

青海（龙羊峡水库等）—甘肃（刘家峡、炳灵寺等）—山西（壶口瀑布、关帝庙、永乐宫等）—内蒙古（四子王旗格根塔拉草原、成吉思汗陵等）—河南（三门峡、黄河古栈道、虢国墓地车马坑、豫西窑洞、龙门石窟、白马寺、小浪底、宋都御街、相国寺、清明上河园、黄河风景名胜区等）—山东（趵突泉、孔庙、孔林、孔府、泰山、岱庙等）。

8. 江南水乡游

江苏（秦淮河、中山陵、明孝陵、瘦西湖、太湖、周庄等）—浙江（西湖、丝绸博物馆、灵隐寺、胡庆余堂、新安江渔民婚礼、鉴湖、大禹陵、鲁迅故里等）。周庄如图 3-9 所示。

9. 中原民俗游

山西（乔家大院、河边民俗博物馆、平遥古城、丁村民俗博物馆等）—河南（豫西窑洞、朱仙镇木版年画等）—山东（风筝博物馆、羊家埠木版年画等）—天津（古文化街、杨柳青年画博物馆等）—北京（四合院、街巷胡同等）。

10. 北国冰雪风光游

辽宁（沈阳故宫、北陵等）—吉林（吉林雾凇、冰灯游园、滑雪、陨石博物馆、长春鹿场、朝鲜族村等）—黑龙江（松花江畔冰灯冰雕、亚布力滑雪场、桃山狩猎场等）。

11. 仙境海上游

济南（趵突泉公园、大明湖公园、千佛山等）—曲阜（孔庙、孔林、孔府等）—泰山—青岛（栈桥、鲁迅公园、京山炮台、崂山风景名胜区等）—威海（刘公岛、天尽头景区等）—蓬莱（蓬莱阁等）—大连（圣亚海洋世界、老虎滩公园等）—旅顺（旅顺博物馆等）。

12. 红色主题游

建党主题游（上海、嘉兴）；重走长征路（江西、湖南、贵州、四川、甘肃、陕西）；工运主题游（武汉、郑州、北京）；两弹一星主题游（甘肃、新疆、青海）。青海原子城如图 3-10 所示。

图 3-9　周庄

图 3-10　青海原子城

实　训

1. 实训目的

根据现实旅游资源设计旅游线路和旅游交通方案。

2. 实训内容

对照职业能力目标的要求，认真学习本项目的内容，在熟悉我国旅游资源的基础上，设计某一主题旅游线路，以航空、高速铁路为主要交通方式，提交该主题旅游线路方案（突出旅游交通方案）PPT 演示文件。

3. 实训步骤

（1）绘制本项目思维导图，掌握本项目职业能力目标要求的能力。

（2）以本项目的内容为脉络，前往图书馆查找文献，通过互联网收集网络资料，结合纸质和电子地图完成 PPT 演示文件的创作。

（3）在班级讨论会上，提交 PPT 演示文件并进行简短的汇报。

（4）听取教师及其他同学对 PPT 演示文件的点评，取长补短，复盘本项目的内容。

项目 4

东北旅游区

职业能力目标

1. 掌握东北旅游区旅游地理概述
2. 掌握东北旅游区各省的旅游资源

任务 4.1　东北旅游区旅游地理概述

中华人民共和国成立以来，东北三省为全国经济发展做出了巨大贡献。近年来，得益于国家振兴东北战略的实施，东北地区的旅游行业一直呈现高速增长态势。该地区已经形成了以沿海、沿边和主要城市为重点的对外开放格局，旅游业成为该地区加强国际经济与技术交流的重要通道。

东北旅游区位于我国东北部，包括辽宁、吉林和黑龙江三省。本区自然地理环境完整、独特，有壮丽的白山黑水、瑰丽的火山胜景、迷人的林海雪原、奇异的北国风光。东北地区工业基础雄厚，铁路交通四通八达，为发展旅游业提供了良好条件。

4.1.1　自然地理环境

1. 山环水绕、沃野千里的盆地地形

东北地区地貌类型多，但分布很有规律。该区外围的东、北、南三面均为江、河、湖、海所环绕，水界占全区疆界的 1/3。其内侧，西、北、东三面又分别由大兴安岭、小兴安岭和东部山地环绕，略成一弧形，包围着东北大平原，因此形成一个山环水绕的盆地地形。

1）山地丘陵

本区山地丘陵与平原的面积大体相等，大部分山地海拔在 1 000～1 500 m。本区主要山脉分两列，西为大兴安岭山地，东为长白山地，其走向均以东北—西南为主。大兴安岭北起黑龙江畔，全长 1 400 km，宽 200～300 km，本区境内为其最完整宽阔的一段。大兴安岭北段向东南延伸的小兴安岭，是一条新兴的山地，地壳运动比较活跃。东部长白山地由几条平行的中低山、丘陵，宽广的山间盆地、谷地相间排列组成，也属正在上升的山地，有大规模的火山熔岩活动。长白山是一座休眠火山，历史上有过数次喷发，因此形成了独特的地貌景观，神奇秀丽，巍峨壮观，原始自然，风光无限，未来者无不向往，已来者无不流连。

2）平原盆地

在外围环绕的山地之间是广阔的东北大平原，由三江、松嫩和辽河三大平原组成，是我国面积最大、土壤最肥沃的平原区。三江平原地势低洼，分布着许多湿地、沼泽；松嫩平原为波状平原，许多小湖泊形成了盐碱“泡子”；辽河平原大部分海拔在 50 m 以下，下游是更低平的三角洲。

3）河流湖泊

东北地区河流受山地构造的限制，紧紧围绕山地流动，故呈山环水绕之势，有 4 000 km 的河道在国境线上。大兴安岭北端和小兴安岭北侧是黑龙江干流，东部山地以东有乌苏里江、

图们江、鸭绿江等水系，平原南部有辽河水系。东北地区河流是季风型河流，季风造成 6、7、8 月水量较大，但水流平稳，便于航运；河流结冰期较长，一般北部河流封冻期长达 5 个月，南部河流为 3 个月左右。封冻期间河面可行车马，故可充分利用其开展冰雪旅游活动。

2. 温带、寒温带季风气候

东北地区属温带季风气候类型，北部已进入寒温带，南端则为暖温带。该区四季分明，冬季寒冷干燥，夏季高温多雨。冬季直接受蒙古高压控制，盛行西北风，气温甚低，一般最低温度在−10 ℃以下，偶尔也会出现−20 ℃的情况，漠河曾创下了−52.3 ℃的全国最低温纪录，称为“中国寒极”。夏季全区平均气温不高，7 月平原南部平均气温可达 24 ℃，大兴安岭北部低于 18 ℃，基本没有夏天，但大部分地区绝对最高温也可达到 35 ℃。全年气温之差居世界同纬度地区之冠。

东北地区冬季气温低，降雪天数多，降雪量大，积雪期长，一般平原北部、大小兴安岭和长白山地区年平均降雪日在 30 天以上，积雪日达 100 天以上，长白山天池附近可达 268 天。积雪深度，平原地区在 20 cm 左右，深的可达 40～50 cm。河川冰期长，冰层厚，辽河冰期为 3 个月，哈尔滨附近的松花江为 5 个月，黑河附近的黑龙江长达 6 个月，冰层厚 0.4 m，故有“雪原”之称。隆冬时节，漫山遍野银装素裹，景色壮丽，为开展与冰雪有关的各项旅游活动创造了条件。

3. 广阔的森林、草原和丰富的野生动物资源

东北是我国森林分布最广的地区，森林景观成为该区自然景观的主要特色。受气候带影响，东北地区植被具有过渡性特征，它是亚寒带针叶林的最南端和温带阔叶林的最北端，因此，南北植被的自然景观差异很大：北部多为亚寒带针叶林，中南部为温带针阔叶混交林，南端为暖温带阔叶林。主要树种有红松、落叶松、沙冷杉、枫桦、白桦、水曲柳等。东北地区保存了大面积的原始森林，也分布着可供观赏的风景林。由于向西北雨量逐渐减少，自然景观也由森林向森林草原和半干旱、干旱草原过渡。松辽平原，特别是平原西部一望无际的大草原，草类繁多、牧草茂盛，夏季鲜花盛开。

茂密的森林、广阔的草原为动物生存提供了良好的栖息、生存和繁殖的场所，因此，东北成为我国目前最重要的野生动物产地和狩猎区。珍贵的大型动物有东北虎、貂、熊、猞猁、狐等，禽类有丹顶鹤、柳雷鸟。

为了保护野生动植物和自然环境生态系统，东北已先后开辟多处自然保护区，各保护区有重点地保护某种或几种动植物，这些保护区有的已建成有特色的旅游区。因此，东北旅游业发展森林、森林草原及狩猎等旅游活动的潜力很大。

4.1.2 人文地理环境

1. 工业基础雄厚

东北旅游区工业基础雄厚，主要矿种较为齐全，金属矿产有铁、锰、铜、钼、铅，以及稀有元素等，非金属矿产有煤、石油等。辽河油田、大庆油田，阜新、抚顺、鸡西、鹤岗的煤，鞍山、本溪的铁资源储量大，在全国有重要的地位。东北地区还有丰富的水力资源，如丰满水电站等。

东北地区是我国的老工业基地，工业历史悠久，贡献巨大，被誉为新中国的“工业摇篮”。钢铁、能源、重型机械、汽车、造船、飞机、军工等重大工业项目，奠定了中国工业化的初步基础。这里资源、市场、资本、技术优势明显，发展潜力巨大。

2. 关东黑土文化

在东北这片广袤的黑土地上，养育着不同民族的人们。多民族融合产生的多元文化，深深地打上了黑土的烙印，歌舞演唱、民族服饰，各种民间艺术无不具有黑土的芬芳，其中最典型的代表是秧歌和二人转。二人转又称蹦蹦，乡土气息浓郁，集中反映了东北民歌、民间舞蹈和口头文学的精华，被誉为“黑土文化”的代表。

东北这片神奇的土地，特产资源极为丰富。“东北三宝”誉满中外，人参、鹿茸等珍贵药材的产量及质量居全国之首，灵芝、不老草名扬天下，松茸、猴头菇、红景天等深受国内外消费者的青睐。东北林海盛产的木耳、蕨菜、元蘑、榛蘑、松子、山核桃等山珍野味，是东北人招待贵宾的必备佳肴。

3. 冰雪旅游资源突出

东北旅游区冬季寒冷，积雪难以消融。在千里冰封的河川、湖面，可以开展滑冰、冰球、冰陀螺、狗拉雪橇等体育活动。冬季自然冰冻的冰体资源，是冰灯、冰雕制作的主要原料，黑龙江长达半年的封冻期，可造就厚达 1.5 m 的冰体。各种冰雕雪塑在五色灯光的照射下，晶莹剔透，为哈尔滨的冰灯艺术节增光添彩。

雪期长、雪量大、雪质好，加上山地坡度小、富于变化，为开展冰雪活动提供了有利条件，在高山地区可以进行速滑和越野滑雪运动。优良的滑雪场有黑龙江的亚布力滑雪场、辽宁的东北亚滑雪场、吉林净月潭滑雪场等。

4. 便利的交通运输网

东北三省交通便利，基本形成了由水陆空立体交通组成的综合运输体系。大连、丹东、营口、锦州、葫芦岛五大海港与 140 多个国家和地区通航；国内、国际民航航线连通着日本、俄罗斯、韩国等国家和地区，以及国内 100 多个大中城市，为游客出行提供了极其便利的条件。

4.1.3 旅游资源概况

东北旅游区高纬度的地理位置使莽莽林海、皑皑雪原、形态各异的火山熔岩、波光粼粼的湖泊、寒冬的冰雕和树挂等成为本区重要的旅游特色。

1. 北国林海雪原风光

在气候的影响下，东北旅游区有着大面积郁郁葱葱的针叶林和针阔叶混交林，以及繁茂如茵的草甸草原，这也是该区自然景观最主要的特色。因此，人们常以“林海雪原”来概括东北旅游区的自然景色。东北旅游区保存了大面积的原始森林，也分布着可供观赏的风景林，西北部湿润度降低，形成了大片温带森林草原和草甸草原，牧草茂盛。

大面积针阔叶混交林以及茂密如茵的草甸草原，为多种野生动物提供了生长和繁殖的条件。因此，东北旅游区成为我国目前最重要的野生动物产地和狩猎区。该区拥有东北虎、紫貂、熊、麝香、梅花鹿、猞猁、狐等珍稀野兽。为了保护动植物和自然生态，目前东北旅游区已建成十余个自然保护区。这些保护区是资源宝库，是野生动植物的天堂，也是科研基地和风景优美的旅游胜地。

2. 火山与熔岩景观

自第三纪以来，东北旅游区火山活动相当剧烈，共有火山 230 多座，组成约 20 个火山群，占全国总数的 30%，从长白山、大小兴安岭到平原地带均有分布。这里有五大连池等火山群。这些火山群成为东北著名的火山遗迹游览区。此外，由于火山作用而形成的山水风光，如长白山天池和瀑布、五大连池、镜泊湖、阿尔山地下森林等，与其他自然风景相比均有其独特之处。

3. 温带海滨风景

东北旅游区南部有漫长的海岸线，夏季的海滨凉爽宜人，是避暑胜地，其中以大连最为著名。大连依山濒海，景色秀丽，有多处海滨浴场。此地沙软水清，建筑风格各异，环境幽雅，景色秀丽，气候宜人，是我国北方著名的海滨避暑胜地，每年都吸引着大量国内外游客前往观光、疗养。

4. 名胜古迹以清代遗迹居多

东北旅游区不仅自然景观奇特多样，而且人文景观也较丰富。众多的历史古迹反映了东北旅游区少数民族的发展历史及中原文化对该区的影响。这里有上至春秋、下及清代的历史古迹，其中清代遗迹保存最完整，数量最多，历史价值和旅游价值都比较高。著名的古迹有清朝关外三陵（福陵、昭陵、永陵）和沈阳故宫。该区众多的佛教、道教寺庙，大部分始建于辽、金或更早的年代，但现存建筑几乎全部为清朝时期的建筑，而且寺庙内的清代文物众多，有碑刻、匾额等，体现了清代建筑艺术的水平。

5. 旅游资源知名度高，开发前景广阔

东北旅游区旅游资源的旅游价值和知名度都比较高，是我国旅游开发的重点地区。该区历史古迹丰富、类型众多，有革命遗址、古建筑、古遗址、古墓葬、古石窟、古石刻等。这些古迹的历史价值、旅游价值都很高。著名的有兴城城墙、沈阳故宫、北镇庙、辽阳白塔、六顶山古墓群、辽阳壁画墓群、渤海国上京龙泉府遗址、金上京会宁府遗址等。此外，哈尔滨的冰灯和冰雕，吉林的树挂、长白山的天池，以及瀑布、温泉、珍禽异兽等组成了东北旅游区丰富多彩的旅游内容。

任务 4.2　辽宁省旅游资源

4.2.1　辽宁省概况

辽宁取“辽河流域永远安宁”之意而得名，位于东北地区的南部。辽宁南濒浩瀚的黄、渤二海，辽东半岛斜插于两海之间，隔渤海海峡，与山东半岛遥相呼应；西南与河北省接壤；西北与内蒙古自治区毗连；东北与吉林省为邻；东南以鸭绿江为界与朝鲜民主主义人民共和国隔江相望。辽宁地处环渤海和东北亚经济圈核心地带，是中国东北地区唯一既沿海又沿边的省份，陆地面积 14.87 万 km^2，海域面积 15 万 km^2，大陆海岸线全长 2 290 km。全省下设 14 个地级市（其中沈阳、大连为副省级城市）和沈抚示范区。

辽宁产业基础雄厚，是我国重要的工业基地。工业门类齐全、体系完备，在国民经济行业的 41 个工业大类中拥有 40 个，先后创造了 1 000 余个共和国工业史上的第一。以数控机床、工业机器人、输变电设备、冶金矿山、石化通用装备、通用航空、汽车、造船为代表的装备制造业，以石油化工、钢铁为代表的原材料工业，在全国具有优势地位和较高市场占有率。在新材料、精细化工、智能装备制造、半导体芯片等领域，有着深厚的产业底蕴和科技优势。以航空装备、舰船等为代表的国防科技工业规模位居全国前列，首艘国产航母、航母舰载机、跨音速风洞主压缩机、30.8 万 t 超大型原油船、国产化盾构机等一批“大国重器”在辽宁问世。辽宁是国内集成电路装备产业三大重点地区之一，研发的大批关键材料为航天、航空、船舶、核电等国家重大工程、重大装备贡献了“辽宁之材”。

辽宁基础设施完善，综合交通运输体系基本形成，在全国率先实现了陆地县全部通高速，铁路网和公路网密度居于全国前列。截至 2023 年年末，全省境内铁路营业里程（不含地方铁路）6 302 km，其中高速铁路 2 213.8 km。高速公路通车里程 4 409 km。全省拥有大连港、营口港、丹东港、锦州港、盘锦港、葫芦岛港等 6 个港口，2023 年港口货物吞吐量 7.6 亿 t，集装箱吞吐量 1 290 万标准箱。辽宁拥有东北最为通畅完善的空港网络，共有沈阳、大连、鞍山、丹东、营口、锦州、朝阳、长海等 8 个民航机场，开通航线 453 条，通达国内城市 128 个，境外城市 20 个。

辽宁科教资源富集，大学大院大所众多，共有理、工、农、医、药、体、音、美、师范、财经和综合性高等院校 114 所。拥有中国科学院驻辽科研单位 6 家，两院院士 61 名，研究机构 1 613 个，全国重点实验室 11 个。建有沈阳材料科学国家研究中心、国家机器人创新中心等代表国内相关领域最高科研水平的重大创新平台，以全新体制组建的辽宁实验室和辽河、滨海、黄海实验室已挂牌运行，金属材料、航空发动机、工业自动化等 25 个学科和专业研究在国内乃至全球举足轻重。

辽宁历史悠久，人杰地灵，自然风光秀美，山海景观壮丽，文化古迹别具特色，旅游资源十分丰富。山岳风景区有千山、凤凰山、医巫闾山、龙首山、辉山、大孤山、冰峪沟等；湖泊风景区有萨尔浒、汤河、清河等；海岸风光有大连滨海、金州东海岸、大黑山风景区、兴城滨海、笔架山、葫芦岛、鸭绿江等；岩洞风景有本溪水洞、庄河仙人洞；泉水名胜有汤岗子温泉、五龙背温泉、兴城温泉等；特异景观有金石滩海滨喀斯特地貌景观、蛇岛、鸟岛、怪坡、响山等。辽宁的九门口长城、沈阳故宫、昭陵、福陵、永陵和五女山城等六处被联合国教科文组织确定为世界文化遗产。

2023 年年末，辽宁有旅行社 1 854 家，国家 A 级旅游景区 577 家，其中 5A 级景区 6 家，有星级饭店 252 家，其中五星级饭店 22 家，四星级饭店 55 家。

4.2.2 辽宁省重点旅游景区

1. 沈阳

沈阳，古称奉天、盛京，辽宁省省会、特大城市、沈阳都市圈核心城市，国务院批复确定的中国东北地区的中心城市、中国重要的工业基地和先进装备制造业基地。截至 2021 年，全市辖 10 个区、2 个县，代管 1 个县级市，总面积 12 860 km^2。沈阳地处东北地区南部、辽宁中部，是中国人民解放军北部战区司令部驻地、沈阳联勤保障中心驻所、国家物流枢纽，东北地区政治、经济、文化和商业贸易中心，长三角、珠三角、京津冀地区通往关（山海关）外的综合交通枢纽和“一带一路”向东北亚延伸的重要节点。

沈阳是国家历史文化名城，清朝发祥地，素有“一朝发祥地，两代帝王都”之称。1625 年，清太祖努尔哈赤迁都于此，皇太极始建盛京城，并在此建立清朝，沈阳从军事卫所一跃变为清代两京之一的盛京皇城，开始成为东北地区中心城市。新中国成立后，沈阳成为中国重要的以装备制造业为主的重工业基地，被誉为“共和国装备部”，有着“共和国长子”和“东方鲁尔”的美誉。沈阳是全国文明城市、国家环境保护模范城市、国家森林城市、国家园林城市、国家卫生城市。

沈阳市部分核心景点如下。

1）沈阳故宫博物院

沈阳故宫始建于公元 1625 年，是清王朝入关前清太祖努尔哈赤、清太宗皇太极建造的皇宫，清世祖福临在此即位称帝。沈阳故宫是国家重点文物保护单位，是中国现存最完整的两座宫殿建筑群之一，现已辟为沈阳故宫博物院。2004 年 7 月 1 日，第 28 届世界遗产委员会会议批准中国的沈阳故宫作为明清皇宫文化遗产扩展项目列入《世界遗产名录》。沈阳故宫如图 4-1 所示。

图 4-1　沈阳故宫

2）中国工业博物馆

沈阳铸造厂始建于 1939 年。2007 年 4 月 17 日，沈阳铸造厂浇注完最后一炉铁水，完成了它的历史使命，之后厂区改建成一座集中展现东北老工业区工业文脉的沈阳铸造博物馆。中国工业博物馆则由沈阳铸造博物馆扩建而成。中国工业博物馆是以装备制造业为主，涵盖主要工业门类的综合性工业博物馆。

3）"九一八"历史博物馆

"九一八"历史博物馆位于沈阳市大东区柳条湖桥，馆内收藏了"九一八"事变爆发前后近 1 000 幅珍贵历史照片及 700 余件历史文物，展示了东北人民从沦为亡国奴到走向抗战胜利的历史。

4）昭陵、福陵

昭陵（北陵）是清第二代君主皇太极与孝端文皇后的陵墓，始建于 1643 年，内有隆恩殿、宝城、宝顶、月牙城、大明楼、大碑楼、方城、隆恩门、大红门、石牌坊等建筑。

福陵（东陵）是清太祖努尔哈赤及其皇后叶赫那拉氏的陵基，始建于 1629 年，1651 年基本建成，后经顺治、康熙、乾隆多次修建，形成了完整的陵基建筑群。陵内有庄严的正红门，有生动的石狮、石虎、石马等，有著名的 108 蹬台阶，有方城、隆恩殿、东西配殿、大明楼、宝顶等建筑。

2. 大连

大连，别称滨城、浪漫之都，计划单列市、特大城市，国务院批复确定的中国北方沿海重要的中心城市、港口及风景旅游城市，辽宁沿海经济带中心城市。大连地处东北地区最南端，辽东半岛南部、黄渤海交界处，与山东半岛隔海相望，是中国重要的港口、工业和旅游城市，东北亚国际航运中心、物流中心、贸易中心和区域性金融中心。大连是国家卫生城市、国家森林城市、国家园林城市、全国文明城市和中国国际化营商环境建设标杆城市。大连是我国重要的旅游城市，拥有众多知名景点。

1）大连老虎滩海洋公园

大连老虎滩海洋公园坐落于国家级风景名胜区——大连南部海滨的中部，占地面积达 118 万 m^2，有着 4 000 余 m 的曲折海岸线。大连老虎滩海洋公园是展示海洋文化，突出滨城特色，集观光、娱乐、科普、购物、文化于一体的现代化海洋主题公园。

2）金石滩国家旅游度假区

金石滩国家旅游度假区，有"神力雕塑公园"之称，具"绅士乐园"之誉；是我国国家级旅游度假区，1992 年经批准建立。这里浓缩了距今 6 亿至 3 亿年间的地质奇观，形成了被称为“东方神力雕塑”的海蚀岸、海蚀洞、海蚀柱等奇观，含玫瑰园、龙宫、南秀院、鳌滩四大景区，大鹏展翅、恐龙吞海等百余处景点，各景点气势恢宏，栩栩如生，专家们称之为“凝固了的动物世界”。

3）棒棰岛景区

棒棰岛景区位于大连市区东端，拥有大连市区最清澈的海水和最干净的海滩，海岸风光相当迷人，是著名的休闲胜地。其主要景点包括棒棰岛海滩、宾馆别墅区及孤立于海上的棒棰岛等。海滩入口处可见毛主席所题“棒棰岛”三字的大石，海滩对面 400 多 m 处的海中矗立着一座小孤岛，远看像一根农家捣衣服的棒棰，“棒棰岛”因此得名。棒棰岛海滩不算很大，但海水非常清澈，在这里散散步、晒晒太阳，或在海滩上拾贝壳和鹅卵石，很是惬意。

4）星海广场

星海广场位于大连市南部海滨，是大连市的地标。这里拥有美丽的海景和迷人的夜景。这儿的灯塔、雕塑、海堤甚至周围林立的高楼都是拍照留影的绝佳背景。整座广场呈椭圆形，贯穿广场南北的中央大道两侧绿草如茵，航标石柱灯一线排开直通大海。广场中心地面的大理石上刻着天干地支、24 节气和 12 生肖，广场的南端地面有一条长长的千人足迹浮雕。星海广场如图 4-2 所示。

5）圣亚海洋世界

圣亚海洋世界位于大连市沙河口区星海湾内，以精彩的海洋动物表演和 118 m 长的海底通道著称。馆内有众多奇特鱼类、珊瑚、极地动物，而且结合高科技模仿海底、极地情境使游客身临其境，是一个名副其实的海底、极地乐园。圣亚海洋世界共有五个场馆，分别是海洋世界、极地世界、珊瑚世界、深海传奇和恐龙传奇，每个馆都有一个独特的主题。其中海洋世界和极地世界较大，海洋世界内的看点是海底通道和《梦幻海豚湾》表演，极地世界模拟极地气候设置，馆内可观赏南北极地的海象、海豹、白鲸、北极熊、雪狼、企鹅等动物。

6）旅顺口风景区

旅顺口是我国历史上的海上门户，著名的军港。旅顺口原称“狮子口”，明初收复辽东时，大军于狮子口登陆。为纪念平安抵达辽东，取“旅途平顺”之意，改“狮子口”为“旅顺口”。旅顺口地形雄险壮阔，文物古迹众多，景区内有重点文物保护单位 47 处，其中，有中日甲午战争、日俄战争及日本侵华战争的工事、堡垒等战争遗迹多处，是进行爱国主义教育的课堂。旅顺口外礁岛棋布，口内峰峦叠翠，自然风光绮丽。长海县海洋珍贵生物自然保护区和蛇岛、老铁山国家自然保护区，都是知识宝库，蛇岛距旅顺口区 20 多 n mile（海里），岛上盘踞五六万条蝮蛇，以候鸟为食。老铁山国家自然保护区青山碧海，可观日出，在陡崖上的洞穴里，栖息着成千上万的候鸟，被称为候鸟歇脚站。旅顺口如图 4-3 所示。

图 4-2　星海广场

图 4-3　旅顺口

3. 省内其他重点景点

1）鸭绿江风景名胜区

鸭绿江风景名胜区位于鸭绿江中下游辽宁省丹东市境内，其东起浑江口，西至大东港。鸭绿江古称坝水，汉称为訾水，唐朝始称鸭绿江，因其水色青绿、恰如鸭头而得名。鸭绿江江水蜿蜒舒缓，两岸峭壁嶙峋，林木郁郁葱葱，形成了绚丽多彩的自然景观，而古代城堡遗址、明代万里长城遗址、近代战争遗迹、现代桥梁和大型水利工程，则组成了丰富的人文景观。整个风景名胜区分为六大景区，即江口、大桥、虎山、太平湾、水丰、绿江景区。鸭绿江风景名胜区如图 4–4 所示。

图 4–4　鸭绿江风景名胜区

2）鞍钢集团博物馆

鞍钢集团博物馆位于辽宁省鞍山市铁西。鞍山钢铁集团有限公司（鞍钢集团）是中央直接管理的国有大型企业，是新中国第一个恢复建设的大型钢铁联合企业和最早建成的钢铁生产基地，为国家经济建设和钢铁事业的发展作出了巨大贡献，被誉为“共和国钢铁工业的长子”“新中国钢铁工业的摇篮”。遵循“修旧如旧”的理念，鞍钢集团将 1953 年建设的炼铁厂二烧车间闲置旧厂房改建成具有鞍钢特色的现代化博物馆。鞍钢博物馆于 2013 年 7 月 9 日奠基，2014 年 12 月 26 日开馆。

全馆建筑面积 12 600 m^2，展示和收藏了大量具有珍贵历史价值的照片和文物。博物馆设有 11 个主题展区，以及 1919 年竣工投产的老一号高炉、原二烧车间厂房的烧结机两个特展区。

3）辽宁团山国家级海洋公园

辽宁团山国家级海洋公园，是 2014 年 12 月 1 日经国家海洋局批准建立的国家级海洋类型特别保护区。保护区地处渤海辽东湾畔，营口市北海新区沿海，总面积 4.46 km^2，海域面积 3.20 km^2。保护区内分为重点保护区、生态与资源恢复区和适度利用区。辽宁团山国家级海洋公园建有历史文化长廊、红海滩、炫彩园、雕塑园、农业园、迷宫园、盆景园、九龙泉、北海禅寺、沙滩浴场、沙滩运动场、海蚀地貌景观、欢乐岛和商业区、海滨酒店区等“一带、七区、二十九景”。旅游区内有可供游浴的碧海长滩，有猎奇览胜的海蚀岸礁，有溪湾垂钓的幽静岬角，有寻古溯源的古老墩台。

4）本溪水洞

本溪水洞位于辽宁省本溪市东北 35 km 处，由水洞、温泉寺、汤沟、关门山、铁刹、庙后山 6 个景区组成，其融山、水、洞、泉、湖、古人类文化遗址于一体，沿太子河呈带状分布，总面积 200 km^2。本溪水洞，是国家 5A 级旅游景区，国家重点风景名胜区，国际旅游洞穴协会亚洲会员单位，是目前已发现的世界第一长地下充水溶洞，被誉为“钟乳奇峰景万千，轻舟碧水诗画间；钟秀只应仙界有，人间独一此洞天”。

本溪水洞景区是数百万年前形成的大型石灰岩充水溶洞，洞内深邃宽阔，现开发的地下暗河长 3 000 m，水流终年不竭，清澈见底，洞顶和岩壁钟乳石发育较好，千姿百态，泛舟游览，使人流连忘返。温泉寺景区，泉水温度可达 44 ℃，日流量 400 t，有较高的医疗价值。庙后山古文化遗址，是中国东北地区旧石器时代早期洞穴遗址，对研究辽东古人类分布、古代地理有重要价值。

4.2.3 旅游线路

1. 黄金旅游线路

（1）沈阳—辽阳—鞍山—营口—大连；

（2）沈阳—本溪—凤城—丹东；

（3）沈阳—盘锦—锦州—葫芦岛—兴城；

（4）大连—庄河—东港—丹东；

（5）沈阳—阜新—北宁—义县—朝阳。

2. 主要旅游线路

（1）故都与名山胜水旅游线：沈阳—抚顺—本溪水洞—千山；

（2）海滨风景名胜旅游线：兴城—大连海滨—旅顺口—金石滩—庄河冰峪沟—丹东鸭绿江—凤凰山；

（3）山水风光旅游线：沈阳—鞍山—营口—葫芦岛—锦州—阜新；

（4）辽西古迹旅游线：沈阳—锦州北镇—义县—锦州—葫芦岛。

3. 特色之旅

1）辽东浪漫风情之旅

这是辽宁省风光秀美、交通便利的经典线路，以都市风景、海滨风情为特色。

精品旅游线路：大连—星海广场—滨海路—旅顺口—圣亚海洋世界—极地馆—金石滩—鸭绿江—凤凰山。

2）辽中清祖圣迹之旅

这是清朝入关之前故都遗存的聚集之地，是辽宁省内最重要的旅游线路。“清宫三陵”将清祖圣迹展现于世，与名山胜景交相辉映。

精品旅游线路：沈阳故宫—沈阳昭陵—沈阳福陵—鞍山千山—本溪水洞。

任务 4.3 吉林省旅游资源

4.3.1 吉林省概况

吉林省简称“吉”，位于中国东北地区中部，面积 18.74 万 km^2，总人口 2 339.41 万人。省会长春市，是全省政治、经济、科教、文化、金融和交通中心，是著名的“汽车城”“电影城”“科教文化城”“森林城”“雕塑城”。

吉林省具有沿边近海优势，是全国 9 个边境省份之一，是国家“一带一路”向北开放的重要窗口。吉林省具有老工业基地振兴优势，加工制造业比较发达，汽车、石化、食品、装备制造、医药健康为五大重点产业，尤其是汽车、高铁制造在国内处于领先水平；吉林省是国家重要的商品粮生产基地，地处享誉世界的“黄金玉米带”和“黄金水稻带”，人均粮食占有量、粮食商品率、粮食调出量及玉米出口量连续多年居全国首位；吉林省是国家生态建设试点省，有自然保护区 46 个。长白山自然保护区被联合国确定为“人与生物圈”自然保留地，孕育着东北虎、东方白鹤等国际濒危野生物种。

吉林省地处中国东北地区腹地，位于东北亚地理几何中心，南邻辽宁省，西接内蒙古自治区，北与黑龙江省相连；东与俄罗斯联邦接壤，东南部与朝鲜民主主义人民共和国隔江相望。

吉林省地貌形态差异明显。地势由东南向西北倾斜，呈现明显的东南高、西北低的特征。以中部大黑山为界，可分为东部山地和中西部平原两大地貌区。地貌主要有火山地貌、侵蚀剥蚀地貌、冲洪积地貌和冲积平原地貌。主要山脉有大黑山、张广才岭、吉林哈达岭、老岭、牡丹岭等。主要平原有松嫩平原，辽河平原。在总面积中，山地占36%，平原占30%，台地及其他占28.2%，其余为丘陵。

吉林省位于中纬度欧亚大陆的东侧，属于温带大陆性季风气候，四季分明。春季干燥风大，夏季温暖多雨，秋季凉爽宜人，冬季寒冷漫长。从东南向西北由湿润气候过渡到半湿润气候再到半干旱气候，全省气温、降水、温度、风以及气象灾害等都有明显的季节变化和地域差异。年均气温为2～6 ℃，呈山地偏低、平原较高的特征。冬季平均气温在−11 ℃以下。夏季平原平均气温在23 ℃以上。

吉林省总体生态环境呈特殊的多样性和相对的整体性，而且可恢复性和保护程度较好。从生态区域分布看，由东向西自然形成东部长白山地原始森林生态区、中东部低山丘陵次生植被生态区、中部松辽平原生态区和西部草原湿地四个生态区。

东部长白山区林海茫茫，森林覆盖率高，森林生态系统完整，生物种类十分丰富，降水丰沛，是吉林省乃至东北亚生态环境的重要屏障。

东中部低山丘陵生长着茂密的天然次生林和人工林，森林覆盖率较高，是松花江流域的重要江段，也是“三湖”（白山湖、红石湖、松花湖）、东辽河的上游，水资源和矿产资源丰富。

中部松辽平原沃野千里，一望无际，地势平坦，土质肥沃，农田防护林体系健全，环境承载能力较强，有着发展优质农产品生产的优越条件，素有“黄金玉米带”和“黑土地之乡”的美誉，是中国重要的商品粮生产基地。

西部草原湿地是科尔沁草原的延伸带，草原辽阔，泡沼密布，湿地面积较大，地下水和过境水丰富，是生态系统从中湿润森林草原向半干旱草原和沙漠之间的过渡带，也是候鸟迁徙的重要通道和丹顶鹤的故乡。

4.3.2 吉林省重点旅游景区

1. 长春

长春，简称“长”，古称喜都、茶啊冲，别称“北国春城”，吉林省省会、长春城市群核心城市，国务院批复确定的中国东北地区中心城市之一和重要的工业基地。

长春地处中国东北地区，位于东北的地理中心，分别与松原、四平、吉林和哈尔滨接壤，是东北亚经济圈中心城市、著名的中国老工业基地和新中国最早的汽车工业基地和电影制作基地，有“东方底特律”和“东方好莱坞”之称，同时还是新中国轨道客车、光电技术、应用化学、生物制品等产业发展的摇篮，诞生了著名的中国第一汽车集团有限公司、中车长春轨道客车股份有限公司、长春电影制片厂、中国科学院长春光学精密机械与物理研究所、中国科学院长春应用化学研究所、长春生物制品研究所。

长春是国家历史文化名城，具有众多历史古迹、工业遗产和文化遗存，是近代东北亚政治、军事冲突完整历程的集中见证地；是中国四大园林城市之一，享有“北国春城”的美誉，绿化率居于亚洲大城市前列；是“中国制造2025”试点城市、“首批全国城市设计试点城市”。2021年长春实现地区生产总值7 103.12亿元。

长春的节庆有中国长春电影节、瓦萨滑雪节、长春国际啤酒节、长春动漫节等。中国长春电影节创办于 1992 年，是中国第一个以城市命名的国家级电影节，也是中国四大电影节之一，最高奖项为“金鹿奖”。

长春市部分核心景点如下。

1）伪满皇宫博物院

伪满皇宫博物院，位于长春市宽城区光复北路 5 号，前身是民国时期管理吉林、黑龙江两省盐务的吉黑榷运局官署。

伪满皇宫博物院是中国比较完整的宫廷遗址之一，伪满皇宫建筑风格古今并陈、中外杂糅，具有典型的殖民性特点，在建筑风格上反映了当时中国东北的特殊社会状况。

伪满皇宫博物院收藏了大批伪满宫廷文物，日本近现代文物，中国东北近现代文物，民俗文物，近现代有代表性的书画、雕刻、非遗传承人作品等艺术精品，其中包括溥仪日记，伪满执政令，景仁宫御用地毯，日本名家书法、绘画作品，日本名窑陶瓷等文物。伪满皇宫博物院如图 4–5 所示。

图 4–5 伪满皇宫博物院

2）长春影视旅游景点

（1）长影旧址博物馆。长影旧址博物馆是长影集团有限责任公司在完整保留 1937 年原“满映”建筑的基础上，本着“修旧如旧”的原则修缮完成的，是记录长春电影制片厂发轫、进展、繁荣、变迁的艺术殿堂。长影旧址博物馆建筑面积 46 137 m^2，通过文物保存、艺术展览、电影互动等形式，呈现电影艺术、电影道具、电影特技、电影工艺、电影生产等多重主题。

长影旧址博物馆包括长影电影艺术馆、长影摄影棚展区、长影电影院、长影音乐厅（长影乐团）和配套的长影文化街区等。

（2）长影世纪城。长影世纪城位于长春市南关区净月大街与永顺路交会处，始建于 2003 年，是集科技、冒险、演艺、观光于一体的综合性旅游区。长影世纪城主要景点由华夏翱翔、空间迷城、精灵王国等多处景观组成，是一处特效电影主题公园。

3）长春世界雕塑园

长春世界雕塑园是首批国家重点公园，位于吉林省长春市南关区，北起明珠路、南至南环城路、西起人民大街、东至亚泰大街，园内荟萃了来自 200 多个国家及地区的数百位雕塑家的约 460 件（组）室外雕塑艺术作品。

长春世界雕塑园是一个融汇当代雕塑艺术、展示世界雕塑艺术流派的主题公园，是自然山水与人文景观相融的一座现代城市雕塑园，是长春世界雕塑大会、长春国际雕塑作品邀请展的举办地，曾荣获“新中国城市雕塑建设成就奖”中唯一一个雕塑园成就奖。

2. 吉林

1）松花湖

松花湖位于吉林市丰满区南郊，是 1937 年拦截松花江建设丰满水电站而叠坝成湖形成的一个人工湖泊，松花湖水域辽阔，湖汊繁多，状如蛟龙。丰满大坝东西两岸，建设了各种疗养院，为疗养区。从松花湖丰满码头向湖区走，有骆驼峰、凤舞池、五虎岛、卧龙潭、石龙壁、摩天岭、额赫岛等旅游区。这里四季景色不同，春季林木吐翠，生机盎然，夏季绿树成荫，鸟语花香，秋季红叶漫山，层林尽染，冬季银装素裹，玉树琼花。

2）北大壶滑雪场

北大壶滑雪场位于吉林市永吉县北大湖镇，是亚洲最大的滑雪场，曾举办过国际雪联自由式滑雪世界杯、亚洲冬运会和全国冬运会。吉林北大壶滑雪场有着得天独厚的自然优势，其山坡平缓，少陡崖峭壁，主峰海拔 1 408.8 m，海拔超过 1 000 m 的山峰有 9 座。冬季平均气温为−10.2 ℃。雪季从 10 月下旬至第二年 4 月下旬。由于整个区域三面环山，冬季风小，气候较适宜，所以北大壶滑雪场可以满足高山滑雪、越野滑雪、跳台滑雪、自由滑雪、现代两项，以及雪车、雪橇等雪上项目的场地要求，达到国际雪上竞赛场地的标准。

3）雾凇岛

吉林雾凇与桂林山水、云南石林、长江三峡一同被称为中国四大自然奇观。雾凇不是雪，也不是冰，而是树枝上挂的霜。冬日里不冻的江水腾起的水雾，遇到寒冷的空气，在树上凝结为霜花，气象学上称为“雾凇”，当地群众称为“树挂”。吉林市自 1991 年起，每年举办一次“雾凇冰雪节”。沿着松花江的堤岸望去，松柳凝霜挂雪，戴玉披银，如朵朵白云，排排雪浪，十分壮观。

雾凇岛是松花江上的一座小岛，位于吉林省吉林市龙潭区乌拉街满族镇。乌拉街满族镇的韩屯、曾通屯等村落是雾凇最为集中的地方，也是观赏和拍摄雾凇的最佳地。尤其在曾通屯，素有“赏雾凇，到曾通”的说法。雾凇岛的最佳观赏季节是每年 12 月底到次年 2 月底，每天最理想的雾凇拍摄时间为 10:00—11:30。雾凇岛如图 4−11 所示。

3. 省内其他重点旅游景区

1）长白山

长白山是欧亚大陆东缘的最高山系，地处吉林省东南部，位邻中国与朝鲜边界，因其主峰多白色浮石和积雪而得名。长白山以丰饶广袤、博大深厚、独特多样、悠久厚重的自然资源和人文积淀而驰名天下。

长白山植被垂直景观及火山地貌景观是首批进入《中国国家自然遗产、国家自然与文化双遗产预备名录》的国家自然遗产地。曾先后被确定为首批国家级自然保护区、首批国家 5A 级旅游景区、联合国教科文组织“人与生物圈计划”自然保留地和世界自然保护联盟评定的国际 A 级自然保护区。长白山及其天池、瀑布、雪雕、林海等，曾多次入选吉尼斯世界纪录，更有中华十大名山、中国最美的五大湖泊、中国最美的十大森林等美誉。长白山在生态、生物、地质和历史等诸多方面都具有突出的价值和卓越的自然品质，以及丰富的文化内涵。长白山是吉林省的“第一名片”，更是全人类共同的宝贵财富。长白山如图 4−6 所示。

图 4−6　长白山

2）帽儿山国家森林公园

帽儿山国家森林公园以山地森林生态环境、自然景观及乡土景观为背景，以山、水、林、田、城相依相融为特色，体现朝鲜民族风俗风情，集郊野休闲、森林旅游、民俗旅游、遗址旅游、度假娱乐等多种功能于一体。

朝鲜族民俗园坐落于帽儿山下，分为民俗村、游乐村、水上乐园、餐饮区、森林别墅、梨树园、婚礼花甲城七大区域。游客可在这里亲自做打糕，品尝朝鲜族风味小吃；欣赏朝鲜族传统体育项目荡秋千、摔跤、跳板等的精彩表演，当夜幕降临的时候，在篝火晚会的舞台上，身着粉红色朝鲜族民族服装的朝鲜族姑娘手举瓷碟，在“阿里郎”的乐曲中翩翩起舞。

3）防川风景名胜区

防川风景名胜区位于吉林省珲春市防川村，刚好处于中朝和朝俄界河图们江的日本海入海口，即中、朝、俄交界的鼎足地带，是长吉图开发开放先导区最东端的景区，人称“东方第一村”。天气晴朗时，在观海楼上登高远眺，不仅能“一眼看三国”，还能看到图们江出海口。在这里，可以体验“鸡鸣闻三国，犬吠惊三疆，花开香四邻，笑语传三邦”的感受。2002 年 5 月，吉林省防川风景名胜区经国务院批准列入第四批国家级风景名胜区名单。

4）图们口岸

图们口岸位于吉林省延边朝鲜族自治州图们市，是吉林省唯一建于市区的对朝口岸，建有国门等旅游景点。图们口岸有铁路、公路与朝鲜相连，是吉、黑两省通往朝鲜北部的重要门户。1954 年，图们铁路口岸开通了国际货物联运，我国列车经此可通往朝鲜，货物联运能力为 25 万 t/年。

雄伟壮观的图们口岸国门始建于 1988 年。国门两侧刻有反映中国人民投身社会主义现代化建设和热爱和平、珍惜友谊为主题思想的浮雕。游客可登上国门眺望朝鲜城市风貌，领略异国自然风光。

图们口岸国门门票如图 4–7 所示。

图 4–7　图们口岸国门门票

5）六鼎山文化旅游区

六鼎山文化旅游区位于敦化市南郊 3 km 处牡丹江南岸。六鼎山文化旅游区为国家 5A 级旅游景区，省级旅游开发区，景区内集渤海文化、佛教文化和清始祖文化于一体。景区内有唐渤海国王室贵族墓葬群、全国重点文物保护单位——六顶山古墓群。六顶山古墓群为渤海国早期王族和贵族的陵寝，整个墓群分两个墓区，共有大小石室墓、石棺墓 100 余座。墓群中尤以渤海国第三代君主大钦茂的次女贞惠公主墓最为著名。在这座墓群里出土了墓志碑、石狮等珍贵文物。

4.3.3 旅游线路

1. 黄金旅游线路

（1）长春—吉林—蛟河—敦化—长白山；

（2）长春—吉林—延吉—图们江—珲春；

（3）长春—伊通火山群—辉发古城—柳河—通化—集安；

2. 主要旅游线路

（1）长白山水与民俗风情旅游线：通化—集安—长白山—延吉—珲春；

（2）吉中古迹地貌和秀水寒冰旅游线：伪满皇宫—净月潭—电影城—松花湖。

3. 特色之旅

1）吉林雾凇冰雪之旅

一年一度的吉林雾凇冰雪节，将天然美景与滑雪运动紧密结合，旅游线路中又将长春名胜组合在一起，形成吉林省中部非常成熟的特色旅游线路。

特色旅游线路：伪满皇宫—净月潭—电影城—吉林雾凇—松花湖—滑雪场。

2）长白山水边境之旅

中朝边境有山有水，有古老的高句丽王朝的古城与古墓，既可以寻访古迹，又可以欣赏火山胜景和朝鲜族歌舞，成为极富动感的民族风情旅游线路。

特色旅游线路：集安—长白山—延边。

任务 4.4　黑龙江省旅游资源

4.4.1　黑龙江省概况

黑龙江省，简称黑。省会哈尔滨。位于中国东北部，是中国位置最北、纬度最高的省份，北、东部与俄罗斯隔江相望，西部与内蒙古自治区相邻，南部与吉林省接壤。全省土地总面积 47.3 万 km^2（含加格达奇和松岭区），居全国第 6 位。边境线长 2 981.26 km，是亚洲与太平洋地区陆路通往俄罗斯和欧洲大陆的重要通道，是中国沿边开放的重要窗口。

黑龙江省共辖 12 个地级市、1 个地区行署；有 67 个县（市），其中县级市 21 个；有 908 个乡镇，其中乡 334 个、镇 574 个；有 407 个街道办事处（统计截止时间为 2023 年 12 月）。

黑龙江省地貌特征为“五山一水一草三分田”。地势大致是西北、北部和东南部高，东北、西南部低，主要由山地、台地、平原和水面构成。西北部为东北—西南走向的大兴安岭山地，北部为西北—东南走向的小兴安岭山地，东南部为东北—西南走向的张广才岭、老爷岭、完达山脉。兴安山地与东部山地的山前为台地，东北部为三江平原（包括兴凯湖平原），西部是松嫩平原。黑龙江省山地海拔大多在 300～1 000 m 之间，面积约占全省总面积的 58%；台地海拔在 200～350 m 之间，面积约占全省总面积的 14%；平原海拔在 50～200 m 之间，面积约占全省总面积的 28%。有黑龙江、松花江、乌苏里江、绥芬河等多条河流；有兴凯湖、镜泊湖、五大连池等众多湖泊。

黑龙江省属于寒温带与温带大陆性季风气候。全省从南向北，依温度指标可分为中温带和寒温带。从东向西，依干燥度指标可分为湿润区、半湿润区和半干旱区。全省气候的主要特征是春季低温干旱，夏季温热多雨，秋季易涝早霜，冬季寒冷漫长，无霜期短，气候地域性差异大。黑龙江省的降水表现出明显的季风性特征。夏季受东南季风的影响，降水充沛，冬季在干冷西北风控制下，干燥少雨。

全省林地面积 2 162 万 hm^2，占全国的 7.6%，居全国第 4 位。其中，森林面积 2 012 万 hm^2，占全国森林面积的 8.7%，居全国第 3 位。森林覆盖率 44.47%，居全国第 9 位。森林蓄积量 21.58 亿 m^3，占全国森林蓄积量的 11.1%，居全国第 2 位。全省草原面积 118 万 hm^2，居全国第 12 位，草原综合植被盖度长期稳定在 70%以上。

2023 年，全省全年共接待国内外游客 2.2 亿人次，比上年增长 85.1%，实现旅游收入 2 215.3 亿元，同比增长 213.8%。

4.4.2　黑龙江省重点旅游景区

1. 哈尔滨

哈尔滨，别称冰城，黑龙江省省会、特大城市、哈尔滨都市圈核心城市，国务院批复确定的中国东北地区重要的中心城市，国家重要的制造业基地。

哈尔滨地处中国东北地区、东北亚中心地带，是中国东北北部政治、经济、文化中心，被誉为欧亚大陆桥的明珠，是第一条欧亚大陆桥和空中走廊的重要枢纽，哈大齐工业走廊的起点，国家确定的沿边开发开放中心城市、东北亚区域中心城市及“对俄合作中心城市”。

哈尔滨是国家历史文化名城，是“一国两朝”发祥地，即金、清两代王朝发祥地，金朝第一座都城就坐落在哈尔滨阿城，清朝肇祖猛哥帖木儿出生在哈尔滨依兰。哈尔滨是热点旅游城市和国际冰雪文化名城。

哈尔滨市部分核心景点与节庆如下。

1）索菲亚教堂

索菲亚教堂始建于 1907 年，原为沙俄东西伯利亚第四步兵师的随军教堂。同年，由俄国茶商出资，在随军教堂的基础上重新修建成全木质结构教堂。该教堂具有浓郁的异国情调，成为一道独具特色的风景线，是沙俄入侵中国东北的历史见证和重要遗迹，是第四批全国重点文物保护单位，现为哈尔滨市建筑艺术馆。索菲亚教堂如图 4–8 所示。

2）哈尔滨冰雪大世界（哈尔滨国际冰雪节）

哈尔滨冰雪大世界始创于 1999 年，是由哈尔滨市政府为迎接新千年，兴建的规模空前的超大型冰雪艺术精品工程，是世界上最大的室外以冰雪为主题的超大型娱乐工程。

哈尔滨国际冰雪节是中国历史上第一个以冰雪活动为内容的国际性节日，每年 1 月 5 日开幕，持续 1 个月。中国的哈尔滨国际冰雪节与日本的札幌雪节、加拿大的魁北克冬季狂欢节和挪威的奥斯陆滑雪节并称世界四大冰雪节。自 1985 年 1 月 5 日创办以来，其已成为融文化、体育、旅游、经贸、科技等多领域活动于一体的黄金节庆。游客可以观赏冰灯、雪雕，欣赏冰雪文艺晚会，还可以参与冰雪娱乐项目。

3）中央大街

中央大街始建于 1898 年，其北起松花江防洪纪念塔，南至经纬街。全街建有众多欧式及仿欧式建筑，并汇集了文艺复兴、巴洛克、折衷主义及现代等多种风格市级保护建筑。1997 年 6 月 1 日，中央大街成为全国第一条商业步行街。2005 年，中央大街被建设部评为“中国人居环境范例奖”。2008 年 3 月东方小巴黎——哈尔滨中央大街被联合国授予“联合国建筑成就奖”，同时，中央大街被国家授予“建筑艺术博物馆”称号。2009 年，中央大街被评为首批中国历史文化名街。中央大街如图 4–9 所示。

图 4–8 索菲亚教堂

图 4–9 中央大街

4）太阳岛风景名胜区

太阳岛风景名胜区是坐落于城市中心的江漫湿地型风景名胜区，是国家级风景名胜区、国家 5A 级旅游景区、国家水利风景区，被建设部评为“中国人居环境范例奖”。“中国哈尔滨国际雪雕艺术博览会”及许多国际国内的雪雕比赛都在此举办。2009 年 7 月，哈尔滨太阳岛被联合国授予“联合国人居环境奖”，是亚洲第一个获此殊荣的岛屿型公园。

2. 省内其他重点景区

1）雪乡（中国雪乡国家森林公园）

中国雪乡国家森林公园，地处黑龙江省大海林林业局施业区内，主要景区坐落于长白山脉张广才岭与老爷岭的交汇处，主要景点包括：中国雪乡风景区、原始林风景区、海浪河漂流风景区、梨花邨风景区、二浪河风景区、梦幻家园、农家小院、雪乡影视基地、雪乡文化展览馆、羊草山、大雪谷等。因贝加尔湖冷空气与日本海暖湿气流在此频繁交汇，以及山高林密的影响，造就了雪乡“夏无三日晴，冬雪漫林间”的奇特小气候，每年 10 月开始降雪至次年 4 月，雪期长达 7 个月，积雪厚度可达 2 m 左右。积雪随物具形，千姿百态，造就了一个童话般的世界，是世界独一无二、不可复制的旅游景观。雪乡如图 4–10 所示。

2）亚布力滑雪旅游度假区

亚布力滑雪旅游度假区位于黑龙江省尚志市亚布力镇西南 20 km，距哈尔滨市 193 km，距雪乡 88 km，距牡丹江市 120 km，301 国道支线直达景区。该度假区由长白山脉张广才岭的三座山峰（大锅盔山、二锅盔山和三锅盔山）组成。亚布力滑雪场是国内最大的滑雪场，也是我国最大的综合性雪上训练中心，同时是我国南极科考训练基地。

亚布力滑雪旅游度假区滑雪场始建于 1980 年，隶属于黑龙江省体育运动委员会，主要由高山滑雪场、自由式滑雪场、跳台滑雪场、越野滑雪场和冬季两项滑雪场五个竞技、训练场地和两个旅游滑雪场组成。滑雪中心分为两个滑雪区域：一个是亚布力竞技滑雪场，主要用于举办国际国内竞赛，也可供中、高级滑雪水平的滑雪者使用；另一个是风车山庄滑雪场，主要供不同水平的滑雪者进行旅游滑雪和一般性竞赛滑雪使用。亚布力滑雪旅游度假区如图 4–11 所示。

3）镜泊湖

镜泊湖是中国最大、世界第二大高山堰塞湖，位于黑龙江省宁安市西南部的松花江支流——牡丹江的干流上，距宁安市区 50 km，湖面海拔约 350 m。镜泊湖是著名旅游、避暑和疗养胜地，全国文明风景旅游区示范点，国家重点风景名胜区，国际生态旅游度假避暑胜地，国家 5A 级旅游景区，世界地质公园。镜泊湖国家级风景名胜区由百里长湖景区、火山口原始森林景区、渤海国上京龙泉府遗址景区三部分组成。景色以湖光山色为主，兼有火山口原始森林、地下熔岩隧道等地质奇观及唐代渤海国遗址为代表的历史人文景观，是可供开展科研、避暑、游览、观光、度假和文化交流活动的综合性景区，被誉为“北方的西湖”。

图 4–10 雪乡

图 4–11 亚布力滑雪旅游度假区

4）大庆油田（铁人王进喜纪念馆、大庆油田历史陈列馆、大庆油立方）

大庆油田位于黑龙江省大庆市。1959 年 9 月，地质工作者勘探发现了松辽盆地的第一个油田，将其正式命名为大庆油田。1960 年，国家组织大庆石油会战。1963 年底，大庆油田结束试验性开发，进入全面开发建设阶段，先后开发了萨尔图、杏树岗和喇嘛甸三大主力油田，并勘探准备了一批可开发的新油田。大庆油田的开发建设，甩掉了中国“贫油”的帽子。2021 年 8 月 25 日，大庆油田依靠自主创新技术发现了预测地质储量为 12.68 亿 t 的页岩油，标志着中国页岩油勘探开发取得重大突破。

大庆油田最为著名的旅游景点是铁人王进喜纪念馆（见图 4-12）。该纪念馆是为了纪念中国工人阶级的先锋战士铁人王进喜，于 1971 年建成的。铁人王进喜纪念馆现为国家一级博物馆，全国爱国主义教育示范基地，中国石油企业精神教育基地。

大庆油田历史陈列馆是中国第一个以石油工业为题材的陈列馆，该馆位于大庆市萨尔图区中区路 32 号，集教育功能、展示功能、研究功能、旅游功能于一体。

大庆油立方是国家 4A 级旅游景区，位于大庆市萨尔图区东风路，由 2011 年上海世博会石油馆整体搬迁而来，其淡蓝色、变幻多姿的建筑外观，充满着石油元素，通过声光电技术，传递、科普石油文化。

5）扎龙国家自然保护区

扎龙国家自然保护区是我国以鹤类等大型水禽为主的珍稀水禽分布区，是世界上最大的丹顶鹤繁殖地。其位于黑龙江省齐齐哈尔市东南部松嫩平原、乌裕尔河下游湖沼苇草地带，属湿地生态系统类型的自然保护区。保护区内拥有世界闻名的扎龙湿地，扎龙湿地是世界上最大的芦苇湿地，1992 年被列入“国际重要湿地名录”。世界上现有鹤类 15 种，中国有 9 种，扎龙有 6 种；全世界丹顶鹤不足 2 000 只，扎龙有 400 多只。扎龙国家自然保护区如图 4-13 所示。

图 4-12　铁人王进喜纪念馆

图 4-13　扎龙国家自然保护区

4.4.3　旅游线路

1. 专题旅游线路

（1）天然奇景旅游线：镜泊湖—扎龙—五大连池—漠河；

（2）冰雪奇观旅游线：哈尔滨—牡丹江—双峰—林海雪原；

（3）都市风光旅游线：齐齐哈尔—哈尔滨—牡丹江；

（4）边境风情旅游线：绥芬河—抚远—佳木斯—伊春—黑河—漠河。

2. 主要旅游线路

（1）哈尔滨—牡丹江—镜泊湖—兴凯湖—东北虎林园旅游线；

（2）哈尔滨—玉泉—亚布力冰雪旅游线；

（3）哈尔滨—大庆—连环湖—齐齐哈尔旅游线；

（4）哈尔滨—桃山—带岭—五营森林狩猎旅游线；

（5）哈尔滨—五大连池—黑河旅游线。

3. 特色之旅

1）冰城冰雕赏灯之旅

哈尔滨是一座年轻的历史文化名城，它一向以风格迥异的建筑著称于世。自 20 世纪初以来，巴洛克、哥特式等多种建筑风格的作品相继在这里落户，浓郁的西方建筑风情为哈尔滨增添了几分人文魅力。冰天雪地，最美之景在冰雕雪塑。

2）火山湖瀑生态之旅

火山熔岩造就了五大连池、吊水楼瀑布和镜泊湖美景，扎龙自然保护区是禽鸟的天堂。温泉流淌、极光闪现、林木森森，成为我国最北端的独特景观。

实　训

1. 实训目的

根据东北地区客运交通线路与旅游资源情况设计为期 15 天的东北地区冰雪主题旅游方案。

2. 实训内容

对照职业能力目标的要求，认真学习本项目的内容，在熟悉东北地区旅游资源的基础上，设计东北地区冰雪主题旅游线路。

3. 实训步骤

（1）绘制本项目思维导图，掌握本项目职业能力目标要求的能力。

（2）以本项目的内容为脉络，前往图书馆查找文献，通过互联网收集网络资料，结合纸质和电子地图完成 PPT 演示文件的创作。

（3）在班级讨论会上，提交 PPT 演示文件并进行简短的汇报。

（4）听取教师及其他同学对 PPT 演示文件的点评，取长补短，复盘本项目的内容。

项目5

华北旅游区

职业能力目标

1. 掌握华北旅游区旅游地理概述
2. 掌握华北旅游区各省区市的旅游资源

任务 5.1　华北旅游区旅游地理概述

华北旅游区域北至中蒙边境，南靠秦岭淮河，东临渤海和黄海，西邻青藏高原，包括北京市、天津市、河北省、山西省及内蒙古自治区 5 个省区市的旅游区域。华北旅游区有 1 个中国超大型城市群——京津唐城市群；近似于城市群的城镇密集区 2 个：以山西太原为中心的城镇密集区和呼包鄂金三角地区。

5.1.1　自然地理环境

华北旅游区东部为华北平原，西部为黄土高原，北部为内蒙古高原的延伸——坝上高原。中部有太行山脉横亘河北、山西两省边境，燕山山脉、阴山余脉纵贯河北、山西两省及北京、天津两市北部，西南部有黄河横绕其中，北有万里长城绵延。境内河流有海河及其支流滹沱河、滏阳河、子牙河、大清河、拒马河、唐河、漳河、卫河、南运河、潮白河、北运河、永定河、桑干河、洋河、滦河、黄河及其支流汾河、红河、沁河、涑水河。著名湖泊有位于河北省东南部的白洋淀，那里每年七八月份，荷花飘香，鱼翔浅底，被称为“华北鱼库”。华北地区的最高峰为靠近河北省的山西省太行山脉中的五台山叶斗峰（北台），海拔 3 056 m。

华北地区平均森林覆盖率为 26%，其中北京市为 44%，河北省为 27%，山西省为 21%，天津市为 12%。该地区森林覆盖率最大的地方位于河北省北部的燕山山脉东侧。该地区多年日照时数在 2 500～3 000 h 之间，其中河北省西北部最高可达 3 000 h 以上。

华北地区的主要土壤类型以黄土或黄壤土、黄棕壤为主。河北北部和山西西北部地区存有黑钙土或栗钙土。河北东部和北京、天津等地多为水稻土，河北和天津沿海地区多为盐碱土。

华北旅游区主要为温带季风气候。夏季高温多雨，冬季寒冷干燥。年平均气温为 8～13 ℃。年降水量为 400～1 000 mm。内蒙古自治区降水量少于 400 mm，为半干旱区域。

5.1.2　人文地理环境

华北旅游区人口稠密，煤、铁资源丰富，同时还有金、钼、铝土等一批矿产资源。华北是中国重要的粮、棉、油产区，但水资源的严重不足已越来越制约着本区工农业生产的发展。

华北旅游区是中华文化的发源地之一，位于北京市房山区的周口店古人类遗址是著名的世界文化遗产。河北省张家口市涿鹿县，是中华文明的主要发源地之一。历史上，炎帝、黄帝在今河北省涿鹿县境内大战蚩尤，夺得了中华民族历史上第一次战争的伟大胜利。山西省则是中华文明的发源地之一，是古代“中原”的重要组成部分。

华北旅游区的文化主要涵盖河北地区的燕赵文化（河滦文化）、北京和天津地区的京津文化（又称幽燕文化、含京派文化和津沽文化）、山西地区的三晋文化，以及山西和河北南部地区的中原文化。北方的坝上草原属于北方草原游牧文化区。

5.1.3 旅游资源概况

华北地区目前拥有 14 座国家历史文化名城，分别是北京市，天津市，河北省的邯郸、承德、保定、张家口 4 市和石家庄市正定县，秦皇岛市山海关区，山西省的太原、大同 2 市和晋中市祁县、平遥县，忻州市代县、运城市新绛县。

1. 历史的沉淀，文化的瑰宝

华北地区，作为中华文明的摇篮之一，孕育了无数令人叹为观止的历史遗迹。北京的紫禁城，宛如一本厚重的历史巨著，每一砖一瓦都诉说着过往的辉煌。而蜿蜒绵延的长城，像是一条时间的轴线，连接着古今的梦想与记忆。河北的承德避暑山庄、山西的平遥古城，都是历史的佳作，让人在古老的石板路上，步入时光的隧道。

2. 自然的馈赠，景观的多样

华北的自然景观，如同大自然的绘画，有着丰富的色彩和层次。从张家口崇礼的雪域银装，到五台山的青翠葱郁，再到泰山的巍峨壮丽，每一处都是自然赋予的杰作，每一景都让人心旷神怡。

3. 四季的变换，气候的韵律

华北地区四季分明，如同一年四幕的戏剧，每个季节都有其独特的背景和主题。春天的花海、夏日的凉风、秋天的硕果、冬季的雪景，每一季都有不同的旅游体验，让人沉醉于这自然的节奏之中。

4. 宗教的交响，信仰的深邃

华北地区是多元宗教文化的交汇处，这里的宗教建筑不仅是信仰的归宿，更是艺术的展现。五台山的佛光普照、云冈石窟的雕刻精湛，每一处都是对信仰之美的追求和颂扬。

5. 民俗的绚烂，风情的独特

华北的民俗风情，如同细腻的刺绣，织就了一幅幅生动的地方风情图。北京的庙会、河北的曲艺、山西的剪纸，都是这片土地文化的缩影。

6. 交通的脉络，连接的便捷

华北地区的交通网络发达，为旅游提供了有力的支撑。尤其是北京，作为全国交通中心和国际航空枢纽，为游客提供了多种出行选择。

任务 5.2 北京市旅游资源

5.2.1 北京市概况

北京简称“京”，古称燕京、北平，是一座有着三千多年历史的古都。北京地处华北大平原的北部，东面与天津市毗连，其余均与河北省相邻。

北京是中华人民共和国的首都、直辖市、国家中心城市、超大城市，国务院批复确定的中国政治中心、文化中心、国际交往中心、科技创新中心，截至 2020 年，全市下辖 16 个区，分别是东城区、西城区、朝阳区、丰台区、石景山区、海淀区、顺义区、通州区、大兴区、房山区、门头沟区、昌平区、平谷区、密云区、怀柔区、延庆区。

北京地处中国北部、华北平原北部，东与天津市毗连，其余均与河北省相邻，是世界著名古都和现代化国际城市，也是中国共产党中央委员会、中华人民共和国中央人民政府和中华人民共和国全国人民代表大会常务委员会的办公所在地。

北京地势西北高、东南低。西部、北部和东北部三面环山，东南部是一片缓缓向渤海倾斜的平原。境内流经的主要河流有：永定河、潮白河、北运河、拒马河等，这些河多发源于西北部山地，穿过崇山峻岭，向东南蜿蜒流经平原地区，最后分别汇入渤海。北京的气候为暖温带半湿润半干旱季风气候，夏季高温多雨，冬季寒冷干燥，春、秋季短促。全年新增造林绿化 1 000 hm^2，森林覆盖率为 44.9%，城市绿化覆盖率为 49.8%，人均公园绿地面积 16.9 平方米。

北京是全国最大的科学技术研究基地，有中国科学院等科学研究机构和号称中国硅谷的中关村科技园区，每年获国家奖励的成果占全国的三分之一。

北京也是全国教育最发达的地区，北京大学、清华大学、中国人民大学、北京交通大学等是全国著名的学府。2023 年全年研究生教育招生 15.2 万人，在学研究生 45.5 万人，毕业生 12.1 万人。普通高等学校招收本专科学生 17.6 万人，在校生 61.8 万人，毕业生 15.4 万人。全市成人本专科招生 3.0 万人，在校生 7.6 万人，毕业生 3.0 万人。北京拥有包括亚洲最大的图书馆在内的 24 家图书馆，门类众多的博物馆已超过百家。

2023 年年末全市公路里程 22 433.2 km，其中，高速公路里程 1 211.1 km。年末城市道路里程 6 256 km。

2023 年年末公共汽电车运营线路 1 285 条，运营线路长度 29 738.5 km；运营车辆 23 385 辆；全年客运总量 20.9 亿人次。

2023 年年末轨道交通运营线路 27 条，运营线路长度 836 km，增加 38.7 km，全年客运总量 34.5 亿人次，增长 52.6%。

2023 年全年实现地区生产总值 43 760.7 亿元，比上年增长 5.2%。其中，第一产业增加值 105.5 亿元、第二产业增加值 6 525.6 亿元、第三产业增加值 37 129.6 亿元。三次产业构成为 0.2∶14.9∶84.8。按常住人口计算，全市人均地区生产总值为 20.0 万元。

2023 年全年接待旅游总人数 3.29 亿人次，比上年增长 80.2%。实现旅游总收入 5 849.7 亿元，增长 1.3 倍。接待入境游客 116.8 万人次，增长 3.8 倍，国际旅游外汇收入 16.6 亿美元，增长 2.8 倍。旅行社组织出境旅游总人数 36.3 万人次。

5.2.2 北京重点旅游景区

1. 八达岭—慕田峪长城旅游区

长城，又称万里长城，是中国古代的军事防御工事，是一道高大、坚固且连绵不断的长垣，用以阻隔敌骑的行动。长城不是一道单纯孤立的城墙，而是以城墙为主体，结合大量的城、障、亭、标的综合防御体系。长城旅游资源主要分布在河北、北京、天津、山西、陕西、甘肃、内蒙古、黑龙江、吉林、辽宁、山东、河南、青海、宁夏、新疆 15 个省区市。国内最著名的长城为八达岭长城，国外最著名的长城为慕田峪长城。

（1）八达岭长城位于北京市延庆区军都山关沟古道北口，是中国古代伟大的防御工程万里长城的重要组成部分，是明长城的一个隘口。八达岭长城为居庸关的重要前哨，古称“居庸之险不在关而在八达岭”。八达岭长城是明长城向游人开放最早的地段。1961 年，国务院确定八达岭关城和城墙为全国重点文物保护单位。1982 年，其被列为国家重点风景名胜区。1987 年，八达岭长城被联合国教科文组织列入《世界遗产名录》。八达岭长城如图 5-1 所示。

图 5-1 八达岭长城

（2）慕田峪长城由朱元璋手下大将徐达在北齐长城遗址上督建而成。此段长城东连古北口，西接居庸关，自古以来就是拱卫京畿的军事要冲。慕田峪长城有着深厚的历史价值和极高的文化价值。这里群山环抱，风景秀丽，植被覆盖率达 98%以上，素有“万里长城慕田峪独秀”的美誉，是明代长城的精华区段之一。慕田峪长城具有空气清新、双面垛口、关台奇特、敌楼密集、立体感强、内外支城并存等特点。

2. 北京故宫博物院

北京故宫博物院是一座综合性博物馆，也是中国最大的古代文化艺术博物馆、第一批全国爱国主义教育示范基地、世界三大宫殿之一。故宫为中国明、清两代的皇宫，依照中国古代星象学说，紫微垣（即北极星）位于中天，乃天帝所居，天人对应，所以故宫又称紫禁城。北京故宫博物院位于北京城中心，东西宽 753 m，南北长 961 m，周围环以 10 m 高的城墙和 52 m 宽的护城河（筒子河）。城墙四面各设城门一座：南名午门，北称神武门，左右为东华门、西华门，其中午门为参观入口，神武门为参观出口。整组宫殿建筑布局严谨，秩序井然，布局与形制均严格按照封建礼制和阴阳五行学说设计与营造，映现了帝王至高无上的权威。紫禁城前半部（南半部）以太和殿、中和殿、保和殿三大殿为中心，东西辅以文华殿和武英殿，统称为“外朝”，是明、清两代皇帝办理政务、举行朝会及其他重要庆典的场所。三大殿建于高 8.13 m 的 3 层汉白玉石台基上。后寝区，又称内廷，为紫禁城北部皇室生活区域的统称。这里以皇帝、皇后的正寝宫殿乾清、坤宁二宫为中央，东、西分布皇帝的便殿和后妃们居住的东六宫、西六宫，以及皇子们生活的乾东五所、乾西五所等院落。再向东为乾隆皇帝兴建的太上皇宫殿院落宁寿宫区，外西路则是供太后、太妃们养老的慈宁宫、寿康宫、寿安宫等区域。虽然有部分清宫旧藏文物于 1948 年到 1949 年迁往台北故宫博物院，但通过收回溥仪私带出宫的珍品，接受民间捐赠，并参与考古发掘，故宫博物院在 1949 年以后进一步丰富了馆藏，现有藏品总量达 180 余万件（套），其中一级藏品 8 000 余件（套），涵盖几乎整个古代中国文明发展史和几乎所有文物门类。

3. 颐和园

颐和园是中国清朝时期的皇家园林，前身为清漪园，坐落在北京西郊，距城区 15 km，全园占地 3.009 km^2（其中颐和园世界文化遗产区面积为 2.97 km^2），水域面积约占四分之三，与圆明园毗邻。它是以昆明湖、万寿山为基址，以杭州西湖为蓝本，汲取江南园林的设计手法而建成的一座大型山水园林，也是保存最完整的一座皇家行宫御苑，被誉为“皇家园林博物馆”。1961 年，颐和园被公布为第一批全国重点文物保护单位，与同时公布的承德避暑山庄、拙政园、留园并称为中国四大名园，1998 年被列入《世界遗产名录》。2007 年，颐和园被国家旅游局正式批准为国家 5A 级旅游景区。

颐和园主要由万寿山和昆明湖两部分组成，有各种形式的宫殿园林建筑 3 000 余间，大致可分为行政、生活、游览三种类型。

以仁寿殿为中心的行政区，是当年慈禧太后和光绪皇帝坐朝听政、会见外宾的地方。仁寿殿后是三座大型四合院：乐寿堂、玉澜堂和宜芸馆，分别为慈禧、光绪和后妃们居住的地方。宜芸馆东侧的德和园大戏楼是清代三大戏楼之一。

颐和园自万寿山顶的智慧海向下，由佛香阁、德辉殿、排云殿、排云门、云辉玉宇坊构成了一条层次分明的中轴线。山下是一条长 700 多 m 的“长廊”，长廊枋梁上有彩画 8 000 多幅，号称“世界第一廊”。长廊紧邻昆明湖。昆明湖的西堤是仿照西湖的苏堤建造的。

万寿山后山、后湖古木成林，有藏式寺庙，苏州河古买卖街。后湖东端有仿无锡寄畅园而建的谐趣园。谐趣园小巧玲珑，被称为“园中之园”。

4. 天安门广场

天安门广场位于北京市中心，南北长 880 m，东西宽 500 m，面积达 44 万 m^2，可容纳 100 万人举行盛大集会。广场内沿北京中轴线由北向南依次矗立着国旗杆、人民英雄纪念碑、毛主席纪念堂和正阳门城楼。

天安门广场地面全部由经过特殊工艺技术处理的浅色花岗岩条石铺成，中央矗立着人民英雄纪念碑和庄严肃穆的毛主席纪念堂。天安门城楼两边是劳动人民文化宫和中山公园，它们与天安门城楼浑然一体。天安门广场记载了中国人民不屈不挠的革命精神和大无畏的英雄气概，天安门广场还是众多重大政治、历史事件的发生地，是中国从衰落到崛起的历史见证。天安门广场在全国人民心中具有无可替代的地位，天安门广场还有人民大会堂、国家博物馆、天安门观礼台等建筑。

天安门广场升旗仪式是北京市文化和旅游局推荐的旅游项目。1949 年 10 月 1 日，毛泽东同志亲自按下电钮升起了第一面五星红旗。自 2018 年 1 月 1 日起由人民解放军担负国旗护卫和礼炮鸣放任务。每月第一天按 126 人编队方案实施升旗仪式，其中护旗队员 96 人、礼兵 30 人，分别着 14 式陆海空军礼服。护旗队由前至后依次为国旗组 3 人、陆海空军分队长 3 人、陆海空军队员 90 人。队员 90 人编为 6 路 15 列行进队形，分准备、迎旗、护旗、升旗和返回 5 个步骤，全程 10 min。重大节日升国旗仪式，一般参照每月第一天升国旗方案执行，特殊情况根据任务需要增加编队人数、鸣放礼炮。平日按 66 人编队方案实施升国旗仪式，国旗组 3 人，分队长 3 人，队员 60 人编为 4 路 15 列，分护旗、升旗和返回 3 个步骤，全程 8 min。

降国旗全年按 66 人编队方案实施，列队形式和行进动作与平日升旗仪式相同，不安排军乐团或录音伴奏。国旗哨分两种形式，升旗后由 3 名着陆海空军礼服的仪仗队员徒手站立哨位；降旗后由 2 名着陆军常服仪仗队员徒手站立哨位。天安门广场如图 5–2 所示，天安门广场升旗仪式如图 5–3 所示。

图 5–2　天安门广场

图 5–3　天安门广场升旗仪式

5. 前门（前门大街）

前门即正阳门，原名丽正门，是明清两朝北京内城的正南门，位于天安门广场最南端。前门始建于明成祖永乐十七年（1419），是老北京“京师九门”之一。它集正阳门城楼、箭楼与瓮城于一体，拥有一套完整的古代防御性建筑体系。前门是北京城内唯一保存较完整的城门。城楼上有北京民俗展览馆。1988 年，前门被国务院公布为第三批全国重点文物保护单位。

在北京城诸门中，正阳门规制最为隆崇，是中国封建社会后期城市布局、军事防御、礼仪制度和建筑艺术的形象体现，也是老北京历史文化的重要载体。正阳门作为北京仅有的一座城楼、箭楼保存完好的封建帝都之门，既是历史文化遗存，也是北京古都特色的绝佳载体，人文蕴意深厚。正阳门作为不可再生的文物资源，以其无声的建筑语言，不仅向世人展示了封建社会都邑城垣中的一个局部，而且，在古代建筑、文化艺术、民俗礼仪、王朝历史等方面，都有其独立的存在意义与研究价值，是北京历史文化名城的重要组成部分、老北京城的标志性建筑。

图 5-4　前门大街

前门大街（见图 5-4）是北京著名的商业街。位于京城中轴线，北起前门月亮湾，南至天桥路口，与天桥南大街相连。明嘉靖二十九年（1550）建外城前是皇帝出城赴天坛、山川坛的御路，建外城后为外城主要南北街道。前门大街长 845 m，行道宽 20 m。明、清至民国时皆称正阳门大街。1965 年正式定名为前门大街。修缮后的前门大街及毗邻的南北向 4 条街和东南西北向为主的 22 条胡同共同构建成“中华老字号传统前门大街商业及旅游商品区”“精品四合院体验区”等 5 大功能区，并以传统商业、历史文化的集聚为特色，体现传统与时尚的交汇融合。前门大街十大老字号为全聚德烤鸭店、都一处烧麦（卖）馆、月盛斋酱肉店、中国书店、一条龙羊肉馆、张一元茶庄、庆林春茶庄、长春堂药店、亿兆百货、大北照相馆。

6. 北京奥林匹克公园

北京奥林匹克公园位于北京市朝阳区，地处北京城中轴线北端，北至清河南岸，南至北土城路，东至安立路和北辰东路，西至林翠路和北辰西路，总占地面积 11.59 km^2，集中体现了“科技、绿色、人文”三大理念，是融合了办公、商业、酒店、文化、体育、会议、居住多种功能的新型城市区域。2008 年奥运会比赛期间，这里汇集了鸟巢、水立方、国家体育馆、国家会议中心击剑馆、奥体中心体育场、奥体中心体育馆、英东游泳馆、奥林匹克公园射箭场、奥林匹克公园网球场、奥林匹克公园曲棍球场等 10 个奥运会竞赛场馆，还包括了奥运主新闻中心（MPC）、国际广播中心（IBC）、奥林匹克接待中心、奥运村等在内的 7 个非竞赛场馆，是包含体育赛事、会展中心、科教文化、休闲购物等多种功能在内的综合性市民公共活动中心。2022 年冬奥会北京颁奖广场设在北京奥林匹克公园内，组委会在这里为冬奥健儿颁发奖牌。

国家体育场“鸟巢”是北京奥运会标志性建筑物之一，位于北京奥林匹克公园南部，中轴线东侧，为 2008 年第 29 届奥林匹克运动会的主体育场。场内观众座席约为 91 000 个，其中临时座席约 11 000 个。奥运会后这里成为具有文化体育、健身购物、餐饮娱乐、旅游展览等功能的综合性大型场所，成为具有地标性意义的体育建筑和奥运遗产。

国家游泳中心“水立方”是北京奥运会标志性建筑物之一，位于北京奥林匹克公园南部，中轴线西侧，为2008年第29届奥林匹克运动会的主游泳馆。2008年奥运会期间，国家游泳中心承担游泳、跳水、花样游泳、水球等比赛，现在是集游泳、健身、休闲于一体的水上乐园。

图 5-5 北京奥林匹克公园

国家体育馆是2008年第29届奥林匹克运动会三大主要比赛场馆之一，它的外形酷似一把展开的折扇，与“鸟巢”（国家体育场）、“水立方”（国家游泳中心）比邻而居，组成极具特色的建筑群落。国家体育馆位于北京奥林匹克公园的南部，东临中轴线广场，南临国家游泳中心，西临数字北京大厦，北临国家会议中心，最多可容纳观众约2万人，是中国最大的室内综合体育馆。

北京奥林匹克公园如图5-5所示。

7. 明十三陵国家级风景名胜区

明十三陵国家级风景名胜区，位于北京市区以北50 km的昌平区内天寿山南麓，是明朝十三位皇帝的陵寝建筑群，具有规模宏大、体系完备和保存较为完整的特点。景区内自然景观幽美，文物古迹荟萃。

5.2.3 旅游线路

1. 黄金旅游线路

（1）北京—十三陵—八达岭长城；

（2）北京—红螺寺—雁栖湖—慕田峪长城—黑龙潭；

（3）北京—周口店—云居寺—十渡—石花洞—潭柘寺。

2. 主要旅游线路

（1）京城“世界文化遗产”旅游线：天安门城楼—天坛—颐和园—八达岭长城—明十三陵—周口店北京猿人遗址；

（2）名山古寺旅游线：香山—碧云寺—卧佛寺—八大处—潭柘寺—雍和宫；

（3）文化体育新景旅游线：国家大剧院—亚运村—鸟巢—水立方—中央电视台新址。

3. 特色之旅

1）皇都胜迹之旅

作为世界知名的古都，北京的景色令人流连。信步于北京的古建筑间，明清皇家庭院散发着它的历史气息。

精品旅游线路：天坛—故宫—景山公园—北海公园—恭王府—颐和园—圆明园。

2）胡同风情之游

北京大大小小的胡同似一本本历史线装书，装载着北京城的历史变迁。北京的胡同是切身体验老北京原生态生活品质的理想之地。

精品旅游线路：鼓楼—鸦儿胡同—三不老胡同—什刹海。

3）“书香圣殿”名校之旅

北京是文化中心，以北大、清华为首的众多高等院校是北京一道亮丽的风景线。

精品旅游线路：北京大学—清华大学—中国人民大学—北京师范大学—北京交通大学。

任务 5.3 天津市旅游资源

5.3.1 天津市概况

天津，简称“津”，别称津沽、津门，是中华人民共和国省级行政区、直辖市、国家中心城市，国务院批复确定的中国北方对外开放的门户，中国北方的航运中心、物流中心和现代制造业基地。

天津是中国北方最大的港口城市、国际性综合交通枢纽、国际消费中心城市、国家物流枢纽、全国先进制造研发基地、金融创新运营示范区、改革开放先行区、首批沿海开放城市。截至 2021 年，全市下辖 16 个区（滨海新区、和平区、河东区、河西区、南开区、河北区、红桥区、东丽区、西青区、津南区、北辰区、武清区、宝坻区、静海区、宁河区、蓟州区）。天津地处太平洋西岸，华北平原东北部，海河流域下游，东临渤海，北依燕山，西靠首都北京，是海河五大支流南运河、子牙河、大清河、永定河、北运河的汇合处和入海口，素有“九河下梢”“河海要冲”之称。

天津自然资源丰富，发现矿产 35 种，开采的矿种为石油、天然气、地热和矿泉水。天津湿地类型多样，包括沿海滩涂、内陆滩涂和沼泽地等，根据第三次国土调查数据，全市湿地面积 32 722.20 hm^2（未包括低潮时水深不超过 6 m 的海域）。全市有湿地自然保护区 4 处，国家湿地公园 4 处。根据 2021 年天津市森林资源监测调查成果，全市林地面积 14.83 万 hm^2，森林面积 15.44 万 hm^2，森林覆盖率 13.07%，森林蓄积量 545.5 万 m^3。据监测调查，天津记录陆生野生动物 521 种，包括国家一级保护动物 30 种，国家二级保护动物 82 种。天津海岸线位于渤海西部海域，南起歧口，北至涧河口，长达 153 km，有滩涂资源、海洋生物资源、海水资源、海洋油气资源。

天津是中蒙俄经济走廊主要节点、海上丝绸之路的战略支点、“一带一路”交汇点、亚欧大陆桥最近的东部起点，凭借优越的地理位置和交通条件，成为连接国内外、联系南北方、沟通东西部的重要枢纽，是邻近内陆国家的重要出海口。天津背靠华北、西北、东北地区，经济腹地辽阔，是中国北方十几个省区市对外交往的重要通道，也是中国北方最大的港口城市。天津距北京 120 km，是拱卫京畿的要地和门户。

2023 年天津市共接待国内游客 2.36 亿人次，国内旅游收入 2 215.41 亿元，比上年分别增长 1.1 倍和 1.9 倍。

5.3.2 天津市重点旅游景区

1. 海河风景区

海河风景区，始于三岔口，止于大光明桥，横穿繁华的天津市区。它宛如一幅长长的风景画卷，把天津装扮得楚楚动人。它的美丽，表现在令人流连忘返的海河公园、闻名于世的望海楼教堂、雄伟壮观的天津站，但它最让人眷恋的还是夜幕降临后，海河流水闪烁的波光灯影的美，流动不息的美。海河两岸若明若暗的各色灯光，倒映在河中，如绚丽的彩霞，缓缓的流水，使人们产生无限的遐思。

天津地处九河下梢，河道纵横交错，素有“北方水都”之称。72 km 长的海河，透迤穿城而过注入渤海，形成了独特的水路风光游览线。经过综合开发改造的海河已日益显现出作为经济带、文化带和景观带的强大服务功能。荡舟碧波上，可纵情饱览海河两岸的现代化城市风光。两岸的食、住、行、游、购、娱等旅游元素凸显天津的魅力。依河而立的意式风情区、古文化街等特色文化旅游风情区，更展现了海河的迷人神韵。

“天津之眼”即天津永乐桥摩天轮，跨海河连接河北区与红桥区，是一座跨河建设、桥轮合一的摩天轮，兼具观光和交通功用。“天津之眼”上仰天子之渡灵气，下拥九河下梢的风光，其奇思妙想、巧夺天工的设计是世界摩天轮建筑领域的一大突破。该摩天轮直径 110 m，挂装 48 个透明轿厢（舱），每舱可乘 8 人，舱内舒适宽敞，有空调调节温度，可同时供 384 人观光。摩天轮依靠电力驱动，匀速旋转，约 28 min 旋转一圈。座舱到达最高处时，乘客能看到方圆数十公里的景致，海河风貌尽收眼底。海河风景区如图 5-6 所示。

(a) 海河岸边　　(b) 天津之眼

(c) 海河游船

图 5-6　海河风景区

2. 天津古文化街旅游商贸区

天津古文化街旅游商贸区是国家 5A 级旅游景区、中国特色商业街，位于天津市南开区东北部，是集旅游商贸、民俗文化、购物休闲、健身娱乐、餐饮住宿等于一体的综合性文化旅游区。其最早以天后宫为依托，被称为“宫南”大街、“宫北”大街，2003 年以天津市海河综合开发为契机，按照“修旧如旧、提高功能”的原则进行修复，并适当扩充建设而成。

天津古文化街旅游商贸区北起通北路、南至水阁大街，西接东马路、东临海河边的张自忠路，总建筑面积约 22 万 m^2。主街全长约 680 m，有“津门故里”之称，其建筑风格为仿明清式建筑风格，层高均为一、二层；街区走向自然曲直，错落有致；外檐建筑尺度适中、商店铺面长短有序，呈现鳞次栉比的古街效果。主街北口矗立从天津蓟州区采集的距今十几亿年并刻有“天津古文化街”街名的古化石，古化石与文化街街景交相辉映。

3. 五大道旅游区

天津的五大道是指坐落在天津市和平区成都道以南，马场道以北，西康路以东，马场道与南京路交叉口以西的一片长方形地区，共有 22 条道路，历史上曾是英租界的“墙外推广界”，这里地势低洼，后被填平，各国建筑师纷纷在此建造房屋。自 20 世纪 60 年代开始，天津城建部门为了统一管理，按照由南至北的顺序，将这一地区东西走向的马场道、睦南道、大理道、长德道、重庆道、成都道等统称为“五大道”地区。

五大道旅游区有三个特点：一是独立宅邸多，里巷数量少，而名人名楼概以门牌为标识，不另命名；二是街巷通名以“里”为主，“胡同”之名在这里已销声匿迹；三是出现了“大楼”“别墅”“村”“坊”一类公寓庄园的通名，如香港大楼、马场别墅、剑桥大楼、安乐村、育文坊等。

4. 滨海新区景点群

（1）国家海洋博物馆。国家海洋博物馆位于天津市滨海新区中新生态城海博道，是中国第一个国家海洋博物馆，可称之为“海洋故宫”。它结束了中国没有一座与海洋大国地位相匹配的综合性国家海洋博物馆的历史。国家海洋博物馆承担着重塑中国海洋价值观的重任，不仅是天津滨海新区的文化地标，更是中国海洋事业的文化里程碑。

（2）滨海图书馆。滨海图书馆建筑面积 33 700 m^2，以“滨海之眼”和“书山有路勤为径”为设计立意。建筑层数为地上 6 层，建筑主体高度约为 29.6 m，设计藏书总量达 135 万册、读者座位 1 500 个。中庭以冲孔铝板结合彩色印刷为基础打造出“书山”的造型，真假图书交相辉映，表现了“书山有路勤为径”“书籍是人类进步的阶梯”的内涵。中庭正中央是球形多功能报告厅。球体表面的 LED 灯可显示多种图案和文字。

（3）航母主题公园。航母主题公园位于天津滨海新区汉沽八卦滩，地处滨海旅游区核心区域。其以“基辅号”航空母舰为独特旅游资源，以军事为特色主题，是集武器装备观光展示、角色体验、培训拓展、休闲娱乐、国防教育、会议承办、活动举办、外景拍摄等功能于一体的大型军事主题公园。航母主题公园呈“一轴一心两区”（即航母景观主轴、基辅航母核心、军事观光区、军事体验区）的总体布局。该公园对“基辅号”航空母舰进行恢复性改造，最大限度保持原舰风貌，重现水兵工作与生活场景，围绕军事主题开发娱乐项目，舰上设有作战指挥中心、情报舱、航母科技馆等几十个功能区域。舰下建设了码头广场、4D 影院等特色项目。

滨海新区景点群如图 5–7 所示。

(a) 国家海洋博物馆

(b) 滨海图书馆

(c) 航母主题公园

图 5–7　滨海新区景点群

5.3.3 旅游线路

1. 黄金旅游线路

（1）天津—塘沽；

（2）天津—蓟州区—清东陵。

2. 主要旅游线路

（1）都市风光旅游线：水上公园—旧租界—小洋楼—广东会馆—大沽口炮台；

（2）山野名胜旅游线：盘山—黄崖关古长城—独乐寺。

3. 特色之旅

“传统天津卫”民俗之旅：老城津韵、晚清民居、杨柳青年画、泥人张、茶馆听相声等极具天津味的地域民俗，充分展现了浓浓的天津风情。

精品旅游线路：历史博物馆—杨柳青民俗博物馆—天后宫—古文化街。

任务 5.4 河北省旅游资源

5.4.1 河北省概况

河北，简称冀，省会石家庄，河北在战国时期大部分属于赵国和燕国，所以河北又被称为燕赵之地。河北地处华北，漳河以北，东临渤海、内环京津，西为太行山地，北为燕山山地，燕山以北为张北高原，其余为河北平原，面积为 18.88 万 km^2。东南部、南部衔山东、河南两省，西倚太行山与山西省为邻，西北与内蒙古自治区交界，东北部与辽宁省接壤。辖石家庄、唐山、邯郸等 11 个地级市。河北省是中国唯一兼有高原、山地、丘陵、平原、湖泊和海滨的省份。河北是中国重要粮棉产区。经初步核算，2023 年全省地区生产总值实现 43 944.1 亿元。工业生产中的一些行业和产品在中国居重要地位。河北地处中原地区，文化博大精深，自古有“燕赵多有慷慨悲歌之士”之称，是英雄辈出的地方。

河北省是中华民族的发祥地之一。早在五千多年前，中华民族的三大始祖黄帝、炎帝和蚩尤就在河北由征战到融合，开创了中华文明史。春秋战国时期，河北地属燕国和赵国，故有“燕赵”之称。三国时期，河北成了各诸侯王国逐鹿中原，争夺地盘的主要战场。宋代，河北成为宋朝与北方少数民族辽金两国交兵的战场。元、明、清三朝定都北京，河北成为京师的畿辅之地。到了清代，承德成了清王朝的第二个政治中心。近代和现代，燕赵儿女与全国人民一道抒写了一部可歌可泣的反帝、反封建、反官僚、反资本主义的革命史诗。抗日战争时期，河北大地是对日作战的主战场；著名的“百团大战”发生在河北；解放战争时期，党中央在河北平山县西柏坡指挥了震惊中外的“三大战役”，奏响了解放全中国的号角，并召开了著名的七届二中全会。解放石家庄是中国革命由农村包围城市，最后夺取全国胜利的转折点。

全省现有各级各类景区景点 400 多个，其中包括世界文化遗产 3 处；国家级历史文化名城 5 座；中国优秀旅游城市 4 座；国家级风景名胜区 7 处；国家级森林公园 11 个；国家级自然保护区 5 处；全国旅游胜地四十佳 3 处；全国十大风景名胜 2 处；全国 4A 级景区 23 个。无论是数量规模，还是价值品位，河北都堪称是全国的旅游资源大省。璀璨的历史文化与秀美的湖光山色交相辉映，构成了独具特色的燕赵旅游百花园。

5.4.2　河北省重点旅游景区

1. 石家庄

石家庄，简称“石”，旧称石门，河北省省会，是国务院批复确定的京津冀地区重要的中心城市之一。截至 2020 年，全市下辖 8 个区、13 个县（市）。石家庄地处华北地区、河北省中南部、环渤海湾经济区，是河北省的政治、经济、科技、金融、文化和信息中心，是全国重要的商品集散地和北方重要的大商埠、全国性商贸会展中心城市之一。

京广客运专线、石太客运专线、石德客运专线、石太客运专线、京广高铁、石济高铁等 6 条铁路干线交会于此，使石家庄成为中国铁路运输的主要枢纽之一，被誉为“南北通衢，燕晋咽喉”。石家庄是全国文明城市、国家森林城市、中国优秀旅游城市，旅游资源丰富，名胜古迹众多，有全国重点文物保护单位 40 处、国家历史文化名城 1 座。石家庄市部分核心景点如下。

1）西柏坡景区

西柏坡景区位于河北省石家庄市平山县中部。西柏坡是我国革命圣地之一，是全国重点文物保护单位、国家 5A 级旅游景区。2017 年 1 月，西柏坡景区入选《全国红色旅游经典景区名录》。

西柏坡曾是中共中央所在地，党中央和毛主席在此指挥了决定解放战争走向的辽沈、淮海、平津三大战役，召开了具有伟大历史意义的七届二中全会和全国土地会议，故有“新中国从这里走来”“中国命运定于此村”的美誉。

1948 年 5 月中旬，毛泽东同志率领中央前委、中国人民解放军总部移驻这里，使这个普通的山村成为“解放全中国的最后一个农村指挥所”，成为中国共产党领导全国人民和人民解放军与国民党进行战略大决战，解放全中国、创建新中国的指挥中心。1949 年 3 月 23 日，中共中央、中央军委和中国人民解放军总部从西柏坡迁入北平。

（1）西柏坡中共中央旧址目前对外开放的区域主要有毛泽东、朱德、刘少奇、周恩来、任弼时、董必武旧居，军委作战室、中国共产党七届二中全会会址，九月会议会址，中共中央接见苏共中央和上海人民和平代表团代表旧址，防空洞和中央机关小学旧址 12 处。

（2）西柏坡纪念馆设序厅和 11 个展室。展览内容以解放战争后期中共中央在西柏坡的活动为主线，运用了大量的文物、照片和历史资料，辅以绘画、雕塑、景观等手段来展现中共中央在西柏坡的伟大革命实践，馆名由邓小平同志题写。

（3）国家安全教育馆由国家安全部、河北省安全厅、西柏坡纪念馆共同建设。该馆充分运用博物馆学的最新理念，通过虚实对比，动静结合等综合设计手法，采用多媒体、凹面镜成像、幻影成像等陈列形式深刻诠释了我党隐蔽战线的斗争历史，整个展览融教育、思想、科学、艺术于一体。西柏坡景区如图 5-8 所示。

图 5-8　西柏坡景区

2）正定古城

正定古城位于河北省石家庄市以北 15 km 处，是按照中华传统规划思想和建筑风格建设起来的城市，集中体现了公元 5 世纪至 19 世纪前后中国的历史文化特色，是古代劳动人民的聪明才智和坚强毅力的结晶。

正定在历史上曾与保定、北京并称为“北方三雄镇”，南城门还嵌有“三关雄镇”的石额，这里还是三国名将赵子龙的家乡。

正定古城于1990年被列为省级历史文化名城，1994年被列为国家级历史文化名城。

正定的旅游具有“亦新亦古”“亦雅亦俗”等特点。在诸多名胜古迹中，始建于隋开皇六年的隆兴寺是宋代开国皇帝赵匡胤亲自敕封扩建的，其气势雄伟，保存完好，在国内外享有很高的声誉，被著名的古建筑学家梁思成先生誉为“京外名刹之首”。正定古城已有1 600多年历史。东晋时土筑，北周时石砌，唐代扩建为土城，明朝扩建后改为砖城。现存正定城墙是明代遗存。

3）赵州桥

赵州桥，是一座位于河北省石家庄市赵县城南洨河之上的石拱桥，因赵县古称赵州而得名。当地人称之为大石桥，以区别于城西门外的永通桥（小石桥）。赵州桥始建于隋代，由匠师李春设计建造，后由宋哲宗赵煦赐名安济桥，并以之为正名。

图5-9　赵州桥

赵州桥是世界上现存年代久远、跨度最大、保存最完整的单孔坦弧敞肩石拱桥，其建造工艺独特，在世界桥梁史上首创“敞肩拱”结构形式，具有较高的科学研究价值；雕琢刀法苍劲有力，艺术风格新颖豪放，显示了隋代浑厚、严整、俊逸的石雕风貌，桥体纹饰雕刻精细，具有较高的艺术价值。赵州桥在中国造桥史上占有重要地位，对世界桥梁建筑有着深远的影响。1961年，安济桥（大石桥，即赵州桥）被中华人民共和国国务院公布为第一批全国重点文物保护单位。赵州桥如图5-9所示。

2. 省内其他重点景区

1）大境门长城文化旅游区

始建于明朝的大境门，是明朝防御北方少数民族进犯的军事工事，为全国重点文物保护单位。大境门所在地是万里长城的四大关口之一，在历史上曾有重要地位，为便于进行商业贸易，清朝统治者在这里修建了更加宽阔的大境门。此后，这道门便逐渐成为经济文化交流的舞台，也成了“草原丝绸之路”——张库大道的起点。

大境门上悬挂1927年察哈尔特别区都统高维岳所书“大好河山”匾，四个颜体大字，苍劲有力，颇为壮观，更为大境门增添风韵。大境门长城文化旅游区如图5-10所示。

2）宣化古城旅游区

宣化古城旅游区位于张家口市宣化区。宣化古城始建于唐信宗文德元年（888），明朝动工展筑，因朱元璋十九子朱穗受封谷王，扩建成规模宏大形制近似都城的大邑。旅游区内有3处国家级重点文物保护单位（清远楼、镇朔楼及辽墓壁画），10处河北省重点文物保护单位，有9个“京西第一”。

3）张家口崇礼奥林匹克公园

“张家口崇礼奥林匹克公园”位于2022年北京冬奥会张家口赛区古杨树场馆群区域，包含国家跳台滑雪中心、国家越野滑雪中心和国家冬季两项中心三个北京冬奥会竞赛场馆。

国家跳台滑雪中心（雪如意）如图5-11所示。

图 5-10 大境门长城文化旅游区

图 5-11 国家跳台滑雪中心（雪如意）

5.4.3 河北省旅游线路

1. 黄金旅游线路

（1）石家庄—赵州桥—天台山—邯郸；

（2）石家庄—定州—保定—易县—野三坡；

（3）唐山—乐亭—昌黎—南戴河—秦皇岛；

（4）石家庄—正定古城—五岳寨—西柏坡—天桂山；

（5）唐山—遵化—承德。

2. 主要旅游线路

（1）世界文化遗产旅游线：秦皇岛—承德—唐山；

（2）红色旅游线：保定—石家庄—邢台—邯郸；

（3）冀东南民俗旅游线：香河—廊坊—沧州—吴桥—衡水。

3. 特色之旅

1）避暑山庄皇家风情之旅

承德避暑山庄是中国著名的避暑胜地之一，经历过康、雍、乾三世，建筑恢宏。避暑山庄西部和北部的山区林木繁茂，十分阴凉，是皇帝、皇妃们避暑的绝佳之地，皇家风情浓郁。

精品旅游线路：承德避暑山庄—外八庙—木兰围场。

2）海滨海岛休闲度假之旅

在海水里游泳，在沙滩上晒晒太阳，感受渤海湾的魅力气质，领略“天下第一关”和长城东部起点即入海长城——老龙头。有“看在山海关，吃在秦皇岛，住在北戴河，玩在南戴河”之说。

精品旅游线路：北戴河—南戴河—黄金海岸—秦皇岛—山海关—老龙头。

任务 5.5 山西省旅游资源

5.5.1 山西省概况

山西省地处黄河流域中部，东有巍巍太行山作天然屏障，与河北省为邻；西、南部以黄河为堑，与陕西省、河南省相望；北跨绵绵长城，与内蒙古自治区毗连。因地属太行山以西，故名山西。春秋战国时期属晋国地，故简称“晋”；战国初期，韩、赵、魏三分晋国，因而又称“三晋”。全省总面积 15.67 万 km^2，2023 年底常住人口为 3 465.99 万人，辖 11 个设区市，117 个县级行政单位。

山西省地势东北高西南低。高原内部起伏不平，河谷纵横，地貌类型复杂多样，有山地、丘陵、台地、平原，山多川少，山地、丘陵面积占全省总面积的 80.1%，平川、河谷面积占总面积的 19.9%。全省大部分地区海拔在 1 500 m 以上。

山西地处中纬度地带的内陆，在气候类型上属于温带大陆性季风气候。由于太阳辐射、季风环流和地理因素影响，山西气候具有四季分明、雨热同步、光照充足、南北气候差异显著、冬夏气温悬殊、昼夜温差大的特点。山西省各地年平均气温介于 4.2～14.2 ℃之间，总体分布趋势为由北向南升高，由盆地向高山降低；全省各地年降水量介于 358～621 mm 之间，季节分布不均，夏季 6—8 月降水相对集中，约占全年降水量的 60%，且省内降水分布受地形影响较大。

山西省分布有丰富的矿产资源，是资源开发利用大省，在全国矿业经济中占有重要的地位。截至 2015 年年底，已发现的矿种达 120 种。与全国同类矿产相比，资源储量居全国第一位的矿产有煤层气、铝土矿、耐火黏土、镁矿、冶金用白云岩等 5 种。保有资源储量居全国前 10 位的主要矿产有 32 种。其中，煤炭保有资源储量 2 709.01 亿 t，占全国保有资源储量的 17.3%，居全国第三位；煤层气剩余经济可采储量为 2 304.09 亿 m^3，全国首屈一指，具有良好的发展前景；铝土矿资源保有储量 15.27 亿 t（矿石量），居全国第一，占全国保有资源储量的 32.44%；铁矿类型多，资源储量丰富，分布广泛，保有资源储量 39.37 亿 t，居全国第八位；铜矿集中分布于山西省中条山区，保有资源储量 229.94 万 t（金属量）；金红石保有资源储量 426.38 万 t，居全国第二位。煤、铝土矿等沉积矿产分布广泛，铁矿、铜矿等重要矿产分布相对集中，但是重要金属矿产贫矿多、富矿少，共伴生矿多、单一矿少。

山西植物资源丰富，目前已知的维管植物有 2 700 多种，其中，木本植物有 463 种。全省森林覆盖率为 20.6%。

山西野生动物以陆栖类为主，已知的有 439 种（含历史记录种）。属于国家重点保护的珍稀动物有 71 种，其中，一级保护动物有 17 种，二级保护动物有 54 种，包括鸟类 42 种，两栖类 1 种，兽类 11 种。

山西是中华文明发祥地之一，是我国旅游资源最为富集的省份。“华夏古文明，山西好风光”是对山西旅游的高度概括。山西省现存有国家级重点文物保护单位 452 处，占全国的 23.3%，位居第一，其中，大同云冈石窟、平遥古城、五台山为世界文化遗产。全国保存完好的宋、金以前的地面古建筑物 70%以上在山西境内，享有“中国古代建筑艺术博物馆”的美誉。四大佛教圣地之一的五台山，寺庙群集千年之萃。建于北魏的恒山悬空寺悬于悬崖峭壁之上，以惊险奇特著称。太原的晋祠是形式多样的古建筑荟萃的游览胜地。平遥古城是全国现存三座古城之一，被列为世界文化遗产名录。芮城永乐宫是典型的元代道观建筑群，宫内壁画是我国绘画艺术的珍品。解州关帝庙是全国规模最大的武庙。云冈石窟是全国三大佛教石窟之一，气势雄伟。因拍摄《大红灯笼高高挂》而闻名的祁县乔家大院，加上祁县渠家大院、灵石王家大院、太谷三多堂等，共同组成山西晋中的大院民俗文化。山西名山大川遍布。北岳恒山是五岳之一，为国家级风景名胜区。绵山气候宜人，自古就是避暑胜地。黄河壶口瀑布是仅次于黄果树瀑布的全国第二大瀑布，为国家级风景名胜区。庞泉沟、芦芽山、历山、莽河等自然保护区，风景秀丽，景致各异。山西是老革命根据地，革命活动遗址和革命文物遍布全省。著名的有八路军总部旧址、黎城黄崖洞八路军兵工厂、文水刘胡兰纪念馆等。

5.5.2 山西省重点旅游景区

1. 太原

太原，简称“并”，古称晋阳，别称并州、龙城，山西省省会、国务院批复确定的中部地区重要的中心城市，是以能源、重化工为主的工业基地。截至 2021 年，全市辖 6 个区、3 个县，代管 1 个县级市。

太原是山西省政治、经济、文化和国际交流中心，国家可持续发展议程创新示范区，是中国北方军事、文化重镇，也是中国重要的能源、重工业基地、中国优秀旅游城市和国家园林城市。

太原是国家历史文化名城，是一座有两千多年建城历史的古都。全市三面环山，黄河第二大支流汾河自北向南流经市区，自古就有“锦绣太原城”的美誉。太原市部分核心景点如下。

1）晋祠

晋祠位于山西省太原市晋源区晋祠镇，原名为晋王祠，初名唐叔虞祠，是为纪念西周晋国开国诸侯唐叔虞（姬虞，后被追封为晋王）及母后邑姜而建。

难老泉、侍女像、周柏被誉为“晋祠三绝”。晋祠是中国现存最早的皇家祭祀园林，是中国古代建筑艺术的集约载体，是国内宋元明清至民国本体建筑类型、时代序列完整的孤例，其附属的彩塑、壁画、碑碣均为国宝，是三晋历史文脉的综合载体。晋祠是中国现存最早的古典宗祠园林建筑群，是庄严壮观与清雅秀丽、宗祠祭祀建筑与自然山水完美结合的典范。

晋祠现存最早的主体建筑圣母殿，创建于北宋太平兴国九年（984），殿四周围廊，为中国现存古建筑中“副阶周匝”的最早实例，是宋代建筑的代表作，对研究宋代建筑和建筑发展史有着重要意义；宋代建筑鱼沼飞梁，造型奇特，是中国现存唯一的古代木结构十字形桥梁建筑，在世界古代桥梁建筑史上也具有较高的科学、艺术、研究价值；金代建筑献殿，结构稳固，梁架轻巧，既为大殿，又巧似凉亭。圣母殿、鱼沼飞梁、献殿均为公认的国宝建筑。

晋祠有明确的纪念意义、浓厚的审美价值和强烈的艺术感染力。即便是一个单体建筑，也有着自己的序列。柱廊的排列，斗拱的组合，瓦垄的明暗相间，空间的穿插，色调的配置，都安置得合理妥帖，又符合审美习惯，而正是由于它的序列特征和人们流动式的观赏进程，又使得其空间艺术向时间艺术转化。晋祠如图 5-12 所示。

图 5-12 晋祠

2）永祚寺双塔

永祚寺双塔，又名凌霄双塔，是太原现存最高的古建筑。永祚寺内的两塔犹如一对孪生姊妹，相映成趣。永祚寺双塔还有一个美丽动听的别称——文笔双峰。这两座形同孪生的姊妹塔，一个是先建的“文峰塔”，另一个是后建的“舍利塔”。双塔巍峨俊秀，是我国双塔之最。

永祚寺双塔，雄伟异常，双双耸立如笔，被誉为太原的标志。两塔均为全砖石结构，只在各层角檐内装有一根木头，构建技巧十分精湛。

3）中国煤炭博物馆

中国煤炭博物馆位于山西省太原市万柏林区迎泽大街和晋祠路交会处，1989 年 9 月 30 日建成开馆。博物馆分东、西两院，由陈列大厅、中国煤炭科教交流中心、学术报告厅、办公研究楼和现代科技学院等组成。

中国煤炭博物馆是国家级煤炭行业博物馆，是全国煤炭行业历史文物、标本、文献、资料的收藏中心，是煤炭工业的科普教育机构、科学研究机构和宣传教育机构。中国煤炭博物馆被国家文物局、中国科协、国家旅游局授予国家一级博物馆、全国科普教育基地、国家 4A 级旅游景区、全国工业旅游示范基地的称号。

2. 大同

大同是山西省政府确立的“一主三副”省域副中心城市之一，山西省第二大城市，古称云中、平城。大同是山西省辖地级市，山西北部地区中心城市，国务院批复确定的晋冀蒙交界地区中心城市之一，是重要的综合能源基地。截至 2018 年，全市下辖 4 个区、6 个县。

大同地处华北地区、晋北大同盆地中心、晋冀蒙三省区交界处、黄土高原东北边缘，是全晋之屏障、北方之门户，北隔长城与内蒙古乌兰察布接壤，是历代兵家必争之地，有“北方锁钥”之称。大同是首批国家历史文化名城之一，曾是代国南都、北魏首都，辽、金、元初陪都，境内古迹众多，包括云冈石窟、华严寺、善化寺、恒山悬空寺、九龙壁等，是中国首批 13 个较大的市之一、中国九大古都之一、国家新能源示范城市、中国优秀旅游城市、国家园林城市、全国双拥模范城市、全国性综合交通枢纽、中国雕塑之都、中国十佳运动休闲城市。

大同是中国最大的煤炭能源基地之一，国家重化工能源基地，神府、准格尔新兴能源区与京津唐工业区的中点，素有“凤凰城”和“中国煤都”之称。2021 年，大同全市实现地区生产总值 1 686 亿元，同比增长 7.5%。大同市部分核心景点如下。

1）云冈石窟

云冈石窟位于大同市城西约 16 km 的武州（周）山南麓、武州川的北岸，石窟依山开凿，规模恢宏、气势雄浑，东西绵延约 1 km。云冈石窟为中国规模最大的古代石窟群之一。云冈石窟在 1961 年被国务院公布为全国首批重点文物保护单位，2001 年 12 月被联合国教科文组织列入《世界遗产名录》，2007 年 5 月被国家旅游局评为首批国家 5A 级旅游景区。云冈石窟的造像气势宏伟，内容丰富多彩，堪称公元 5 世纪中国石刻艺术之冠，被誉为中国古代雕刻艺术的宝库。云冈石窟按照开凿的时间可分为早、中、晚三期，不同时期的石窟造像风格也各有特色。早期的“昙曜五窟”气势磅礴，具有浑厚、纯朴的西域情调。中期石窟则以精雕细琢、装饰华丽著称于世，显示了复杂多变、富丽堂皇的北魏时期艺术风格。晚期窟室规模虽小，但人物形象清瘦俊美，比例适中，是中国北方石窟艺术的榜样和“瘦骨清像”的源起。此外，石窟中留下的乐舞和百戏杂技雕刻，也是当时佛教思想流行的体现和北魏社会生活的反映。

云冈石窟形象地记录了印度及中亚佛教艺术向中国佛教艺术发展的历史轨迹，反映出佛教造像在中国逐渐世俗化、民族化的过程。多种佛教艺术造像风格在云冈石窟实现了前所未有的融会贯通。

云冈石窟是石窟艺术“中国化”的开始。云冈中期石窟出现的中国宫殿建筑式样雕刻，以及在此基础上发展而来的中国式佛像龛，在后世的石窟寺建造中得到广泛应用。云冈晚期石窟的窟室布局和装饰，更加突出地展现了浓郁的中国式建筑、装饰风格，反映了佛教艺术“中国化”的不断深入。

云冈石窟历经 1 500 年的沧桑，由于石窟区所处的地质及环境条件的变化，各区域不同程度地经历了自然风化和人为破坏，致使洞窟及雕像有不同程度的损毁。历史上云冈石窟也经历过不同方式的保护与修复，中华人民共和国成立以来，国家对云冈石窟进行过多次大规模的维修，使石窟得到了妥善的保护。云冈石窟如图 5-13 所示。

2）华严寺

华严寺，位于大同古城内西南隅，始建于辽重熙七年（1038），依据佛教经典《华严经》而命名。其兼具辽国皇室宗庙性质，地位显赫，后毁于战争，金天眷三年（1140）重建。华严寺坐西向东，山门、普光明殿、大雄宝殿、薄伽教藏殿、华严宝塔等 30 余座单体建筑分别排列在南北两条主轴线上，布局严谨。

华严寺，是中国现存年代较早、保存较完整的一座辽金寺庙建筑群，1961 年被国务院公布为第一批全国重点文物保护单位。

华严寺分为上下两寺，上寺的大雄宝殿已经在辽金战争中被焚毁，现在我们看到的是金代的遗迹，大殿内塑五方佛，均为明代所塑，中间 3 尊为木雕，两边的两尊为泥塑。上寺大雄宝殿是目前我国古代寺院里最大的大雄宝殿之一，大殿除了五方佛之外还有左右各十位护法天神，大殿四周的墙壁上有清代的释迦牟尼佛讲法故事图，为我国古代第二大壁画（第一大是山西运城芮城永乐宫道教壁画）。华严寺上寺大雄宝殿最让人称道的是它整个建筑的结构和规模，通过运用《营造法式》里的减柱营造法和斗拱结构，既减少了大殿内立柱的使用，节省了开支，增大了空间，以方便塑造更大的佛像，同时又使整个建筑看起来雄伟、宏大、轻盈，拥有建筑学上的美感，可谓中国古代建筑的杰出代表。华严寺内的建筑错落有致，上下两寺主要建筑均沿各自中轴线布局，两寺现在已经相通，从任何一座寺院都可以轻松去到另一座寺院。作为寺院现存最高的建筑，华严宝塔矗立在寺院的西南角，登塔即可俯瞰寺院全景及周边环境。从华严宝塔俯瞰全寺，整座寺院的建筑方正有序，景致盎然，让人仿佛置身于佛国之中，华严寺如图 5-14 所示。

图 5-13　云冈石窟

图 5-14　华严寺

华严寺下寺的大雄宝殿又称为梵王宫和薄伽教藏殿，大殿内塑 31 尊辽代泥塑，其中最为知名的是被郑振铎先生称赞为“东方维纳斯”的合掌露齿菩萨。华严寺下寺的大雄宝殿建于辽代，是整座寺院最古老的建筑。

3）悬空寺

悬空寺是国家 4A 级旅游景区，位于山西省大同市浑源县恒山金龙峡西侧翠屏峰峭壁间，原名“玄空阁”，“玄”取自道教教理，“空”则来源于佛教教理，后改名为“悬空寺”，是因为整座寺院就像悬挂在悬崖上，在汉语中，“悬”与“玄”同音，因此得名。

悬空寺始建于北魏后期，距今已有一千五百多年历史。其是佛、道、儒三教合一的独特寺庙。“悬空寺”建筑极具特色，以如临深渊的险峻而著称，素有“悬空寺，半天高，三根马尾空中吊”的俚语描绘。悬空寺是全国重点文物保护单位，恒山十八景的“第一胜景”。

悬空寺呈“一院两楼”布局，总长约 32 m，有楼阁殿宇约 40 间，悬挂在刀劈般的悬崖峭壁上，三面的环廊合抱，六座殿阁相互交叉，栈道飞架，各个相连，高低错落。全寺初看去只有十几根大约碗口粗的木柱支撑，最高处距地面约 50 m。其中的力学原理是以半插横梁为基础，借助岩石的托扶，回廊栏杆、上下梁柱左右紧密相连形成了一个木质框架式结构，也增加了抗震度。恒山悬空寺内有铜、铁、石、泥佛像八十多尊，寺下岩石上“壮观”二字，是唐代诗仙李白的墨宝。古代工匠在陡崖上凿洞插悬梁为基，楼阁间以栈道相通。寺庙背倚陡峭的绝壁，下临深谷，规模不大，但巧夺天工。悬空寺的选址之险，建筑之奇，结构之巧，内涵之丰富，堪称世界一绝。它不但是中华民族的国宝，也是人类的珍贵文化遗产。英国的一位建筑学家写道：“中国的悬空寺把力学、美学和宗教融合为一体，做到尽善尽美，这样奇特的艺术，在世界上是罕见的，通过这次参观游览，才真正看到这个古老民族的灿烂文化艺术和文明历史。悬空寺不仅是中国人民的骄傲，也是世界人民的骄傲。”

图 5-15　悬空寺

意大利威尼斯考古专家尼诺认为：悬空寺及它象征的一切，体现了中华民族伟大的文化成就，是中国人民智慧的杰出体现，仅仅是为了这座奇特的寺庙，就值得到中国来一趟。悬空寺如图 5-15 所示。

4）恒山

恒山，即“北岳恒山”，亦名“太恒山”，古称玄武山、崞山、高是山、玄岳等，明末清初被确定为“五岳”之北岳恒山。其位于山西省浑源县城南 10 km 处，主峰天峰岭海拔约 2 016 m，号称“人天北柱”“绝塞名山”。

恒山横亘于山西北部高原与冀中平原之间，因其险峻的自然山势和地理位置的特点，成为兵家必争之地。山间河谷处的倒马关、紫荆关、平型关、雁门关、宁武关虎踞为险，是塞外高原通向太原盆地、冀中平原之咽喉要冲。许多帝王、名将都在此打过仗，古代关隘、城堡、烽火台等众多战场遗迹较好地保存了下来。恒山道教始于西汉，北魏始兴盛，成为主流全真派圣地。

5）京西福地、山水灵丘

“九分山水一分田，京西福地誉人间”，平型关大捷战于此、胡服骑射源于此、十三太保名于此、三山叠翠恋于此……这是灵丘千年古城的真实写照。

灵丘县是山西省第四大县，大同市第一大县。灵丘历史悠久，早在新石器时代就有人类在此繁衍生息，西汉始设灵丘县，闻名中外的平型关大捷就发生在这里。全县地表水丰富，储量达 2.7 亿 m^3，占全市总量四分之一。灵丘文化旅游资源十分丰富，有红、古、绿三色旅游资源 230 多处，红色革命旅游资源有平型关大捷战役遗址、白求恩特种外科医院旧址、359 旅旅部旧址等；古色文物古迹旅游资源有赵武灵王墓、觉山寺、曲回寺唐代石佛冢群、明代内长城等；绿色自然景观和农业农村旅游资源有空中草原、桃花溶洞、唐河大峡谷、车河有机社区等。

目前，全县共有国家 4A 级旅游景区 1 家（平型关大捷景区），国家 3A 级旅游景区 5 家(车河有机社区、花塔生态民俗景区、觉山寺旅游景区、空中草原旅游景区、猫山传统文化园)，省级旅游度假区 1 家（唐河大峡谷省级旅游度假区），全国乡村旅游重点村 1 个（下车河村），山西省乡村旅游重点村 1 个（南庄村），山西省 3A 级乡村旅游示范村 4 个（上北泉、下车河、花塔、沿河）；农业旅游示范点 3 处［全国农业旅游示范点 1 处（红石塄乡北泉村）、省级农业旅游示范点 2 处（独峪乡花塔村、下关乡木佛台村）］，省级农业旅游点 1 处（空中草原旅游景区）。2022 年，灵丘县旅游发展案例入选 2021 年度中国旅游赋能乡村振兴发展案例，灵丘县被评为“中国文旅融合创新典范县”和“中国最美乡村旅游目的地”，被评为山西省第二批省级文化和旅游产业融合发展示范区建设单位。

灵丘县先后被评为“中国最美生态宜居旅游名县”“中国文旅融合创新典范县”“中国最美乡村旅游目的地”，首批休闲旅游胜地，入选中国旅游赋能乡村振兴发展案例、第二批“国家全域旅游示范区”名单、150 条“夏纳凉”系列休闲农业与乡村旅游精品景点线路名单、山西省全域旅游示范区。唐河大峡谷旅游度假区入选山西省第一批文旅康养示范区。红石塄乡入列第二批全国乡村旅游重点镇（乡）名单。红石塄乡北泉村获评全国农业旅游示范村。独峪乡花塔村入选第五批中国传统村落名录。

（1）平型关大捷景区。平型关大捷景区如图 5-16 所示。

平型关大捷景区位于大同市灵丘县城西南东河南镇的蔡家峪、小寨及白崖台乡，由平型关大捷纪念馆（平型关大捷纪念馆入列全国 60 个红色旅游发展典型案例）、纪念碑和将帅广场等组成，从乔沟入口拾级而上，纪念碑为景区制高点。其中，主要景点平型关大捷纪念馆始建于 1969 年，2006 年进行大规模改陈扩建。现有陈列面积 2 134 m^2，基本陈列由序厅、3 个独立单元的主展厅和半景画馆组成。馆内收藏有大量珍贵图片、文献资料和文物。新建的平型关大捷将帅广场，位于纪念馆新馆前，面积约 5 000 m^2，广场上的群雕展现了平型关战斗的主要参战将领，他们是林彪、聂荣臻、杨得志、徐海东、李天佑、陈光、张绍东、陈锦绣、杨成武、肖华。雕像两侧筑有 10 面汉白玉浮雕文化墙，内容是毛泽东、朱德、王稼祥、彭德怀等中央军委、八路军领导人及各级将领有关平型关大捷的讲话、诗词和题词。

（2）觉山寺又名普照寺，始建于北魏太和七年（公元 483 年），是孝文帝拓跋宏为报母恩而敕建，至今已有一千五百余年历史，是灵丘境内三处全国重点文物保护单位之一。主要建筑分庙宇和砖塔两部分。寺庙由三条轴线、三进院落、30 余座殿宇组成，其标志性建筑为辽代砖塔，此塔高为 44.23 m，采用八角十三级密檐式结构，砖塔内的辽代壁画承载着丰富的历史与文化价值。国产 3A 游戏《黑神话：悟空》取景地觉山寺如图 5-17 所示。

图 5-16　平型关大捷景区

图 5-17　国产 3A 游戏《黑神话：悟空》取景地觉山寺

3. 省内其他重点景点

1）五台山

五台山，位于山西省忻州市。五台山属太行山系的北端，跨忻州市五台县、繁峙县、代县、原平市、定襄县，由一系列大山和群峰组成。其中，五座高峰（东台望海峰、南台锦绣峰、中台翠岩峰、西台挂月峰、北台叶斗峰）峰顶平坦如台，故名五台。又因山上气候多寒，盛夏仍不见炎暑，故又别称清凉山。五台山是中国青庙、黄庙共处的佛教道场，有宗教活动场所 86 处，其中多敕建寺院，多朝皇帝前来参拜，著名的有：显通寺、塔院寺、菩萨顶、南山寺、黛螺顶、金阁寺、万佛阁、碧山寺等。

五台山是中国佛教四大名山之一，且位居中国四大佛教名山之首，称为“金五台”，为文殊菩萨的道场。五台山是中国唯一一个青庙（汉传佛教）黄庙（藏传佛教）交相辉映的佛教道场，1982 年，五台山以山西五台山风景名胜区的名义，被国务院批准列入第一批国家级风景名胜区名单，历年来获得了“国家重点风景名胜区”“中华十大名山”“国家地质公园”“国家自然与文化双遗产”“国家 5A 级旅游景区”等荣誉。2009 年，五台山被列入《世界遗产名录》。

2）平遥古城

平遥古城位于山西省晋中市平遥县，始建于周宣王时期，明洪武三年（1370）扩建，距今已有 2 800 多年的历史。平遥古城较为完好地保留着明清时期县城的基本风貌，是中国汉民族地区现存最为完整的古城。

图 5-18 平遥古城城内

平遥古城是中国仅有的以整座古城申报世界文化遗产获得成功的两座古城之一。

世界遗产中心评价称：平遥古城是中国古代城市在明清时期的杰出范例，平遥古城保存了其所有特征。而且，在中国历史的发展中，为人们展示了一幅非同寻常的文化、社会、经济及宗教发展的完整画卷。平遥古城城内如图 5-18 所示。

3）乔家大院

乔家大院位于山西省祁县乔家堡村，是一座具有北方传统民居建筑风格的古宅。

乔家大院藏有众多珍贵文物，集中反映了山西晋中一带的民情风俗；设有农俗、人生仪礼、岁时节令、衣食住行、商俗、民间工艺，以及乔家史料、乔家珍宝、影视专题等陈列。

乔家大院为雄伟壮观的建筑群，其设计之精巧，工艺之精细，体现了中国清代民居建筑的独特风格，具有相当高的观赏、科研和历史价值，是一座无与伦比的艺术宝库，被称为“北方民居建筑的一颗明珠”，素有“皇家有故宫，民宅看乔家”之说，其已名扬三晋，誉满海内外。

4）壶口瀑布

壶口瀑布是国家级风景名胜区，国家 5A 级旅游景区。其东濒山西省临汾市吉县壶口镇，西临陕西省延安市宜川县壶口镇，为两省共有旅游景区。其南距陕西西安 350 km；北距山西太原 387 km。

壶口瀑布是中国第二大瀑布，世界上最大的黄色瀑布。黄河奔流至此，两岸石壁峭立，河口收束狭如壶口，故名壶口瀑布。瀑布上游黄河水面宽约 300 m，在不到 500 m 长的距离内，被压缩到 20～30 m 的宽度。滔滔河水，从 20 多 m 高的陡崖上倾注而泻，形成“千里黄河一壶收”的气概。

5）解州关帝庙

解州关帝庙地处山西运城市解州镇西关。其北靠盐池，面对中条。解州关帝庙始建于陈末（南北朝）隋初，宋、明时曾扩建和重修，清康熙四十一年毁于火，经十余年始修复。解州关帝庙景区是全国重点文物保护单位。

解州关帝庙总面积 22 万 m^2，分为正庙和结义园两部分，是现存规模最大的宫殿式道教建筑群和武庙，被誉为“关庙之祖”“武庙之冠”。庙内悬挂有康熙御笔“义炳乾坤”、乾隆钦定“神勇”、咸丰御书“万世人极”、慈禧太后亲书“威灵震叠”等匾额。其代表建筑是“春秋楼”。解州关帝庙如图 5-19 所示。

图 5-19 解州关帝庙

6）鹳雀楼

鹳雀楼，又名鹳鹊楼，位于山西省运城市永济市蒲州古城。唐代诗人王之涣的千古名诗《登鹳雀楼》（白日依山尽，黄河入海流。欲穷千里目，更上一层楼。）使鹳雀楼名扬天下。鹳雀楼始建于北周时期，后毁于战火，1997 年得以重修，2002 年，重修后的鹳雀楼正式对游客开放。

鹳雀楼为高台式十字歇山顶楼阁，外观 3 层 4 檐，内部有 9 层使用空间，并设置电梯、楼梯组织垂直交通。整座楼阁分为台基和楼身两部分，总高度达 73.9 m，是中国仿造楼中较为精致的。

5.5.3 山西省旅游线路

1. 黄金旅游线路

（1）太原—定襄—五台山；

（2）太原—代县—应县—恒山—大同；

（3）临汾—壶口瀑布—河津—运城—永济；

（4）大同—恒山—平型关—五台山—宁武—朔州；

（5）太原—汾阳—吕梁—方山—交城。

2. 主要旅游线路

（1）佛教古建筑旅游线：大同云冈石窟—悬空寺—应县木塔—五台山；

（2）黄河根祖旅游线：临汾大槐树公园—壶口瀑布—关帝庙—永乐宫；

（3）太行风光旅游线：壶关峡谷—黄崖洞—王莽岭—皇城相府—漭河自然保护区。

3. 特色之旅

精品旅游线路：晋祠—杏花村—乔家大院—曹家大院—平遥古城。

任务 5.6 内蒙古自治区旅游资源

5.6.1 内蒙古自治区概况

内蒙古自治区位于祖国北部边疆，由东北向西南斜伸，呈狭长形，东西长约 2 400 km，南北最大跨度 1 700 多 km。总面积 118.3 万 km^2。内蒙古自治区，与黑龙江、吉林、辽宁、河北、山西、陕西、宁夏、甘肃 8 省区相邻，与俄罗斯、蒙古国接壤，边境线 4 200 多 km。地貌以高原为主，大部分地区海拔在 1 000 m 以上，东部是莽莽的大兴安岭林海，南部是富饶的嫩江平原、西辽河平原和河套平原，西部是浩瀚的腾格里、巴丹吉林、乌兰布和沙漠，北部是辽阔的呼伦贝尔、锡林郭勒草原。气候属温带大陆性季风气候，夏季气温在 25 ℃左右，冬季中西部最低气温低于−20 ℃，东部林区最低气温低于−50 ℃。

全区基本上是一个高原型的地貌区，大部分地区海拔 1 000 m 以上。内蒙古高原是中国四大高原中的第二大高原。除了高原以外，还有山地、丘陵、平原、沙漠、河流、湖泊。

全区陆生野生脊椎动物 613 种，分属于 29 目，93 科，291 属。其中，属国家Ⅰ级保护陆生野生动物的有 50 种；属国家Ⅱ级保护陆生野生动物的有 106 种。

内蒙古维管束植物（种子植物、蕨类植物）共计 2 619 种。其中种子植物 2 551 种，蕨类植物 68 种。其中，属国家Ⅰ级保护植物的有 2 种，属国家Ⅱ级保护植物的有 45 种。

内蒙古是祖国北方重要的生态安全屏障，是我国森林资源相对丰富的省区之一。从东到西分布有大兴安岭原始林区和 11 片次生林区，以及长期建设形成的人工林区。内蒙古有大小河流千余条，其中流域面积在 1 000 km^2 以上的河流有 107 条；流域面积大于 300 km^2 的有 258 条。

全区现有自然保护区、风景名胜区、地质公园、湿地公园、森林公园、沙漠公园等 6 类自然保护地，共 380 个，总面积 1 571.81 万 hm^2，约占自治区面积的 13.29%。

内蒙古地域辽阔，成矿地质条件优越，矿产资源丰富。中西部富集铜、铅、锌、铁、稀土等矿产；中南部地区富集金矿；东部富集银、铅锌、铜、锡、稀有金属元素矿产；能源矿产资源遍布 12 个盟市，但主要集中在鄂尔多斯盆地、二连盆地、海拉尔盆地群。

2023 全年接待国内游客 23 045.0 万人次，实现国内旅游收入 3 354.7 亿元。

5.6.2 内蒙古自治区重点旅游景区

1. 呼和浩特

呼和浩特的主要景点有内蒙古博物院、呼和浩特大召寺、昭君墓等。

1）内蒙古博物院

内蒙古博物院位于内蒙古呼和浩特市新城区新华东街，其前身是内蒙古博物馆，作为 1957 年内蒙古自治区成立 10 周年大庆的重点项目，内蒙古博物馆是全区唯一的自治区级综合性博物馆，也是全国少数民族地区最早建立的博物馆之一。2008 年，内蒙古博物馆改称内蒙古博物院。内蒙古博物院为国家一级博物馆。

2）呼和浩特大召寺

大召寺是内蒙古自治区呼和浩特玉泉区南部的一座藏传佛教寺院，属于格鲁派（黄教）寺院。大召寺内供奉了一座银佛，又称“银佛寺”，汉名原为“弘慈寺”，后改为“无量寺”。大召寺是呼和浩特最早建成的黄教寺院，具有大范围的影响。

大召寺是由明代蒙古土默特部落的首领阿勒坦汗于明万历七年（1579）主持创建的，万历八年（1580）建成。

大召寺不仅是一处佛教圣地，而且还是一处闻名中外的旅游胜地。辉煌的建筑、珍贵的文物和艺术品，以及神秘的恰木舞蹈和佛教音乐，构成了大召寺独特的“召庙文化”。

3）昭君墓

昭君墓，又称“青冢”，是史籍记载和民间传说中汉朝明妃王昭君的墓地。

昭君墓坐落于今内蒙古自治区呼和浩特市南郊的大黑河南岸，始建于公元前的西汉时期。墓体状如覆斗，高达 33 m，距今已有 2 000 余年的历史，是目前发现的最大的汉墓之一。

昭君墓现为国家 4A 级旅游景区、内蒙古自治区重点文物保护单位。

2. 自治区内其他重点景区

1）日光草原 • 大河湾旅游度假区

日光草原 • 大河湾旅游度假区位于内蒙古乌兰察布市集宁区东北部，距乌兰察布机场约 12 km。日光草原 • 大河湾旅游度假区是以发展乡村旅游为宗旨，以脱贫攻坚、乡村振兴战略为目的，集滑雪度假、休闲运动、生态旅游、综合实践、素质培训、房车宿营、温泉酒店于一体的综合性度假综合体。日光草原 • 大河湾旅游度假区如图 5-20 所示。

2）北方兵器城

北方兵器城是集爱国主义教育、国防科普教育、军工文化传播、休闲娱乐于一体的大型兵器主题公园，是国家 4A 级旅游景区、全国工业旅游示范点、国防军工文化教育基地、中国企业文化示范基地、全国科普教育基地、内蒙古自治区爱国主义教育基地，它坐落在全国首批文明城市包头。

景区由东区、中区组成，目前展示有苏联卫国战争时期的火炮、中华人民共和国成立十周年阅兵式上接受过毛泽东主席检阅的“共和国第一炮”、多次击落美制无人侦察机的红旗Ⅱ号导弹、在西沙海战中立下赫赫战功的双 57 mm 舰炮，以及 203 mm 牵引炮、双 57 mm 自行火炮、水陆两用坦克、水陆两用装甲车、歼 5 战斗机、歼 6 战斗机等。

景区八一广场中心屹立着我国兵工专家吴运铎的雕塑，还设有吴运铎事迹展览馆。吴运铎同志被誉为中国的保尔 • 柯察金，是我国兵工事业的开拓者，是功勋卓著的军工专家。

北方兵器城已经成为游人增长兵器知识、激发爱国主义情感的好去处，成为社会各界人士了解军工企业、了解包头、了解内蒙古自治区的一个重要窗口。步入北方兵器城的游客不仅可以了解兵器知识，拍照留念，而且可以动手操作兵器，增加了游客的参与性，提高了游客的游览兴趣，使国内外游客不仅知道内蒙古自治区有蓝天、白云、大草原，而且还有现代化的兵器工业体系。北方兵器城如图 5-21 所示。

图 5-20　日光草原 • 大河湾旅游度假区

图 5-21　北方兵器城

5.6.3　内蒙古自治区旅游线路

1. 黄金旅游线路

（1）呼和浩特—百灵庙镇—土默特右旗—包头—鄂尔多斯—凉城；

（2）乌兰浩特—阿尔山—呼伦贝尔—满洲里—额尔古纳；

（3）阿拉善左旗—吉兰泰盐池—额济纳旗；

（4）锡林浩特—克什克腾旗—巴林左旗—赤峰。

2. 主要旅游线路

（1）奇异之旅：乌兰察布草原—呼和浩特—包头—鄂尔多斯；

（2）贡格尔草原风光之旅：贡格尔草原—达里诺尔湖—白音敖包；

（3）内蒙古草原沙漠旅游线路：呼和浩特—辉腾锡勒大草原—敖包山—昭君墓—包头。

3. 特色之旅

游览苍茫的希拉穆仁草原，蓝天碧草；欣赏大青山美景，品尝民族风味的手扒羊肉；参加蒙古敬酒仪式、摔跤、赛马等草原活动，骑马漫游草原。在全国三大响沙之一的库布齐沙漠响沙湾，观看浩瀚沙海，聆听奇特响沙，骑骆驼、滑沙、观看鄂尔多斯婚礼表演；参观游览成吉思汗陵，了解成吉思汗的戎马生涯。

精品旅游线路：希拉穆仁草原—蒙古包—响沙湾—鄂尔多斯—成吉思汗陵。

实训

1. 实训目的

根据华北地区客运交通线路与旅游资源情况设计为期 15 天的华北地区冬季体育主题旅游方案。

2. 实训内容

对照职业能力目标的要求，认真学习本项目的内容，在熟悉华北地区旅游资源的基础上，设计华北地区冬季体育主题旅游线路。

3. 实训步骤

（1）绘制本项目思维导图，掌握本项目职业能力目标要求的能力。

（2）以本项目的内容为脉络，前往图书馆查找文献，通过互联网收集网络资料，结合纸质和电子地图完成 PPT 演示文件的创作。

（3）在班级讨论会上，提交 PPT 演示文件并进行简短的汇报。

（4）听取教师及其他同学对 PPT 演示文件的点评，取长补短，复盘本项目的内容。

项目 6

华中旅游区

职业能力目标

1. 掌握华中旅游区旅游地理概述
2. 掌握华中旅游区各省的旅游资源

任务 6.1　华中旅游区旅游地理概述

华中旅游区包括湖南、湖北、河南三省的旅游区域。

6.1.1　自然地理环境

1. 优越的旅游地理位置

本区分别与华北、华东、华南、西北、西南五大旅游区相邻，我国的“黄金水道”黄河、长江由西向东横贯全区，全国南北最长的铁路干线京九和京广铁路等与长江、黄河于此相交，水陆交通便利，旅游区位良好，是联系沿海与内地，沟通东西南北旅游目的地与客源地的重要通道。

鄂、湘、豫三省自古以来交通便捷：湖北武汉有“九省通衢”之称；河南地处中原大地，四通八达；湖南也是连通华南，串联华东、西南的交通要地。

2. 地形结构复杂，自然旅游资源丰富

华中旅游区内山地、盆地、平原交错，构成山水相间、起伏壮观的地貌景观。

湘鄂山地地处我国地势的第二阶梯，山地、峡谷众多，集河湖、山地、峡谷景观于一体，是我国重要的峡谷风光旅游地。著名山地有武当山、雪峰山等。

两湖平原以长江为界，分为江汉平原和洞庭湖平原，由长江及其支流冲积而成，地势低平，河网交织，湖泊众多，土地肥沃，是我国著名的“鱼米之乡”。其中，洞庭湖和武汉东湖为著名的游览胜地。平原以南为海拔 500 m 以下的湘中丘陵，有著名的避暑胜地南岳衡山。

3. 多样的气候景观

本区地处低纬，大部分地区属于亚热带湿润季风气候，冬温夏热，四季分明，降水丰富。大部分地区年均气温 16～20 ℃，1 月平均温度也在 0 ℃以上，除夏季酷热外，一年中适宜旅游的时间较长。

4. 独特的生物资源

本区是我国重要的林区之一，野生动植物资源种类繁多。此外，由于地形复杂，山高林密，生态环境保存良好，许多地方至今仍人迹罕至，保持着原始的神秘状态，是领略大自然奇异风光，体验原始生态环境的良好场所，著名的景区有张家界、神农架等。

5. 丰富的江河湖泊与水文旅游资源

长江、黄河流经本区，河网密布，湖泊众多，水利资源极其丰富。沿长江、黄河流域形成不同类型的水文旅游景观。河湖星罗棋布，主要湖泊有洞庭湖、洪湖、梁子湖等，其中，洞庭湖为全国第二大淡水湖，号称“八百里洞庭”。众多的河湖与峡谷结合，成为各种水上旅游和观光的理想场所。

6.1.2 人文地理环境

长江、黄河流域是中华文明的发源地之一。早在旧石器时代，这里就有人类的足迹。河南省是中华民族、中华优秀传统文化和华夏文明的重要发祥地，是夏、商、周三代文明的核心区，三代文明奠定了中华文明绵延不断发展的基础，在河洛之间凝聚为成熟的文明形态。深厚的文化积淀和悠久的历史，使本区文化古迹和历史名城众多：长沙岳麓书院、衡阳石鼓书院是我国最早、最著名的书院；我国江南三大名楼，本区有两座，即武汉市黄鹤楼、岳阳市岳阳楼。

本区地处我国东西南北交通枢纽，历史上不同时期对交通要道的建设，使这里成为经济文化往来以及兵家必争之地，留下了古栈道，古桥梁，文人墨客的诗文、墨迹，名人遗迹以及古战场等。

重要的地缘位置和交通要道，使本区成为近代以来中国革命活动中心，红色旅游资源丰富。如武汉市武昌起义军政府旧址、浏阳文家市秋收起义旧址、韶山毛泽东故居，以及毛泽东纪念馆、长沙宁乡刘少奇故居和刘少奇纪念馆等。

6.1.3 旅游资源的特点

1. 原始风貌独特

本区自然景观美丽奇特，保存着较多的原生态风貌，是我国重要的自然保护区，有以武陵源、神农架等为代表的世界自然遗产，以金丝猴为保护对象的神农架自然保护区被列入联合国教科文组织“国际人与生物保护圈”保护区网等。这些保持良好的原始生态自然保护区，在我国自然旅游资源开发中具有得天独厚的优势。

2. 历史悠久，人文景观璀璨

本区既是中华文明的发源地之一，又是近代中国革命的重要活动中心。新中国成立后，本区社会经济发展迅速，在不同历史时期均遗留了众多文化内涵深厚、类型复杂的人文景观，成为本区旅游的重要资源。

本区的人文景观包括：古人类文化遗存，如旧石器时代遗址、新石器时代遗址、彩陶文化、甲骨文、青铜文化；以嵩山、衡山等名山为代表的宗教文化；以岳麓书院、岳阳楼为代表形成的诗学、新儒学文化；以韶山、宁乡为代表的红色文化；等等。

任务 6.2 河南省旅游资源

6.2.1 河南省概况

河南历史悠久、文化灿烂，是世界华人宗祖之根、中华文明之源，人杰地灵、名人辈出，是中国姓氏的重要发源地；山川秀美、物产丰饶，是全国农产品主产区和重要的矿产资源大省；区位优越、交通发达，位居天地之中，素有“九州腹地、十省通衢”之称，是承东启西、连南贯北的重要交通枢纽；发展稳健、态势良好，正处于蓄势崛起、攻坚转型的关键阶段，发展活力和后劲不断增强。

河南是中华文明的主要发祥地之一。距今六七十万年前中原地区就有原始人类活动。新石器时代，先后出现裴李岗文化、仰韶文化，至龙山文化时期华夏部族在中原崛起。在河南境内建立的夏朝是中国历史上第一个奴隶制王朝，偃师二里头遗址是夏朝中后期的都城。商朝时期，偃师商城、郑州商城和安阳殷墟都曾为都城。西周营建成周洛邑（今洛阳）作为统治东方的中心，东周迁都洛阳。

河南东接安徽、山东，北靠河北、山西，西连陕西，南临湖北，呈望北向南、承东启西之势。全省总面积 16.7 万 km^2，占全国国土总面积的 1.73%。地势西高东低，北、西、南三面太行山、伏牛山、桐柏山、大别山沿省界呈半环形分布，中东部为黄淮海冲积平原，西南部为南阳盆地。平原和盆地、山地、丘陵分别占总面积的 55.7%、26.6%、17.7%。

河南大部分地处暖温带，南部跨亚热带，属北亚热带向暖温带过渡的大陆性季风气候，同时还具有自东向西由平原向丘陵山地气候过渡的特征，具有四季分明、雨热同期、复杂多样和气象灾害频繁的特点。

河南是中国唯一地跨长江、淮河、黄河、海河四大流域的省份，流域面积分别为 2.72 万 km^2、8.83 万 km^2、3.62 万 km^2、1.53 万 km^2，省内河流大多发源于西部、西北部和东南部山区，流域面积 5 000～10 000 km^2 的河流有 8 条，流域面积 10 000 km^2 以上的河流有 11 条，常年水面面积 1 km^2 以上的湖泊有 6 个。全省耕地面积为 1.13 亿亩。

河南动植物资源丰富，森林覆盖率为 25.47%，省级以上森林公园有 132 个，其中国家级森林公园 33 个；已知陆生脊椎野生动物 656 种，国家重点保护野生动物 136 种。

河南既是历史文化资源大省，也是自然景观荟萃之地，山川河流融南秀北雄于一体，集西峻东阔于一身。全省共有云台山、嵩山、王屋山—黛眉山、伏牛山等世界地质公园 4 个，河南嵩山、郑州黄河等国家地质公园 15 个，永城芒砀山等省级地质公园 17 个，南阳恐龙蛋化石群等国家级自然保护区 13 个，民权黄河故道等国家湿地公园 35 个。云台山景区、尧山大佛景区、嵖岈山景区、淇河生态旅游区、重渡沟自然风景区为国家生态旅游示范区。

全省共有 A 级旅游景区 724 家，其中 5A 级景区 16 家、4A 级景区 233 家。中国优秀旅游城市 27 个。现有旅行社 1 486 家，星级酒店 348 家。黄河自西向东流经河南 700 余 km，郑州至开封段由于泥沙淤积，河床平均高出两岸地面 3～5 m，形成“地上悬河”的独特自然景观，可谓“河从屋顶过，船在空中行”。

6.2.2 河南省重点旅游景区

1. 郑州

郑州简称“郑”，古称商都，是河南省省会、特大城市、中原城市群核心城市，国务院批复确定的中国中部地区重要的中心城市、国家重要的综合交通枢纽。郑州是全国重要的铁路、航空、电力、邮政、电信主枢纽城市，拥有亚洲作业量最大的货车编组站。郑州航空港区是中国唯一一个国家级航空港经济综合实验区，郑州商品交易所是中国首家期货交易所。郑州是郑洛新国家自主创新示范区、中国（河南）自由贸易试验区核心组成部分。2017 年 1 月，国家发展改革委复函支持郑州建设国家中心城市。

郑州是华夏文明的重要发祥地、国家历史文化名城、国家重点支持的六个大遗址片区之一、中国八大古都之一、世界历史都市联盟成员。郑州历史上曾五次为都，拥有不可移动文物近万处，其中世界文化遗产 2 处，全国重点文物保护单位 74 处 80 项。郑州市部分核心景点如下。

1）“天地之中”历史建筑群

“天地之中”历史建筑群位于河南省郑州市登封市嵩山地区，该建筑群中的各建筑建成时间从汉至清，时间跨度达 2 000 多年。2010 年，登封“天地之中”历史建筑群在联合国教科文组织世界遗产委员会第 34 届大会上通过审议，成功列入《世界遗产名录》，成为中国第 39 处世界遗产。登封“天地之中”历史建筑群包括周公测景台和登封观星台、嵩岳寺塔、太室阙和中岳庙、少室阙、启母阙、嵩阳书院、会善寺、少林寺建筑群（包括常住院、塔林和初祖庵）等 8 处 11 项优秀历史建筑，历经汉、魏、唐、宋、元、明、清，绵延不绝，构成了一部中国中原地区上下 2 000 年形象直观的建筑史，是中国时间跨度最长、建筑种类最多、文化内涵最丰富的古代建筑群之一，是中国先民独特宇宙观和审美观的真实体现。

少林寺，位于河南省郑州市登封市嵩山五乳峰下，因坐落于嵩山腹地少室山茂密丛林之中，故名“少林寺”。其是中国佛教禅宗祖庭和中国功夫的发源地之一，是全国重点文物保护单位、国家 5A 级旅游景区。

少林寺始建于北魏太和十九年（495），是孝文帝为了安置他所敬仰的印度高僧跋陀尊者，在与都城洛阳相望的嵩山少室山北麓敕建而成。少林寺常住院占地面积约 57 600 m^2。少林寺是世界著名的佛教寺院，是汉传佛教的禅宗祖庭，在中国佛教史上占有重要地位，被誉为“天下第一名刹”，因历代少林武僧潜心研创和不断发展的少林功夫而名扬天下，素有“天下功夫出少林，少林功夫甲天下”之说。少林寺如图 6-1 所示。

图 6-1 少林寺

2）黄河风景名胜区

黄河风景名胜区位于河南省郑州市西北 20 km 处黄河之滨，南依巍巍岳山，北临滔滔黄河，是国家级风景名胜区、国家 4A 级旅游景区、国家水利风景区。

黄河风景名胜区（黄河国家地质公园）以壮美的大河风光，源远流长的黄河文化著称，这里是黄河地上“悬河”的起点，黄土高原终点，黄河上游与中下游的分界线，这一系列独特的地理特征形成了博大、宏伟、壮丽、优美的自然景观。

黄河风景名胜区历经四十余年的开发建设，已形成了融观光旅游、休闲度假、科普教育、寻根祭祖、弘扬华夏文明于一体的大型风景名胜区，成为国内不可多得的旅游胜地。

黄河风景名胜区已建成对外开放的五龙峰、岳山寺、大禹山、炎黄二帝、星海湖五大景区，分布着“炎黄二帝巨塑”、“哺育像”、“大禹”、黄河碑林、万里黄河第一桥、毛主席视察黄河处、浮天阁、极目阁、孔雀园等四十余处景点。黄河风景名胜区如图 6-2 所示。

图 6-2 黄河风景名胜区

3）河南博物院

河南博物院位于河南省郑州市金水区农业路 8 号。截至 2022 年 1 月，河南博物院有馆藏文物 17 万余件（套），尤以史前文物、商周青铜器、历代陶瓷器、玉器及石刻最具特色，其精品文物数量多、种类全、品位高、价值大，是见证中华文明发展轨迹，展示中国历史发展脉络的文化艺术宝库，其中国家一级文物与国家二级文物 5 000 多件，历史文化艺术价值极高，一部分藏品被誉为国之重器。2008 年 5 月，河南博物院被国家文物局公布为第一批国家一级博物馆。

2. 洛阳

洛阳，简称“洛”，别称洛邑、洛京，是中原城市群副中心城市。洛阳位于河南省西部，横跨黄河中下游南北两岸，东邻郑州市，西接三门峡市，北跨黄河与焦作市接壤，南与平顶山市、南阳市相连。洛阳有 5 000 多年文明史、4 000 多年城市史、1 500 多年建都史。洛阳是华夏文明的发祥地之一、丝绸之路的东方起点，隋唐大运河的中心，历史上先后有十三个王朝在洛阳建都。洛阳市有二里头遗址、偃师商城遗址、东周王城遗址、汉魏洛阳城遗址、隋唐洛阳城遗址等五大都城遗址。截至 2019 年 3 月，洛阳市共有龙门石窟、汉函谷关、含嘉仓等 3 项 6 处世界文化遗产。洛阳市举办有中国洛阳牡丹文化节、河洛文化旅游节等节日活动。洛阳市获评中国优秀旅游城市、全国园林城市、国家卫生城市、全国文明城市等荣誉。洛阳市部分核心景点及节庆活动如下。

1）龙门石窟

龙门石窟位于河南省洛阳市，是世界上造像最多、规模最大的石刻艺术宝库，被联合国教科文组织评为“中国石刻艺术的最高峰”，位居中国各大石窟之首，现为世界文化遗产、全国重点文物保护单位、国家 5A 级旅游景区。

龙门石窟始凿于北魏孝文帝年间，盛于唐，终于清末。历经 10 多个朝代陆续营造长达 1 400 余年，是世界上营造时间最长的石窟。龙门石窟在建造时采用了大量彩绘，今多已褪色。龙门石窟最初与莫高窟、云冈石窟并称中国三大石窟，后加入麦积山石窟并称中国四大石窟。

龙门石窟中保留着大量的宗教、美术、建筑、书法、音乐、服饰、医药等方面的实物资料，从不同侧面反映了中国古代政治、经济、宗教、文化等许多领域的发展变化，对中国石窟艺术的创新与发展做出了重大贡献。

龙门石窟规模宏大，气势磅礴，窟内造像雕刻精湛，内容题材丰富，被誉为世界最伟大的古典艺术宝库。它以自身系统、独到的雕塑艺术语言，揭示了雕塑艺术创作的各种规律和法则。龙门石窟的造像艺术一开始就融入了对本民族审美意识和形式的悟性与强烈追求，使石窟艺术呈现了中国化、世俗化的趋势，堪称中国石窟艺术变革的“里程碑”。龙门石窟如图 6-3 所示。

2）白马寺

白马寺，中国第一古刹，世界著名伽蓝。白马寺距今已有 1 900 多年的历史，位于今河南省洛阳市老城以东 12 km，洛龙区白马寺镇内。白马寺始建于东汉永平十一年（公元 68 年），现存的遗址古迹为元、明、清时所留。寺内保存了大量元代造像如三世佛、二天将、十八罗汉等，弥足珍贵。白马寺是佛教传入中国后兴建的第一座官办寺院，乃中国、越南、朝鲜、日本及欧美国家的“释源”（释教发源地）和“祖庭”（祖师之庭），成为世界各地佛教信徒参拜的圣地。白马寺如图 6-4 所示。

图 6-3　龙门石窟

图 6-4　白马寺

3）中国洛阳牡丹文化节

中国洛阳牡丹文化节前身为洛阳牡丹花会，始于隋代，距今已有 1 600 多年历史。1983 年，洛阳市政府牵头筹办了官方性质的赏花节会“牡丹花会”。2010 年 11 月，经国务院、国家文化部正式批准升格为国家级节会，更名为“中国洛阳牡丹文化节”。

目前，中国洛阳牡丹文化节由国家文化和旅游部和河南省人民政府主办，举办时间为每年 4 月 5 日前后至 5 月 5 日前后。中国洛阳牡丹文化节是一个融赏花观灯、旅游观光、经贸合作与交流为一体的大型综合性经济文化活动。它已经成为洛阳发展经济的平台和展示城市形象的名片，洛阳走向世界的桥梁和世界了解洛阳的窗口。

3. 河南省内其他重点景区

1）殷墟

殷墟是中国商朝后期都城遗址，位于河南省安阳市，现为国家 5A 级旅游景区。20 世纪初，殷墟因发掘甲骨文而闻名于世，先后出土有字甲骨约 15 万片。甲骨文中记载的资料将中国有文字记载的可信历史提前到了商朝，也产生了一门新的学科——甲骨学。景区由殷墟王陵遗址、殷墟宫殿宗庙遗址、洹北商城遗址、甲骨窖穴等构成。1961 年 3 月，殷墟被列入首批全国重点文物保护单位，2006 年 7 月 13 日被列入《世界遗产名录》。

2）康百万庄园

康百万庄园又名河洛康家，位于河南省巩义市康店镇，始建于明末清初，是全国重点文物保护单位，国家 4A 级旅游景区，是十七八世纪华北封建堡垒式建筑的代表。

康百万是明清以来对“中原活财神”康应魁家族的统称，康氏家族前后十二代人在这个庄园生活，跨越了明、清和民国三个时期，共计 400 余年，庄园也从最初的山腰建至山顶。康百万庄园背依邙山，面临洛水，因而有“金龟探水”的美称，是全国三大庄园（康百万庄园、刘氏庄园、牟氏庄园）之一。康百万庄园被誉为豫商精神家园，中原古建典范。康百万庄园如图 6-5 所示。

图 6-5　康百万庄园

3）函谷关

函谷关，位于河南省三门峡市灵宝市函谷关镇王垛村，该关西据高原，东临绝涧，南接秦岭，北塞黄河，因其地处“两京古道”，紧靠黄河岸边，关在谷中，深险如函，故称函谷关。

函谷关是中国历史上建置最早的雄关要塞。函谷关曾是古战场，与“一夫当关，万夫莫开”的剑门关同为我国古代的重要关口。我国古代思想家、哲学家老子曾于此著述五千言《道德经》。千百年来，众多海内外道家、道教人士都曾到这里朝圣。

函谷关景区主要景点有太初宫、鸡鸣台、关楼、函关古道等 20 余处。

4）曹操墓

曹操墓即安阳高陵，位于河南省安阳市安丰乡西高穴村。据《三国志》等史料记载，220 年曹操卒于洛阳，灵柩葬在邺城的西门豹祠以西丘陵中。2009 年 12 月 27 日，经中国考古学界一致确认，国家文物局最终认定，经考古发掘位于河南省安阳市安丰乡西高穴村南的高陵墓主为曹操。2010 年 6 月 11 日，安阳曹操高陵入选“2009 年度全国十大考古新发现”之首。2013 年 5 月，曹操高陵成为第七批全国重点文物保护单位。2020 年 8 月，曹操高陵本体保护与展示工程，进入文物布展阶段，并开始打造三国文化遗址公园，成为研究三国文化及汉魏历史的重要平台。安阳曹操高陵遗址博物馆将于近期正式建成开放。

5）红旗渠 • 太行大峡谷旅游区

红旗渠 • 太行大峡谷旅游区位于晋冀豫三省交界的河南省林州市，距首都北京 477 km，距省会郑州 160 km，距安阳 50 km，是国家重点风景名胜区、国家 5A 级旅游景区、全国中小学爱国主义教育基地、全国爱国主义教育示范基地、国家水利风景区、国家重点文物保护单位、国家地质公园、中国红色旅游景区、全国农业旅游示范点。

红旗渠 • 太行大峡谷旅游区包括红旗渠和太行大峡谷两大主景区。红旗渠被称为人工天河、世界第八大奇迹、中国水长城，景区包括红旗渠青年洞、红旗渠分水苑、红旗渠纪念馆、络丝潭等景点。太行大峡谷是我国最美的十大峡谷之一，被誉为北雄风光最胜处、八百里太行之魂。

6）云梦山

云梦山属太行山脉，在河南省鹤壁市淇县西部，又名青岩山，是战国时期鬼谷子隐居地，苏秦、张仪、孙膑、庞涓、毛遂、李牧等求学圣地，中华第一古军校。云梦山是国家 4A 级旅游景区，国家级森林公园，全国重点文物保护单位，中国最佳旅游景区。云梦山自古以来就是游览胜地，历代文人墨客留下不少诗章、摩崖题记和碑刻。云梦山山顶还有空中草原——云梦大草原，一派塞外风光。

7）八里沟景区

八里沟景区位于河南省新乡市辉县境内，地处太行山南麓、豫晋两省接壤处。景区涵盖帐书文化、道教文化、红色文化、山水文化，拥有多处自然和人文景观。2019 年 12 月 31 日，河南省新乡市八里沟景区被文化和旅游部认定为 5A 级旅游景区。

8）禹州钧官窑址博物馆

禹州钧官窑址博物馆为国家 4A 级旅游景区，是全国唯一的展示钧瓷文化和钧瓷发展历史的钧瓷专题博物馆。它坐落在国家级重点文物保护单位宋钧官窑遗址保护区内，是以北宋钧官窑遗址为核心创建的遗址类钧瓷专题博物馆，由主体展馆、宋钧官窑遗址展示馆和钧瓷工程技术研发中心三个部分组成。主展馆分为六厅：一厅为大禹之州，二厅为浴火千年，三厅为御用官钧，四厅为成器之道，五厅为万彩永辉，六厅为临时机动展厅。展馆用实物、图片，以及声、光、电等新颖的展示手法，把禹州的悠久历史和钧瓷的灿烂文化展示给广大游客。

北宋钧官窑，始建于我国宋徽宗时期，原是专为皇家烧造宫廷用瓷的官办窑场，是钧瓷艺术鼎盛时期的瑰丽宝库，迄今已有九百多年的历史。北宋钧官窑遗址于 1964 年被发现，于 1974 年被发掘保护，1988 年被国务院公布为国家重点文物保护单位。目前，北宋钧官窑遗址已发掘清理出两座完整的窑炉（编号分别为一号和七号），一号窑为长方形窑室双乳状火膛窑炉，造型独特，极为少见，七号窑则是北方常见的馒头窑。

目前，禹州钧官窑址博物馆已经成为集科研、博物、旅游、教育于一体的对外窗口。

9）小商桥

小商桥，位于河南省漯河市临颍县与郾城区交界的小商河（颍河故道）上。小商河因古时商王经此而得名，桥因河而取名，河因桥而出名。小商桥始建于隋开皇四年（584），已有 1 400 多年的历史。

小商桥是一座单拱敞肩的古拱桥。现存桥主体结构属北宋建筑风格，使用并列砌筑法，主拱与两侧小拱横券均用 20 道拱石并列砌筑而成，拱券纵向使用腰铁加固，桥基、栏板、栏杆等部位保留了历代精美石刻。小商桥造型优美，结构合理，做工精细，雕刻华丽，建造历史久远，具有较高的历史、科学和艺术价值，是研究中国古代桥梁发展史的重要实物资料。2001 年 6 月，小商桥被国务院公布为第五批全国重点文物保护单位。2014 年，小商桥旅游景区获评国家 4A 级旅游景区。

10）嵖岈山风景区

嵖岈山，又名玲珑山、西游仙山。嵖岈山风景区，位于河南省驻马店市遂平县，南距驻马店市区 40 km。嵖岈山系伏牛山东缘余脉，南山、北山、花果山、六峰山相连，秀蜜湖、琵琶湖、百花湖、天磨湖分布其中，有峰、洞、棚、石等各类景点 300 多处。

2004 年，嵖岈山被列为国家地质公园；2015 年，嵖岈山被评为国家 5A 级旅游景区。

11）鄂豫皖苏区首府革命博物馆

鄂豫皖苏区首府革命博物馆，位于河南省信阳市新县首府路文博新村。博物馆于 1984 年开始建设，每年接待游客达 60 余万人次。鄂豫皖苏区首府革命博物馆藏品总数超千件，主要为革命文物，主要种类有军事用品，如“列宁号”飞机；文献资料，如苏区党政机关的报告、法令，其中壁书《中国苏维埃第一次全国代表大会土地法令草案》为一级革命文物；革命烈士遗物；历史照片；其他文物，如各级苏维埃印章、钱币、收税凭单等。2004 年，鄂豫皖苏区首府革命博物馆被中央办公厅、国务院办公厅公布为全国百个红色旅游经典景区；2017 年 1 月，鄂豫皖苏区首府革命博物馆被国家文物局评定为国家一级博物馆。

6.2.3　河南省旅游线路

1. 黄金旅游线路

（1）郑州—巩义—洛阳—三门峡；

（2）开封—商丘—周口；

（3）郑州—焦作—济源—孟津—洛阳；

（4）郑州—新乡—安阳—林州；

（5）郑州—登封—平顶山—南阳。

2. 主要旅游线路

（1）古都之旅：龙门石窟—关林—白园—白马寺；

（2）佛教名寺之旅：白马寺—少林寺—大相国寺；

（3）大黄河之旅：开封—郑州—洛阳—三门峡。

3. 特色之旅

1）寻根谒祖之旅

寻根谒祖是每个华人的愿望，河南不仅是华夏文化的主要发祥地，也是华人祖根和姓氏的发源地，因此，河南成为寻根谒祖的胜地。

精品旅游线路：新郑黄帝故里—郑州黄河风景名胜区—淮阳太昊陵—卫辉比干庙。

2）武术文化之旅

河南是武术的故乡，功夫健身游是河南独有的旅游产品。少林武术刚劲有力，陈式太极拳以柔克刚，武术表演精彩绝伦。

精品旅游线路：郑州嵩山少林寺—焦作温县陈家沟。

任务 6.3　湖北省旅游资源

6.3.1　湖北省概况

湖北省位于中华人民共和国的中部，简称鄂，东邻安徽，南界江西、湖南，西连重庆，西北与陕西接壤，北与河南毗邻。全省地势大致为东、西、北三面环山，中间低平，略呈向南敞开的不完整盆地。在全省总面积中，山地占 56%，丘陵占 24%，平原湖区占 20%。

全省山地大致分为四大块。西北山地为秦岭东延部分和大巴山的东段。西南山地为云贵高原的东北延伸部分，主要有大娄山和武陵山。东北山地为绵亘于豫、鄂、皖边境的桐柏—大别山脉。东南山地为蜿蜒于湘、鄂、赣边境的幕阜山脉。

省内主要平原为江汉平原和鄂东沿江平原。江汉平原由长江及其支流汉江冲积而成，是比较典型的河积湖积平原，面积 4 万余 km^2，整个地势由西北微向东南倾斜，地面平坦，湖泊密布，河网交织。鄂东沿江平原也是江湖冲积平原，主要分布在嘉鱼至黄梅沿长江一带，为长江中游平原的组成部分。湖北省境内除长江、汉江干流外，省内各级河流河长 5 km 以上的有 4 230 条，河流总长 6.1 万 km，其中流域面积 50 km^2 以上河流 1 232 条，长约 4 万 km。长江自西向东，流贯省内 26 个县市，流程 1 041 km。湖北素有“千湖之省”之称。境内湖泊主要分布在江汉平原上。现有湖泊 755 个，湖泊水面面积合计 2 706.851 km^2。

湖北省地处亚热带，位于典型的季风区内。全省除高山地区外，大部分为亚热带季风性湿润气候，光能充足，热量丰富，无霜期长，降水充沛，雨热同季。全省年平均气温为 15～17 ℃，大部分地区冬冷、夏热，春季气温多变，秋季气温下降迅速。一年之中，1 月最冷，大部分地区平均气温为 2～4 ℃；7 月最热，除高山地区外，平均气温为 27～29 ℃，极端最高气温可达 40 ℃以上。全省无霜期在 230～300 天之间，各地平均降水量在 800～1 600 mm 之间。降水地域分布呈由南向北递减趋势。

全省天然分布的国家重点保护野生植物 51 种（其中国家Ⅰ级保护的 8 种，Ⅱ级保护的 43 种），列入《中国珍稀濒危保护植物名录》（第一册）的天然分布珍稀濒危植物 63 种，占全国总种数的 16.24%。湖北省有国家和湖北省重点保护的野生动物 258 种（国家重点保护的 112 种，其中国家Ⅰ级保护的 23 种，Ⅱ级保护的 89 种；省重点保护的 146 种），如金丝猴、麋鹿、白鹤、白头鹤、中华鲟等都是闻名世界的珍稀保护动物。

截至 2022 年年底，全省有 13 个地级行政区，即武汉市、黄石市、襄阳市、荆州市、宜昌市、十堰市、孝感市、荆门市、鄂州市、黄冈市、咸宁市、随州市和恩施土家族苗族自治州；103 个县级行政区，即 39 个市辖区、26 个县级市、35 个县、2 个自治县、1 个林区。其中，仙桃市、潜江市、天门市和神农架林区由省直管。

全年全省普通高等教育本专科招生 58.27 万人，在校生 183.99 万人，毕业生 50.49 万人；研究生招生 7.46 万人，在校研究生 23.17 万人，毕业生 5.89 万人；各类中等职业教育招生 18.75 万人，在校生 55.38 万人，毕业生 17.23 万人。

湖北省 2023 年旅游业成绩斐然，共接待游客超过 7 亿人次，实现旅游综合收入超过 7 000 亿元，均超越 2019 年水平。

6.3.2 湖北省重点旅游景区

1. 武汉

武汉，简称“汉”，别称江城，是湖北省省会，中部六省唯一的副省级市，特大城市，中国中部地区的中心城市，全国重要的工业基地、科教基地和综合交通枢纽。

武汉地处江汉平原东部、长江中游，长江及其最大支流汉江在城中交汇，形成武汉三镇（武昌、汉口、汉阳）隔江鼎立的格局，市内江河纵横、湖港交织，水域面积占全市总面积的 1/4。作为中国经济地理中心，武汉有“九省通衢”之称，是中国内陆最大的水陆空交通枢纽和长江中游航运中心。

武汉是长江经济带核心城市、中部崛起战略支点、全面创新改革试验区，是全国三大智力密集区之一，中国光谷致力打造有全球影响力的创新创业中心。根据国家要求，武汉正加快建成以全国经济中心、国家科技创新中心、区域金融中心、国家商贸物流中心和国际交往中心四大功能为支撑的国家中心城市。

武汉是国家历史文化名城，楚文化的重要发祥地，境内盘龙城遗址有 3 500 年历史。春秋战国以来，武汉一直是中国南方的军事和商业重镇，明清时期成为“楚中第一繁盛处”、天下四聚之一。清末汉口开埠和洋务运动开启武汉现代化进程，使其成为近代中国重要的经济中心。武汉是辛亥革命首义之地，近代史上数度成为全国政治、军事、文化中心。

1）黄鹤楼

黄鹤楼，位于湖北省武汉市武昌区，地处蛇山之巅，濒临万里长江，为武汉市地标建筑；始建于三国吴黄武二年（223），历代屡加重修，现主楼以清代“同治楼”为原型设计，于 1985 年落成。黄鹤楼因唐代诗人崔颢登楼所题《黄鹤楼》一诗而名扬四海。自古有“天下绝景”之美誉，与晴川阁、古琴台并称为“武汉三大名胜”，与湖南岳阳岳阳楼、江西南昌滕王阁并称为“江南三大名楼”，是“武汉十大景”之首、中国古代四大名楼之一、“中国十大历史文化名楼”之一，世称“天下江山第一楼”。黄鹤楼主楼为四边套八边形体、钢筋混凝土框架仿木结构，通高 51.4 m，底层边宽 30 m，顶层边宽 18 m，飞檐五层，攒尖楼顶，顶覆金色琉璃瓦，由 72 根圆柱支撑，楼上有 60 个翘角向外伸展；楼外有铸铜黄鹤造型、胜像宝塔、牌坊、轩廊、亭阁等建筑环绕，整楼形如黄鹤，展翅欲飞，檐下四面悬挂匾额，正面悬书法家舒同题“黄鹤楼”三字金匾。

2）东湖风景区

武汉东湖生态旅游风景区，简称东湖风景区，位于湖北省武汉市中心城区东部，是国家 5A 级旅游景区、全国文明风景旅游区示范点、首批国家重点风景名胜区。

东湖风景区由听涛、磨山、落雁、吹笛、白马和珞洪 6 个片区组成，曾经屈原泽畔行吟，刘备磨山郊天，李白湖边放鹰；毛泽东主席 48 次视察，64 个国家的贵宾留下足迹。历史的一次次留痕，日积月累出东湖的“名湖气质”。毛泽东主席一生钟爱东湖，将其称为“白云黄鹤的地方”。武汉大学、华中科技大学、中国地质大学（武汉）等全国重点大学坐落在东湖湖畔，成为一道绝佳的风景线。

2016 年 12 月 28 日，东湖风景区开通运营世界级绿道——东湖绿道，总长 101.98 km，为国内最长的城市核心区环湖绿道。2020 年 8 月 18 日，武汉东湖风景区“东湖之眼”摩天轮正式对外开放。东湖如图 6-6 所示。

3）首义文化区

首义文化区由辛亥革命武昌起义纪念馆、辛亥革命博物馆组成。

（1）辛亥革命武昌起义纪念馆是依托武昌起义军政府旧址建立的历史类博物馆。其位于武汉市武昌区阅马场，西邻黄鹤楼，北倚蛇山，南面首义广场。因旧址主体建筑红墙红瓦，武汉人称之为红楼。

红楼原为清宣统二年（1910）建成的湖北谘议局。1911 年（农历辛亥年）10 月 10 日，在孙中山民主革命思想的旗帜下集结起来的湖北革命党人，蓄势既久，为天下先，勇敢地打响了辛亥革命的“第一枪”，并一举光复武昌。次日在此组建中华民国军政府鄂军政府，推举湖北新军协统黎元洪为都督，宣告废除清朝宣统年号，建立中华民国。随即，辛亥革命领袖之一黄兴赶赴武昌，出任革命军战时总司令，领导了英勇悲壮的阳夏保卫战。武昌义声赢得全国响应，260 余年的清朝统治顿时瓦解，在中国延续了 2 000 多年的封建帝制随之终结。武汉因此被誉为“首义之区”，红楼则被尊崇为“民国之门”。辛亥革命武昌起义纪念馆如图 6-7 所示。

图 6-6　东湖

图 6-7　辛亥革命武昌起义纪念馆

红楼于 1961 年以“武昌起义军政府旧址”的名义经国务院公布为首批全国重点文物保护单位。1979 年，孙中山先生的战友和夫人宋庆龄女士为这里题写了“辛亥革命武昌起义纪念馆”和“武昌起义军政府旧址”两方匾名。1981 年 10 月，辛亥革命 70 周年之际，依托旧址建立的辛亥革命武昌起义纪念馆正式对外开放。2014 年 10 月，在各级政府的大力支持下，原湖北谘议局议员公所得以复原，旧址原貌得以全部恢复并对外开放。

经过 40 多年的建设和发展，辛亥革命武昌起义纪念馆已成为辛亥革命的纪念中心及其史迹、文物、资料的保护收藏中心、陈列展览中心和科学研究中心，先后被命名为“全国青少年教育基地”、“全国百个爱国主义教育示范基地”、国家 4A 级旅游景区、全国红色经典旅游景区和全国中小学研学实践教育基地。2017 年，辛亥革命武昌起义纪念馆被评为国家一级博物馆。

（2）辛亥革命博物馆，是武汉市为纪念辛亥革命·武昌首义 100 周年而兴建的一座专题博物馆，位于湖北省武汉市武昌区彭刘杨路 258 号，北临彭刘杨路，南抵张之洞路，东邻楚善街，西靠体育街，总建筑面积 22 142 m²，是首义文化区的核心建筑，与红楼、孙中山铜像、拜将台铜像、烈士祠牌坊等同处一条轴线。辛亥革命博物馆于 2009 年 8 月动工兴建，2011 年 9 月落成，2011 年 10 月 15 日起免费对公众开放。

截至 2020 年 4 月辛亥革命博物馆共展示辛亥革命历史文物 428 件（套）、历史照片 694 张，以及重大历史事件复原场景 27 处、艺术品 12 处、多媒体展示 20 处。

4）汉口近代建筑群

汉口近代建筑群位于湖北省武汉市汉口滨江地带。2001 年 6 月，江汉关大楼（见图 6–8）被国务院公布为第五批全国重点文物保护单位；2016 年 9 月，入选“首批中国 20 世纪建筑遗产”名录。德国驻汉口领事馆旧址、汇丰银行大楼、横滨正金银行大楼和汉口水塔于 2006 年被国务院公布为第六批全国重点文物保护单位。

2019 年 10 月，汉口新泰大楼旧址、汉口华俄道胜银行旧址、汉口英商电灯公司旧址、汉口花旗银行大楼旧址、汉口景明大楼旧址并入全国重点文物保护单位汉口近代建筑群。

汉口近代建筑群是用近代建筑材料建造的西洋式或中西结合式及各种变异式的建筑群，有着鲜明的时代特点。

5）黄陂木兰文化生态旅游区

黄陂木兰文化生态旅游区为国家 5A 级旅游景区，坐落于湖北省武汉市黄陂区，由木兰山、木兰天池、木兰草原、木兰云雾山四大景区组成，占地面积 18.6 km^2。

黄陂木兰文化生态旅游区为华中地区最大的城市生态旅游景区群，被誉为中部最美的生态文化休闲区，被联合国列为《中国 21 世纪议程》优先项目，为华中地区“高铁游”线路重要的旅游目的地。其先后获评“全国旅游标准化示范区”“中国最美生态文化旅游名区”“全国旅游系统先进集体”。

6）武汉红色景区

武汉在近代中国历史上，具有举足轻重的地位，红色旅游资源丰富，部分红色景区如下：八七会议会址、武汉农民运动讲习所旧址、汉口中华全国总工会旧址、詹天佑故居、楚望台军械库遗址、工程营旧址、京汉铁路总工会旧址、孙中山铜像、孙中山纪念碑、黄兴铜像、黄兴拜将台遗址、辛亥首义烈士墓、贺胜桥北伐阵亡将士陵园、二七烈士纪念碑、中国共产党第五次全国代表大会会址纪念馆、施洋烈士墓、八路军武汉办事处旧址、向警予烈士墓、李汉俊烈士墓、汉口新四军军部旧址、苏联空军志愿队烈士墓、武汉长江大桥、武汉大学周恩来旧居（见图 6–9）、宋庆龄故居等。

图 6–8 江汉关大楼

图 6–9 武汉大学周恩来旧居

2. 省内其他重点景区

1）荆州古城历史文化旅游区

荆州古城，古称江陵城，位于荆州市荆州区张居正街 2 号，是国家 4A 级旅游景区，景区主体荆州城墙为全国重点文物保护单位。荆州是国务院公布的首批二十四座历史文化名城之一，是中国优秀旅游城市、楚文化发祥地和三国文化故里。荆州古城历史文化旅游区由宾阳楼、张居正故居、荆州城墙、荆州关帝庙、关公义园、荆州博物馆等建筑群组成。

荆州古城城内东西直径 3.75 km，南北直径 1.2 km，总面积 4.5 km^2，城墙周长 10.5 km，高 8.83 m，共有六座城门，每座城门上均建有城楼。荆州古城分为三层，外层是水城，中间是砖城，里层是土城。

（1）荆州古城现存的古城墙大部分为明末清初建筑。

（2）张居正故居原名“张大学士府”，是张居正为珍藏万历皇帝褒奖他的手书而兴建，明末改为“张文忠公祠”，清初称“张相旧府”，后几经兴废，抗战时荆州沦陷后受到严重破坏。20 世纪 80 年代，当地有关部门开始修复张居正故居。

图 6-10　荆州古城

（3）荆州博物馆始建于 1958 年，现已发展成为融陈列展览、宣传教育、文物收藏保护、古城古建保护、考古发掘研究、考古遗址公园建设管理等多种功能于一体的地方性综合类博物馆，是首批国家一级博物馆。荆州博物馆是古城荆州亮丽的城市名片，在全国文物博物界有较高的综合实力，在国际上也有着较高的知名度和影响力。

荆州古城如图 6-10 所示。

2）三峡大坝旅游区

三峡大坝旅游区，位于湖北省宜昌市境内，于 1997 年正式对外开放，2007 年被国家旅游局评为首批国家 5A 级旅游景区，现拥有坛子岭园区、185 园区及截流纪念园等园区。

三峡大坝旅游区以世界上最大的水利枢纽工程——三峡工程为依托，全方位展示工程文化和水利文化，为游客提供游览、科教、休闲、娱乐为一体的多功能服务，将现代工程、自然风光和人文景观有机结合，使之成为国内外友人向往的旅游胜地。

登上坛子岭观景点，游客能鸟瞰三峡工程全貌，体会毛主席诗句“截断巫山云雨，高峡出平湖”的豪迈情怀。站在 185 平台上向下俯瞰，可感受中华民族的伟大与自豪。走进近坝观景点，游客能零距离感受雄伟壮丽的大坝；登上坝顶能直面雷霆万钧的泄洪景观。来到截流纪念园，游客可欣赏人与自然的完美结合，置身于“山水相连，天人合一”的人间美景中。三峡大坝如图 6-11 所示。

3）三峡人家风景区

三峡人家风景区位于长江三峡中最为奇幻壮丽的西陵峡，为国家 5A 级旅游景区。三峡人家依山傍水，风情如画：传统的三峡吊脚楼点缀于山水之间，久违的古帆船、乌篷船安静地泊在三峡人家门前，溪边少女挥着棒槌在清洗衣服，江面上悠然的渔家在撒网打鱼……千百年来流传不衰的各种习俗风情体现着峡江人民的质朴好客。壮伟的长江哺育了三峡文化，巴楚文化在这里交融、繁衍、发展。当博大与神秘结缘，辉煌与厚重联姻，三峡人家就注定是三峡旅游的传奇。三峡人家如图 6-12 所示。

4）襄阳古城

襄阳古城位于湖北省襄阳市，地处汉水中游南岸，襄阳古城约始筑于西汉高帝六年，三面环水，一面靠山，易守难攻。雄踞汉水中游，历史久远。

图 6–11 三峡大坝

图 6–12 三峡人家

襄阳古城自东汉刘表莅襄作荆州牧治始，历为州、郡、府、县治。旧城作为军事堡垒一直使用到唐代。宋时由土城改为砖城。襄阳古城被历代兵家看重，是中国历史上最著名的古城建筑防御体系之一，也是中国最完整的一座古代城池防御建筑。

襄阳古城总长为 7 322 m，城垣上设置垛堞 4 000 多个，古城护城河最宽处约 250 m，平均宽度 180 m，为亚洲最宽的护城河。襄阳古城为全国保存最完整的十大古城之一，自古就有“铁打的襄阳”“华夏第一城池”之说。襄阳古城与昭明台、仲宣楼、鼓楼、襄阳护城河等历史名胜融为一体，交相辉映，为中华腹地山水名城。襄阳古城如图 6–13 所示。

图 6–13 襄阳古城

5）隆中风景名胜区

隆中风景名胜区位于中国历史文化名城湖北省襄阳市，从晋永兴年间至今，已有一千七百多年历史，其包括古隆中、水镜庄、承恩寺、七里山、鹤子川五大景区。因诸葛亮“躬耕陇亩”、刘备“三顾茅庐”引发《隆中对策》被世人称为智者摇篮，三分天下的策源地。

隆中风景名胜区是三国时期杰出的政治家、军事家和思想家诸葛亮青年时代隐居的地方，是诸葛亮抱膝高吟、躬耕陇亩的隐居地。

1994 年，隆中风景名胜区被评为国家重点风景名胜区，1996 年被列为全国重点文物保护单位。

2020 年 1 月，隆中风景名胜区被评为国家 5A 级旅游景区。

6）武当山

武当山，是中国道教圣地，又名太和山、谢罗山、参上山、仙室山，古有“太岳”“玄岳”“大岳”之称，位于湖北省西北部丹江口市。武当山东接襄阳市，西靠十堰市，南望神农架，北临南水北调中线源头丹江口水库。

明代，武当山被皇帝封为“大岳”“治世玄岳”，被尊为“皇室家庙”。武当山以“四大名山皆拱揖，五方仙岳共朝宗”的“五岳之冠”地位闻名于世。武当山是道教名山和武当武术的发源地，被称为“亘古无双胜境，天下第一仙山”。武当武术，是中华武术的重要流派。元末明初，道士张三丰开创武当派。

1994 年 12 月，武当山古建筑群入选《世界遗产名录》。2006 年，武当山古建筑群被列为“全国重点文物保护单位”。武当山如图 6–14 所示。

图 6-14 武当山

7）麻糖米酒博物馆

麻糖米酒博物馆是一家专题类博物馆，位于湖北省孝感市，占地面积 3 000 m^2，由孝文化展厅、麻糖展厅、米酒展厅三部分组成。

8）赤壁古战场

位于长江边的三国赤壁古战场景区是中国古代“以少胜多，以弱胜强”的七大战役中唯一尚存原貌的古战场遗址，随着电影《赤壁》热播而蜚声中外。

赤壁矶头临江悬崖上，刻有“赤壁”二字，相传为周瑜所书，故也有人称此地为“周郎赤壁”，是赤壁现存最早的文化遗迹。周郎石像，傲对长江，壮志满怀指点江山如画；拜风台上，诸葛武侯羽扇轻摇，巧借东风，借出千年来震古烁今的一战，借出一个三国鼎立的新格局；凤雏庵下，千年紫藤、参天银杏依旧苍翠，当年凤雏先生在此隐居巧连环献计；一龙一凤，齐聚赤壁，让这一方土地借卧龙凤雏双英之势一飞冲天，在历史长河中画下浓墨重彩的一笔。

6.3.3 湖北省旅游线路

1. 黄金旅游线路

（1）武汉—荆州—宜昌—三峡；

（2）武汉—钟祥—襄樊—十堰；

（3）宜昌—秭归—神农架；

（4）宜昌—恩施—利川；

（5）武汉—赤壁—黄石。

2. 主要旅游线路

（1）奇异之旅：武汉—十堰—神农架—武当山；

（2）三峡之旅：武汉—宜昌—秭归；

（3）恩施之旅：恩施。

3. 特色之旅

1）“一江两山”（即长江三峡、武当山、神农架）之旅

主要景区景点：荆州古城墙、荆州博物馆、两坝一峡、神农架、武当山、丹江口水库、古隆中、神农故里、大洪山、孝感双峰山等。

2）新三峡之旅

三峡湖北境内四大主要景区：三峡工程、葛洲坝、西陵峡——“两坝一峡”风景区；古巴人遗址风景区；神女溪风景区；屈原祠、昭君故里、神农架风景区。

3）三国文化之旅

三峡主要景区景点：黄鹤楼、襄樊古隆中、赤壁古战场、荆州古城、鄂城西山、长坂坡、诸葛亮广场、襄阳古城、水镜庄等。

4）武汉都市之旅

主要景区景点：

（1）名胜古迹系列，黄鹤楼、古琴台、归元寺、长春观；

（2）楚文化系列，东湖楚城、楚天台、湖北省博物馆；

（3）红色文化系列，红楼、中山舰、起义门；

（4）山水系列，东湖风景区、木兰湖生态旅游区；

（5）三国系列，龟山三国城、赤壁大战全景画馆；

（6）休闲系列，武汉森林野生动物园、新世界水族公园、东湖鸟语林、汉江蹦极、龟山攀岩；

（7）生态游系列，武汉农业生态园、武汉植物园、马鞍山森林公园。

5）清江土家之旅

主要景区景点：腾龙洞、梭步垭石林、清江闯滩、丹水漂流、清江画廊、清江小三峡土家歌舞、鱼木寨、后河国家自然保护区、五峰柴埠溪大峡谷等。

6）鄂东南生态人文之旅

主要景区景点：梁子湖、温泉、罗田大别山国家森林公园、东坡赤壁、铜绿山古矿遗址、黄梅五祖寺、四祖寺、蕲春李时珍陵园、九宫山等。

任务 6.4　湖南省旅游资源

6.4.1　湖南省概况

湖南省位于我国中部、长江中游，因大部分区域处于洞庭湖以南而得名“湖南”，因省内最大河流湘江流贯全境而简称“湘”，省会驻长沙市。湖南自古盛植木芙蓉，五代时就有“秋风万里芙蓉国”之说，因此又有“芙蓉国”之称。

远在旧石器时代湖南就已有古人类活动。距今 12 000 多年前人类即在此种植稻谷，距今 5 000 年前湖南先民开始在此过定居生活。湖南在春秋战国时属楚国；秦朝时湖南地区设置有黔中、长沙两郡，两汉时期属荆州刺史辖区；三国时期，湖南地区为蜀汉和东吴的角逐之地；两晋时期设有以“湘”命名的“湘州”；唐朝设湖南观察使，为湖南建置之名始；宋朝设“湖南路”，元朝设“湖广行省”，明朝设湖广承宣布政使司（仍称行省）；清分湖广省置湖南省，最终完成独立设省进程，省名沿用至今。

湖南是华夏文明的重要发祥地之一，相传炎帝神农氏在此种植五谷、织麻为布、制作陶器，坐落于株洲市的炎帝陵成为凝聚中华民族的精神象征；舜帝明德天下，足历洞庭，永州九嶷山为其陵寝之地。湖南境内历史遗存众多，出土和发现的澧县城头山古城遗址、里耶秦简、走马楼三国吴简，以及凤凰古南方长城、岳麓书院、岳阳楼，是湖南悠久历史的浓缩与见证。其中，出土于宁乡黄材镇的四羊方尊，是目前世界上发现的最精美的商代青铜器，也是中国现存最大的商代青铜方尊；出土于桃源县漆家河的商代皿方罍，是迄今为止出土的方罍中最大、最精美的一件，堪称“方罍之王”；湘西龙山出土的里耶秦简，是继秦始皇兵马俑之后秦代考古的又一重大发现。特别是长沙马王堆汉墓的发掘震惊世界，出土的素纱禅衣薄如蝉翼，仅重 49 克；长眠其中已 2 100 多年的辛追夫人出土后仍保存完好，被誉为世界第八大奇迹。悠久的历史孕育了灿烂的文化，湖南自古有“古道圣土”“屈贾之乡”“潇湘洙泗”的美誉，以“心忧天下、敢为人先、经世致用、兼收并蓄”为精神特质的湖湘文化薪火相传，培育形成了“忠诚、担当、求是、图强”的湖南精神。目前全省有长沙、岳阳、凤凰、永州 4 座国家级历史文化名城，有秋收起义文家市会师旧址、洪江古建筑群等 228 处全国重点文物保护单位，其中炭河里遗址是已知南方地区最早的西周城址。湖南自古崇文重教，书院最多时达280所，宋代以来，尤以长沙岳麓书院、衡阳石鼓书院闻名遐迩；19世纪末创立于长沙的时务学堂，开近代书院制度改革和新式学堂设立的风气之先。湖南民俗多姿多彩，湘绣、滩头木版年画、皮影戏、江永女书等118项民俗艺术被列为国家非物质文化遗产项目，花鼓戏、昆剧、湘剧、祁剧和常德丝弦等民间歌舞享誉中外；湘西苗族的巫傩文化、德夯苗寨风情、以茅古斯和摆手舞为特色的土家情调等民俗别具一格；湘菜源远流长，早在汉朝就已形成菜系，是汉族饮食文化八大菜系之一。

湖南东以幕阜、武功诸山与江西交界，南枕南岭与广东、广西为邻，西以云贵高原东缘与贵州、重庆毗邻，北以滨湖平原与湖北接壤，处于东部沿海地区和中西部地区的过渡带、长江开放经济带和沿海开放经济带的结合部，具有承东启西、连南接北的枢纽地位。湖南交通便利，水陆空综合交通体系立体衔接、纵横交错、通江达海。

湖南地貌类型多样，以山地、丘陵为主，大体上是“七山二水一分田”，其中山地面积占全省总面积的51.2%，丘陵及岗地占29.3%，平原占13.1%，水面占6.4%。湖南三面环山，形成从东南西三面向东北倾斜开口的不对称马蹄状，炎陵县的酃峰，海拔2 115.2 m，是全省最高点。地势最低点在临湘市黄盖湖西岸，海拔24 m。湖南矿产丰富，矿种齐全，是驰名中外的“有色金属之乡”和“非金属矿产之乡”。湖南有世界地质公园2个，国家地质公园14个。湖南生物资源丰富多样，是全国乃至世界珍贵的生物基因库之一，有华南虎、云豹、白鹤等18种国家一级保护动物；有种子植物约5 000种，数量居全国第7位，其中包括水杉、珙桐、绒毛皂荚等国家保护珍稀野生植物55种，占全国总量的17.7%。湖南名胜古迹众多，是闻名遐迩的旅游胜地，古有“潇湘八景”（潇湘夜雨、平沙落雁、烟寺晚钟、山市晴岚、江天暮雪、远浦归帆、洞庭秋月、渔村夕照），现有张家界武陵源风景区、邵阳崀山丹霞地貌2处世界自然遗产、22个国家级风景名胜区、7个5A级景区，其中张家界武陵源风景区是我国首家被联合国教科文组织列入《世界文化和自然遗产名录》的自然名品，南岳衡山是中华五岳之一，岳阳楼是江南三大名楼之一。此外，伟人故里韶山、佛教圣地大乘山、千年学府岳麓书院、凤凰古城、常德桃花源等景区景点光彩夺目，受到了越来越多海内外游客的青睐。

6.4.2 湖南省重点旅游景区

1. 长沙

长沙，别称星城，湖南省省会、特大城市，国务院批复确定的长江中游地区重要的中心城市、长株潭城市群中心城市。

长沙是首批国家历史文化名城，有“屈贾之乡”“楚汉名城”“潇湘洙泗”之称。有马王堆汉墓、四羊方尊、三国吴简、岳麓书院、铜官窑等历史遗迹。长沙既是清末维新运动和旧民主主义革命策源地之一，又是新民主主义革命的发祥地之一。

长沙是国家重要的交通枢纽，京广铁路贯穿城区南北，沪昆铁路连接东西；京广高速铁路与沪昆高速铁路在长沙南站交会。此外还有连接长沙与常德石门的石长铁路，连接长沙与株洲、湘潭的长株潭城际铁路。规划建设的重庆—长沙—厦门铁路将从长沙西站引出。

长沙地下文物丰富，重要的考古发现有长沙马王堆汉墓、宁乡炭河里遗址、春秋战国楚墓、铜官窑等。长沙市部分核心景点如下。

1）岳麓山—橘子洲旅游区

岳麓山—橘子洲旅游区包含岳麓山风景名胜区、橘子洲景区、岳麓书院等景区。

（1）岳麓山风景名胜区包括麓山景区、天马山景区、橘子洲景区、桃花岭景区、石佳岭景区、寨子岭景区、后湖景区、咸嘉湖景区八大景区。岳麓山是融中国文化精华的儒、释、道为一体的文化名山。岳麓山爱晚亭如图 6–15 所示。

（2）橘子洲景区位于长沙市岳麓区的湘江中心。橘子洲是湘江下游众多冲积沙洲中面积最大的沙洲，被誉为“中国第一洲”。景区积极营造以“红色旅游”为龙头，人文历史与植物景观相结合的景观氛围。橘子洲有毛泽东青年艺术雕塑（见图 6–16）、问天台等景点，毛泽东青年艺术雕塑位于望江亭以北，以青年时期毛泽东形象为基础，富有强烈的视觉效果和艺术感染力，与橘子洲风景区自然景观结合，突出表现了伟人青年时代胸怀大志、风华正茂的气概。

图 6–15　岳麓山爱晚亭

图 6–16　毛泽东青年艺术雕塑

（3）岳麓书院。岳麓书院是中国历史上赫赫有名的四大书院之一，坐落于湘江西岸的岳麓山脚下，作为世界上最古老的学府之一，其古代传统的书院建筑至今被完整保存，每一组院落、每一块石碑、每一枚砖瓦、每一支风荷，都闪烁着时光淬炼的人文精神。1988 年，岳麓书院建筑群被国务院批准为第三批全国重点文物保护单位。1986 年湖南大学修复完成岳麓书院，并正式对外开放。2005 年湖南大学设立“岳麓书院”，下设中国哲学研究所、历史研究所、中国思想文化研究所、中国书院研究中心和中国软实力文化研究中心等多个部门。2009 年，“岳麓书院”从本科、硕士研究生、博士研究生到博士后科研流动站的培养格局已经完备，正式成为湖南大学的实体办学机构和科研基地，千年学脉再次延绵，千年学府再添光辉。今天的岳麓书院不仅是湖南大学的文史哲人才培养和研究基地，湖南省旅游胜地，更是整个长沙市的文化窗口和文化名片。

2）马王堆汉墓

马王堆汉墓，位于长沙市芙蓉区的浏阳河旁，是西汉初期长沙国丞相、轪侯利苍的家族墓地。

马王堆汉墓的结构宏伟复杂，墓葬共计出土 1 具保存完好的女尸，以及丝织品、帛书、帛画、漆器、中草药等遗物 3 000 余件。马王堆汉墓的发现，为研究汉代初期埋葬制度、手工业和科技的发展，以及长沙国的历史、文化和社会生活等提供了重要资料。

2013 年 5 月 3 日，国家文物局将马王堆汉墓列入第七批全国重点文物保护单位名单中。2016 年 6 月，马王堆汉墓被评为世界十大古墓稀世珍宝之一。2021 年 10 月 18 日，马王堆汉墓入选全国“百年百大考古发现”。

3）黄兴路步行街

黄兴路步行街是长沙市最繁华的地段之一，是一条于 2002 年修缮竣工的步行商业街。其北起芙蓉区司门口，南到南门口，全长 838 m，街面宽 23～26 m。

除各种常规服装店、饰品店以外，这里还汇集了全国各地的小吃美食，旁边的坡子街更是长沙特色小吃的齐聚之处，有长沙人民耳熟能详的火宫殿、双燕楼、红梅冷饮等，数不胜数。长沙臭豆腐如图 6–17 所示。

图 6–17　长沙臭豆腐

2. 省内其他重点景区

1）岳阳楼

岳阳楼，位于湖南省岳阳市岳阳楼区洞庭北路，地处岳阳古城西门城墙之上，紧靠洞庭湖畔，下瞰洞庭，前望君山。岳阳楼始建于东汉建安二十年（215），历代屡加重修。因北宋滕宗谅重修岳阳楼，邀好友范仲淹作《岳阳楼记》，使得岳阳楼著称于世。岳阳楼主楼为长方形，主楼高 19.42 m，进深 14.54 m，宽 17.42 m，为三层、四柱、飞檐、盔顶、纯木结构，楼中四根楠木金柱直贯楼顶，周围绕以廊、枋、椽、檩互相榫合，结为整体；顶覆琉璃黄瓦，构型庄重大方。岳阳楼内一楼悬挂《岳阳楼记》雕屏及诗文、对联、雕刻等；二楼正中悬挂紫檀木雕屏，上刻有清朝书法家张照书写的《岳阳楼记》；三楼悬有毛泽东手书的杜甫《登岳阳楼》诗词雕屏，檐柱上挂“长庚李白书”对联“水天一色，风月无边”，极具观赏价值。岳阳楼作为三大名楼中唯一保持原貌的古建筑，独特的盔顶结构体现了古代劳动人民的聪明智慧及能工巧匠的精巧技能。

1988 年 1 月，岳阳楼被国务院公布为第三批全国重点文物保护单位；同年 8 月，岳阳楼被列为国家重点风景名胜区。2005 年 1 月 30 日，岳阳楼入选湖南十大文化遗产。2011 年 9 月，岳阳楼景区被评为国家 5A 级旅游景区。

2）衡山

衡山又名南岳、寿岳、南山，为中国“五岳”之一，位于湖南省中部（偏东南），绵亘于衡阳、湘潭两盆地间，主体部分位于衡阳市南岳区、衡山县和衡阳县东部。衡山主要山峰有回雁峰、祝融峰、紫盖峰等，最高峰祝融峰海拔 1 300.2 m。1982 年，衡山风景区被列入第一批国家重点风景名胜区名单；2006 年 2 月，衡山入选首批国家自然与文化双遗产名录；2007 年 5 月，衡山风景区被评为首批国家 5A 级旅游景区；2007 年 8 月，衡山被列为国家级自然保护区。衡山如图 6–18 所示。

3）株洲工业旅游景区

作为新中国八大老工业基地之一，株洲拥有丰富的工业文化遗产，形成了门类齐全、实力雄厚的现代工业体系，工业旅游资源丰富，拥有近现代工业文化遗产 35 处。株洲正着力打造成为国家工业旅游示范城市、湖南乃至全国（世界）工业旅游目的地。

（1）株机联合厂房。株机联合厂房即粤汉铁路株洲总机厂联合厂房，又名大铁房、机器厂，南北朝向，整座建筑物由 4 栋不同跨度的单层厂房连在一起，总建筑面积逾 2.2 万 m^2。早期的联合厂房设计造型体现了英式建筑特点，高大挺拔，立面简洁大方，采光通风良好，为组装大型机车预留了条件。株机联合厂房如图 6–19 所示。

图 6–18　衡山

图 6–19　株机联合厂房

株机联合厂房是粤汉铁路全线贯通后第一个大型机车修理厂，是中国机车维修、生产的摇篮，这里先后制造了“中国第一台电力机车”“中国第一台交流传动电力机车”“世界功率最大的电力机车”等数十个“中国第一”，见证了我国机车生产从普载到重载，从常速到高速，从直流到交流，从引进到出口的四次历史跨越，堪称一本形象的中国铁路机车发展史书。联合厂房不仅是省级文物保护单位，还和铁道部株洲总机厂筹备处、株机厂党委办公楼、工厂技工学校教学楼等以“株洲总机厂”之名，入选中国首批工业遗产保护名录。

（2）中国动力谷展示中心。在中国动力谷 11 325 m^2 的展示中心里，设有轨道交通、通用航空、新能源汽车三大动力产业展厅。其展示了 1954 年，中国第一台航空发动机；1958 年，中国第一台电力机车；1960 年，中国第一枚空空导弹等诞生在株洲的多个第一。

4）炎帝陵（湖南炎陵）

炎帝陵，位于湖南省株洲市炎陵县鹿原镇鹿原陂。炎帝陵自宋乾德五年（967）建成之后，已有千余年历史，随着历代王朝的兴衰更替，炎帝陵也历尽沧桑，屡毁屡建。

炎帝陵是中华民族始祖炎帝神农氏的安息地，享有“神州第一陵”之誉，是全国重点文物保护单位、国家级风景名胜区、全国爱国主义教育示范基地。炎帝陵分为公祭区、拜谒区、缅怀区、生态区四大功能区，由炎帝陵殿、神农大殿、神农园、阙门、华夏广场、福林、圣德林、皇山碑林、炎帝陵牌坊等 80 多处自然和人文景观组成。

1996 年 11 月，国务院将炎帝陵列为第四批全国重点文物保护单位。2020 年 1 月，湖南省株洲市炎帝陵景区被评为国家 5A 级旅游景区。

5）韶山风景区

韶山风景区是国家 5A 级旅游景区、国家重点风景名胜区、全国重点文物保护单位、全国著名革命纪念地、国家红色旅游经典景区、全国爱国主义教育基地。

韶山风景区的主要景点有毛泽东故居（见图 6–20）、毛泽东铜像（见图 6–21）、毛泽东纪念馆、毛泽东遗物馆、毛泽东诗词碑林、毛泽东纪念园等人文景观，以及充满神秘色彩的滴水洞、黑石寨等自然景观，是全国人民和世界友人心驰神往的旅游胜地。

图 6–20 毛泽东故居

图 6–21 毛泽东铜像

韶山毛泽东故居，位于韶山市韶山乡韶山村土地冲上屋场，系土木结构的“凹”字形建筑，东边是毛泽东家，西边是邻居家，中间堂屋两家共用。1893 年 12 月 26 日，毛泽东诞生在这里。从故居堂屋转过右厢房、卧室、廊檐和碓屋之间，可看到毛泽东的全家照、日常器皿和各种农具，其中陈列着毛泽东少年时期用过的扁担、水桶、锄头等。

6.4.3 湖南省旅游线路

1. 黄金旅游线路

（1）长沙—张家界—永顺—凤凰；

（2）长沙—汨罗—岳阳；
（3）长沙—衡山—永州；
（4）岳阳—平江—长沙—宁乡—韶山—湘潭。

2. 主要旅游线路

（1）楚湘文化游：长沙—屈原祠—岳阳；
（2）名山风情游：长沙—张家界—凤凰—怀化；
（3）名城名人故里游：长沙—韶山—花明楼；
（4）宗教文化与湘南风光游：长沙—南岳—郴州。

3. 特色之旅

1）自然风光游

（1）名山奇峰：天门山、崀山、岳麓山、南岳衡山、武陵源；
（2）水上游乐：石燕湖、东江湖、宝峰湖、天堂湖、雪峰湖、水府旅游区；
（3）草原山野：大山冲、紫鹊界、湄江、石牛寨、南华山、桃江竹海；
（4）峡谷瀑布：黄溪瀑布、坐龙峡、乌龙山大峡谷、罗溪瀑布、水帘洞、罗洪瀑布；
（5）自然湿地：横岭湖、西洞庭湖湿地、壶瓶山、康龙、借母溪、神农谷、都庞岭。

2）人文景观游

（1）红色经典：刘少奇故居、毛泽东故居、湘西剿匪胜利公园、罗盛教纪念馆；
（2）考古发现：八十垱遗址、城头山遗址、彭头山遗址、黔中郡旧址、南湖新石器遗址；
（3）碑塔陵墓：炎帝陵、万和鼓楼群、鲁肃墓、杜甫墓；
（4）历史文化：湖南省博物馆、凤凰古城、靖港古镇、黔城古城、小埠古村；
（5）民俗风情：桃花源、芙蓉镇、纯溪小镇、大庸府城、湖湘民俗。

实训

1. 实训目的

根据华中地区客运交通线路与旅游资源情况设计为期 15 天的华中地区风情体验主题旅游方案。

2. 实训内容

对照职业能力目标的要求，认真学习本项目的内容，在熟悉华中地区旅游资源的基础上，设计郑州经武汉至长沙的南北风情体验主题旅游线路。

3. 实训步骤

（1）绘制本项目思维导图，掌握本项目职业能力目标要求的能力。

（2）以本项目的内容为脉络，前往图书馆查找文献，通过互联网收集网络资料，结合纸质和电子地图完成 PPT 演示文件的创作。

（3）在班级讨论会上，提交 PPT 演示文件并进行简短的汇报。

（4）听取教师及其他同学对 PPT 演示文件的点评，取长补短，复盘本项目的内容。

项目 7

华东旅游区

职业能力目标

1. 掌握华东旅游区旅游地理基本情况
2. 掌握华东旅游区各省的旅游资源

任务 7.1　华东旅游区旅游地理概述

华东旅游区域包括江苏、浙江、安徽、福建、江西、山东、台湾七省及上海市的旅游区域，华东旅游区域的经济社会发展水平处于较高水平，旅游业也更为成熟、发达。本书以介绍大陆旅游为主，对于台湾的旅游环境不作介绍。

华东地区自然环境条件优越，物产资源丰富，商品生产发达，工业门类齐全，是中国综合发展水平最高的经济区。轻工、机械、电子工业在全国占主导地位。铁路、水运、公路、航运四通八达，是中国经济文化最发达地区。

7.1.1　自然地理环境

华东地区地形以丘陵、盆地、平原为主，主要山峰有泰山、黄山、九华山、武夷山等。

华东地区属亚热带湿润性季风气候和温带季风气候，气候以淮河为分界线，淮河以北为温带季风气候，以南为亚热带季风气候，雨量集中于夏季，冬季北部常有大雪，通常集中在江苏省和安徽省的中北部地区以及山东省境内。华东地区年平均气温为 15～18 ℃。

华东地区有黄河、淮河、长江、钱塘江四大水系，京杭大运河贯通四大水系，此外还有太湖、洪泽湖、鄱阳湖等主要湖泊。

华东地区水资源丰富，中国五大淡水湖有四个位于华东地区，分别是江西省的鄱阳湖、江苏省的太湖和洪泽湖，以及安徽省的巢湖，四个湖泊面积分别排中国五大淡水湖的第一、第三、第四和第五。

华东地区境内河道湖泊密布，有黄河、淮河、长江、钱塘江四大水系，上海市、江苏省、安徽省境内最大河流为长江，江西省境内最大河流为赣江，山东省境内最大河流为黄河，浙江省境内最大河流为钱塘江，福建省境内最大河流为闽江。

7.1.2　人文地理环境

华东旅游区不仅有壮丽的自然奇观、名山大川，而且有著名的人文景观、名园名景。

1. 人口密度较大

本区是我国城市化水平最高的地区之一。从城市数量来看，平均每 1 800 km^2 就有一座城市，特别是在总长不超过 660 km 的沪宁、沪杭、杭甬三条铁路线上，密布着 20 座城市，平均每 30 km 一座城市，许多城市的郊区事实上已经连成一片，形成都市连绵区。华东地区的城市体系比较完备，目前已形成了由特大城市、大城市、中等城市、小城市、县城、县属镇和乡集镇组成的七级城镇体系，城镇等级齐全，类型多样，各类城市的数量也呈现“宝塔形”的特点。

本区的人口密度远高于全国平均水平，该区域除江西省人口密度属于比较和缓外，其余的上海、浙江、江苏、安徽，人口密度都在每平方千米 498 人以上，成为我国人口分布最密集的地区，众多的人口本身就是一个很大的客源市场，因此可以就近吸引游客，提高旅游资源利用率。

2. 吴越文化特色明显

长江流域自然环境十分优越，人类活动历史悠久。在历史上，京杭大运河的开凿极大地促进了南北交流，唐代的“安史之乱”、北宋的“靖康之难”使我国政治中心、经济中心多次南迁，自南宋到明清的八九百年间，战争破坏较少，使这里发展成为繁华之地。历史上经济的繁荣和城市的繁华推进了文化艺术的发展，在得天独厚的自然环境和特定的历史发展过程中，逐步形成了以灵毓秀雅、尚文崇慧为特色的吴越文化。我国四大佛教名山中本区占有两个，本区有古典园林 400 余处。本区书院文化、宗教文化，以及史学、文学、医学、艺术、建筑、园林等旅游资源在全国独树一帜，形成了众多的历史文化名城。

7.1.3 旅游资源的特点

1. 旅游资源数量丰富

华东旅游区是自然山水风光及人文景观兼优的旅游区域，其旅游资源数量丰富，旅游资源数量在各旅游区中占绝对优势地位。

2. 名山胜水荟萃

华东旅游区的自然旅游资源，以山水风光为胜，有人文圣山泰山，有以“奇峰、怪石、温泉、云海”四绝著称的黄山，以“奇峰、劲松、飞瀑、云海”著称的庐山，以“奇峰、飞瀑、幽洞、深谷”著称的雁荡山，以及以“奇峰、清泉、奇松、飞瀑”而闻名的佛教圣地九华山。此外，天柱山、莫干山、四明山、大茅山、井冈山等，都是本区著名的旅游名山。长江、京杭大运河、钱塘江、新安江、富春江、楠溪江、西湖、太湖、瘦西湖、千岛湖、巢湖、趵突泉等是本区的风景水体，旅游价值极高。本区所有的国家级风景名胜区，几乎都是山水风景名胜区。

3. 古典园林集聚

古典园林在我国人文旅游资源中有着重要的地位与价值。本区的古典园林归属江南园林（私家园林），素雅精致的格调与北方园林（皇家园林）的华丽壮观形成鲜明的对照，形成了我国园林艺术的主流。本区园林不仅数量丰富，而且构园造诣极高，有“江南园林甲天下”之说，成为中外游客观览的重要内容。

本区园林艺术兴盛的原因应归于本区独具的“天时、地利、人和”的优越条件。本区地处江南水乡，气候温和，奇珍异石众多，加上山清水秀的自然风光、丰富的植被，为造园提供了优越的自然条件。六朝、五代、宋、元、明、清各朝代，江南经济发达，有“上有天堂，下有苏杭”的美称，成为文人雅士、达官贵人的消遣享乐之地。他们在此兴建园林，从而使之成为江南园林的荟萃之地。其中，园林大多数集中于苏州、扬州、南京、无锡、杭州和绍兴等地。据《苏州府志》记载，仅苏州一地，明代园林就有 271 处，清代园林 130 处，由此可见苏州园林之盛况，故而有“苏州园林甲江南”之美誉。苏州的沧浪亭、狮子林、拙政园、留园，无锡的寄畅园，扬州的个园、何园等为江南园林的代表。

4. 旅游城市数量众多

本区的旅游城市数量众多，海滨度假胜地的青岛和厦门、小桥流水的苏州、风景如画的杭州、名人辈出的绍兴、虎踞龙盘的南京、革命老区井冈山、国际大都市上海等，形成了一个分布密集的旅游城市群。这些旅游城市主要分布在水陆交通要冲和人口稠密地区，既具有山水之美，又有园林之胜，辅以众多的文物古迹、深厚的文化底蕴，成为我国著名的“黄金旅游区”。

5. 旅游商品种类丰富多样

本区的工艺品种类繁多，历史悠久，具有浓厚的地方风格，有很高的艺术价值。传统工艺品有苏州的刺绣、杭州的织锦、南京的云锦、惠山泥人、扬州漆器、上海玉雕等。此外，景德镇的陶瓷制品、宜兴的紫砂陶制品也享誉海外。本区的物产极为丰富，尤以茶叶最负盛名，西湖龙井、洞庭碧螺春、黄山毛峰为我国著名的三大绿茶，武夷山正山小种、黄山祁门红茶是红茶中的上品。西湖藕粉、苏州黄天源糕点和采芝斋糖果、上海城隍庙的各式小吃丰富了本区的饮食文化，逐渐成为旅游者争相购买的特色产品。

任务 7.2　上海市旅游资源

7.2.1　上海市概况

上海位于中国东部，地处长江入海口，面向太平洋。它与邻近的浙江省、江苏省、安徽省构成长江三角洲，是中国经济发展最活跃、开放程度最高、创新能力最强的区域之一。2023年底，上海常住人口 2 487.45 万人，人均地区生产总值 19.03 万元，上海是中国最大的国际经济中心和重要的国际金融中心。2023 年，上海地区生产总值达到 4.72 万亿元，继续排在世界城市前列；战略性新兴产业总产值占规模以上工业总产值比重达到 43.9%。

上海地处太平洋西岸，亚洲大陆东沿，是长江三角洲冲积平原的一部分。上海西接江苏、浙江两省，北接长江入海口，是一个良好的江海港口。上海平均海拔 2.19 m，大金山岛为上海最高点，海拔 103.7 m。上海河网主要有流经市区的主干道黄浦江及支流苏州河、川杨河、淀浦河等。淀山湖是上海最大的湖泊。上海境内有崇明、长兴、横沙三个主要岛屿，其中崇明岛是中国的第三大岛。上海属北亚热带季风性气候，四季分明，日照充分，雨量充沛。上海气候温和湿润，春秋较短冬夏较长。2023 年，全市平均气温 17.8 ℃，降水量 1 278.6 mm。全年 66.7%的雨量集中在 6 月至 9 月。

截至 2023 年年底，上海全市行政区划面积为 6 340.5 km^2，占全国总面积的 0.06%，下辖 16 个区。上海也是著名的国际文化大都市和国际旅游目的地。通过弘扬红色文化、海派文化、江南文化提升城市文化软实力。截至 2023 年年底，上海共有市、区级公共图书馆 20 家、博物馆 165 家。

上海是中国主要旅游城市之一，也是一座国际化旅游城市。2023 年，上海市旅游总收入 4 122 亿元，同比增长 77%。全市共有星级宾馆 154 家，其中五星级宾馆 57 家。全市共有 A 级旅游景区 144 个，其中 5A 级景区 4 个，红色旅游基地 34 个。2023 年，上海接待来沪入境旅游者 364.46 万人次，领跑全国，全年入境旅游外汇收入 61.87 亿美元；接待国内旅游者 3.26 亿人次，国内旅游收入 3 678.11 亿元。

7.2.2　上海市重点旅游景区

1）中共一大会址纪念馆

中共一大会址纪念馆全称中国共产党第一次全国代表大会会址纪念馆，位于上海市黄浦区黄陂南路 374 号（中共一大会址位于兴业路 76 号）。中共一大会址是一幢沿街砖木结构一底一楼旧式石库门住宅建筑，坐北朝南。中国共产党第一次全国代表大会于 1921 年 7 月在此举行。

中共一大会址在 1952 年后成为纪念馆，1959 年 5 月，被公布为上海市文物保护单位。1961 年，被国务院列为第一批全国重点文物保护单位。

中共一大会址房屋建于 1920 年秋，建成后不久，李汉俊（上海共产主义小组发起人之一）及其兄李书城（同盟会发起人之一）租用其为寓所。

1921 年 7 月 23 日，来自各地中国共产党早期组织的代表李达、李汉俊、张国焘、刘仁静、何叔衡、毛泽东、董必武、陈潭秋、王尽美、邓恩铭、陈公博、周佛海，还有包惠僧及共产国际代表马林等秘密汇聚在此，举行了中国共产党第一次全国代表大会。

1922 年，李氏兄弟迁居退租，该屋为其他居民租用。

新中国成立后，为迎接建党 30 周年，1950 年 9 月，中共上海市委根据中央的指示，寻找中共一大会址。经多方勘查，李达、董必武、包惠僧和李书城夫人等多位历史当事人、见证人现场踏勘，确认该处为中共一大会址。

2021 年 6 月 3 日，中国共产党第一次全国代表大会纪念馆全新开放，基本陈列“伟大的开端——中国共产党创建历史陈列”共展出 612 件文物展品，较原先基本陈列展出的文物数量扩容 3 倍多。纪念馆“镇馆之宝”《共产党宣言》72 种版本全部展出，100 件五四运动前后传播马克思主义、社会主义的报纸杂志悉数亮相。中共一大会址如图 7-1 所示。

图 7-1　中共一大会址

2）陆家嘴金融贸易区

陆家嘴，地处上海市区中部，位于上海市浦东新区的黄浦江畔，两面环水，其中，西面隔江与外滩万国建筑博览群相望，北面隔江眺望北外滩。陆家嘴是上海国际金融中心的核心功能区，为多家跨国银行的中国及东亚总部所在地。

陆家嘴金融贸易区的面积由 1992 年的 1.7 km^2 扩大到 2021 年的 31.78 km^2。东方明珠塔位于陆家嘴金融贸易区世纪大道最西侧，沿世纪大道分布着上海金茂大厦、上海环球金融中心、上海中心大厦三座超高建筑，以及中国银行、交通银行等 50 栋金融大厦，集纳了 870 多家持牌金融机构。

（1）东方明珠塔。上海东方明珠广播电视塔（简称“东方明珠塔”）于 1994 年 11 月 18 日正式对外营业。东方明珠塔坐落于浦东新区黄浦江畔、陆家嘴嘴尖上，背拥陆家嘴地区现代化建筑楼群，与外滩万国建筑博览群隔江相望。东方明珠塔集都市观光、时尚餐饮、购物娱乐、历史陈列、浦江游览、会展演出等多功能于一体。

（2）金茂大厦。上海金茂大厦位于世纪大道 88 号，共 88 层，其中地下 3 层，裙房 6 层，高 420.5 m。大厦内有办公楼、酒店、观光厅等。观光厅位于金茂大厦第 88 层，高度为 340.1 m，面积为 1 520 m^2。金茂大厦观光厅层设有“云中漫步”体验项目，步道全长 60 m，宽 1.2 m，游客可在无护栏的空中步道漫步，体验时间约半小时。

（3）上海环球金融中心。上海环球金融中心位于世纪大道 100 号，拥有地上 101 层、地下 3 层，楼高 492 m，拥有办公楼、酒店和观光厅等功能区。环球金融中心的 94 层、97 层和

100 层为观光区，其中，94 层观光大厅高 423 m，面积约为 750 m^2；97 层观光天桥高 439 m，为一道浮在空中的天桥；100 层为观光天阁，高 474 m，是一条长约 55 m 的悬空观光长廊，内设三条透明玻璃地板。

（4）上海中心大厦。上海中心大厦位于银城中路 501 号，地上 127 层，地下 5 层，总高为 632 m，结构高度为 580 m，为一幢集商务、办公、酒店、商业、娱乐、观光等功能于一体的超高层建筑。“上海之巅”观光厅位于上海中心大厦第 118 层，垂直高度 546 m，可俯瞰上海市景。

3）上海外滩、南京东路

上海外滩位于上海市黄浦区的黄浦江畔，为中国历史文化街区。19 世纪 40 年代，外滩一带被划为英国租界，成为上海十里洋场的真实写照，也是旧上海租界区及整个上海近代城市发展的起点。上海外滩如图 7–2 所示。

上海外滩全长 1.5 km，南起延安东路，北至苏州河上的外白渡桥，东面即黄浦江，西面是旧上海金融、外贸机构的集中地。上海辟为商埠以后，外国的银行、商行、报社等开始在此云集，外滩成为全国乃至远东的金融中心。

上海外滩矗立着 52 幢风格迥异的大楼，素有外滩万国建筑博览群之称，是中国近现代重要史迹及代表性建筑，是上海的地标之一，1996 年 11 月，国务院将其列入第四批全国重点文物保护单位。

上海南京东路是上海十大商业中心之一，位于上海市中心，东起外滩即中山东一路，西至西藏中路，全长 1 599 m，2019 年南京东路全线改为步行街。南京东路大店名店林立，百业兴盛繁荣，各式商厦、优秀建筑聚集交汇，中西方文化相互融合。正是这种多样性的包容、海纳百川的博大胸怀、发展向前的坚定，使南京东路充满勃勃生机，展现出它百余年不落的繁华。上海南京东路如图 7–3 所示。

图 7–2　上海外滩

图 7–3　上海南京东路

4）中华艺术宫（世博会中国展馆）

中华艺术宫，位于上海市浦东新区上南路 205 号，原为创建于 1956 年的上海美术馆，2012 年 10 月 1 日，上海美术馆迁至 2010 年上海世博会浦东园区的中国馆。中华艺术宫填补了上海艺术博物馆体系的空白，使上海的艺术博物馆体系形成完整的格局。中华艺术宫是 2010 年上海世博会的标志性建筑，被誉为“东方之冠”，总建筑面积达到 16.68 万 m^2，拥有展示面积近 7 万 m^2，共分为 6 个展示层面、35 个展厅。

5）豫园、上海城隍庙

豫园位于上海市老城厢的东北部，北靠福佑路，东临安仁街，西南与上海老城隍庙毗邻，是江南古典园林，始建于明代。

园内有江南三大名石之一——“玉玲珑”、1853 年小刀会起义的指挥所点春堂。豫园在 1961 年开始对公众开放，1982 年被国务院列为全国重点文物保护单位。

上海城隍庙与豫园毗邻，又称老城隍庙，是上海道教正一派的主要道观之一，位于方浜中路，东至安仁街，北通福佑路，西至旧校场路。历史上的城隍庙屡毁屡建，现在的城隍庙是 1926 年修建的。

上海城隍庙与豫园不仅是游览的名胜，而且是购物的好去处，这里不仅有小商品、土特产和特色商品市场，而且有大型综合商场和名点小吃店。

6）上海迪士尼乐园

上海迪士尼乐园，位于上海市浦东新区川沙镇，于 2016 年 6 月 16 日正式开园，是中国内地首座迪士尼主题乐园，也是中国规模最大的现代服务业中外合作项目之一，是一座具有迪士尼风格并融汇了中国元素的主题乐园。

上海迪士尼乐园占地 1.16 km^2，主题园区分为米奇大街、奇想花园、探险岛、宝藏湾、明日世界、梦幻世界、迪士尼 • 皮克斯玩具总动员。上海迪士尼乐园拥有七个小矮人矿山车、雷鸣山漂流、奇幻童话城堡等游乐项目。

7.2.3 上海市旅游线路

1. 黄金旅游线路

（1）上海—青浦—朱家角—周庄；

（2）上海—吴淞—崇明；

（3）上海—南浔—嘉定。

2. 上海市的主要旅游线路

（1）朱家角、西塘、南浔旅游线路：南浦大桥—外滩—东方明珠塔—南京路—南浔—朱家角—西塘；

（2）购物旅游线路：淮海路商业街—南京路商业街—四川北路商业街—鲁迅公园；

（3）都市观光旅游线路：人民广场—豫园商城—南京东路—东方明珠塔—外滩。

3. 特色之旅

1）都市风采观光游

人民广场—外滩—黄浦江水上游览—隧道—陆家嘴金融开发区—浦东滨江大道；东方明珠广播电视塔—外高桥保税区—浦东国际机场—杨浦。

2）文化体育新景游

上海博物馆—上海大剧院—上海图书馆—八万人体育馆—上海历史博物馆—国际网球俱乐部。

3）购物美食娱乐游

南京路—淮海路—徐家汇—四川路—浦东东方路—豫园；城隍庙—浏河路工艺品市场—江阴路花鸟市场—大世界游乐中心—云南路、乍浦路、黄河路美食街。

4）历史遗迹观光游

外滩万国建筑群—外白渡桥—中共一大会址—周公馆—孙中山故居—宋庆龄故居—鲁迅纪念馆—韬奋故居—邹容墓—五卅惨案旧址—文庙—黄道婆墓—龙华塔—松江方塔。

5）宗教胜迹游

玉佛寺—龙华寺—静安寺—城隍庙—徐家汇天主教堂—余山圣母大教堂。

6）夜生活文化娱乐游

外滩黄浦江娱乐游览区—南京路“中华第一街”—豫园商城—大世界游乐场—福州路文化街灯光夜市—衡山路“绿色长廊”灯光夜市—淮海中路灯光夜市—四川路灯光夜市—上海和平饭店老年爵士乐队—上海杂技表演—虹桥夜生活文化娱乐区—上海不夜城文化娱乐区。

任务 7.3　江苏省旅游资源

7.3.1　江苏省概况

江苏省，简称“苏”，取江宁、苏州二府之首字而得名，地处我国沿海地区中部，长江、淮河下游，东濒黄海，北接山东，西连安徽，东南与上海、浙江接壤，长江横穿东西，大运河纵贯南北。全省土地面积 10.72 万 km^2，水域面积占全省面积的 16.9%。境内山水平原错落，河流湖泊纵横，气候温和，土壤肥沃，物产丰饶，素有“鱼米之乡”的美誉。

1993 年发现的南京汤山直立猿人化石表明，早在 35 万年前就有古人类在此活动。距今六七千年前后，大江南北进入新石器时代兴盛阶段。草鞋山遗址发现的 6 000 年前马家浜文化水稻田，是目前中国发现最早有灌溉系统的古稻田。该遗址文化层发现的炭化纺织品残片是中国已发现最古老的纺织品实物。商代末年，泰伯、仲雍兄弟迁到江南，建立勾吴国。春秋时期，吴国青铜器冶炼及锻造技术闻名遐迩。秦末，项羽、刘邦举兵反秦。刘邦统一天下建立汉朝，刘邦之侄刘濞被封为吴王后，定都广陵（今扬州）。东吴、东晋和南朝的宋、齐、梁、陈，先后在今南京建都立国，江苏地区成为南方的政治、经济、文化中心。隋唐时期开凿大运河，江苏许多城镇因河而盛，扬州成为南北交通、经济、文化的枢纽，有“扬一益二”之称。唐代“安史之乱”后，全国经济重心南移，形成“军国大计，仰于江淮”的局面。两宋时期，江苏地区成为全国著名粮仓。元代，太湖流域成为全国的植棉中心和棉织业中心。明初建都南京，南京再次成为全国政治、文化中心。苏州、南京和浙江杭州并称全国丝织业三大中心。清代，江苏地区粮、盐产量雄居全国之首，扬州成为淮盐运销中心，无锡成为全国四大米市之一。近代以来，苏州洋炮局、金陵制造局等洋务实业得到发展，江苏先后涌现出南通大生、无锡荣氏等民族工业集团，以及张謇、荣氏兄弟等工商业巨头。1912 年，孙中山在南京就任临时大总统，建立中华民国。1927 年，国民政府定都南京。抗日战争和解放战争时期，江苏人民为民族独立和人民解放作出重要贡献。1949 年 4 月 23 日，中国人民解放军占领南京，标志着中国革命取得决定性胜利。

中华人民共和国成立后，江苏经济社会发展取得长足进步，建立起比较完整的工业体系和国民经济体系。党的十一届三中全会后，江苏历经乡镇企业崛起、外向型经济突飞猛进、创新驱动等发展阶段。到 20 世纪末，全省基本迈入小康社会，苏南部分地区在全国探索率先基本实现现代化。党的十八大以来，江苏坚持以习近平新时代中国特色社会主义思想为指导，牢牢把握“在推进中国式现代化中走在前、做示范”重大要求，奋力谱写“强富美高”新江苏现代化建设新篇章。2023 年，全省地区生产总值达 12.82 万亿元、增长 5.8%；地区生产总值万亿之城增至 5 座。城乡居民人均可支配收入分别达 6.32 万元和 3.05 万元，城乡居民收入比缩小至 2.07∶1。生态文明建设和生态环境保护取得突破性进展，“美丽江苏”可触、可感、可享。

自古以来，江苏文化璀璨，人文底蕴深厚。楚汉文化、吴文化、金陵文化、淮扬文化相互交融。有“南方夫子”“文开吴会”之誉的言偃，汉赋开山鼻祖枚乘，东晋“画绝”顾恺之，唐代“草圣”张旭，在中国文化史上占有重要地位；汉墓、汉兵马俑和汉画像石刻“三绝”，古典名著《水浒传》《西游记》《红楼梦》，最富代表性的民间音乐“江南丝竹”，“百戏之祖”昆曲，苏州香山帮传统建筑营造技艺，南京云锦，扬州漆器，宜兴紫砂等，是享誉中外的文化作品和历史遗产。截至 2023 年末，全省有不可移动文物 2 万余处、备案博物馆收藏可移动文物 107 万余件/套；世界文化遗产 3 处、世界自然遗产 1 处，全国重点文物保护单位 251 处、国家历史文化名城 13 座、中国历史文化名镇 31 座、中国历史文化名村 12 座；备案博物馆 355 家，国家等级博物馆 70 家；入选联合国教科文组织非物质文化遗产代表作名录 11 项，有国家级非遗代表性项目 162 项、国家级非遗代表性传承人 178 名、省级文化生态保护实验区 12 个。

7.3.2 江苏省重点旅游景区

1. 南京

南京，简称“宁”，古称金陵、建康，是江苏省省会、特大城市、南京都市圈核心城市，国务院批复确定的中国东部地区重要的中心城市、全国重要的科研教育基地和综合交通枢纽。

南京地处中国东部、长江下游、濒江近海，是国务院规划定位的长三角辐射带动中西部地区发展的重要门户城市，也是东部沿海经济带与长江经济带战略交汇的重要节点城市。

南京是首批国家历史文化名城，中华文明的重要发祥地，长期以来是中国南方的政治、经济、文化中心。南京早在 100 万～120 万年前就有古人类活动，35 万～60 万年前已有南京猿人在汤山生活。有着近 500 年建都史的南京是国家重要的科教中心，自古以来就是一座崇文重教的城市。

截至 2020 年，南京有世界文化遗产 1 项（9 点）、中国世界文化遗产预备名单 2 项、全国重点文物保护单位 55 处（112 点）、江苏省文物保护单位 114 处（126 点）、市级以上文物保护单位 516 处（591 点）、国家级历史文化街区 2 个、省级历史文化街区 7 个、国家级历史文化名镇（村）3 个、4A 级以上旅游景区 26 个、省级以上旅游度假区 5 个；接待海内外旅游者 9 704 万人次，旅游业总收入 1 822.64 亿元。南京市部分核心景点如下。

1）中山陵

中山陵位于南京市玄武区紫金山南麓钟山风景名胜区内，是中国近代伟大的民主革命先行者孙中山先生的陵寝及其附属纪念建筑群。中山陵于 1926 年春动工，1929 年春主体建筑竣工。

中山陵前临平川，背拥青嶂，东毗灵谷寺，西邻明孝陵，整个建筑群依山势而建，由南往北沿中轴线逐渐升高，主要建筑有博爱坊、墓道、陵门、石阶、碑亭、祭堂和墓室等，这些建筑排列在一条中轴线上，体现了中国传统建筑的风格，从空中往下看，像一座平卧在绿绒毯上的“自由钟”。中山陵建筑融汇中国古代与西方建筑之精华，庄严简朴，别创新格。

中山陵各建筑在型体组合、色彩运用、材料表现和细部处理上均取得了极好的效果，音乐台、光华亭、流徽榭、仰止亭、藏经楼、行健亭、永丰社、永慕庐、中山书院等建筑环绕在陵墓周围，构成中山陵景区的主要景观，这些建筑色调和谐统一更增强了庄严的气氛，既有深刻的含意，又有宏伟的气势，且均为建筑名家之杰作，有着极高的艺术价值，被誉为“中国近代建筑史上第一陵”。

1961 年，中山陵被国务院公布为首批全国重点文物保护单位；1982 年，被列为国家重点风景名胜区；1991 年，被国家旅游局列为中国旅游胜地四十佳；2007 年，被列为首批国家 5A 级旅游景区；2016 年，入选首批“中国 20 世纪建筑遗产”名录。中山陵如图 7–4 所示。

2）夫子庙秦淮风光带

夫子庙秦淮风光带位于南京市秦淮区中部，其以夫子庙古建筑群为中心、十里秦淮河为轴线、明城墙为纽带，串联起众多全国重点文物保护单位和文物古迹。夫子庙秦淮风光带东起东水关，西至西水关（今水西门），分为夫子庙—白鹭洲景区、老门东—老门西景区、大报恩寺—金陵兵工厂景区、朝天宫—评事街景区，是中国第一个开放式 5A 级旅游景区。

夫子庙秦淮风光带以儒家思想、科举文化、民俗文化等为内涵，集自然风光、山水园林、庙宇学堂、街市民居、乡土人情、美食购物、科普教育、节庆文化于一体，不仅是南京历史文化荟萃之地，也是中国最大的传统古街市。夫子庙是中国第一所国家最高学府，秦淮河是中国第一历史文化名河，明城墙是世界规模最大的古代城垣，三者交织串联起大量景点，形成独具南京特色的文化风光带。

夫子庙秦淮风光带如图 7–5 所示。

图 7–4　中山陵

图 7–5　夫子庙秦淮风光带

3）玄武湖

玄武湖位于南京市玄武区，东枕紫金山，西靠明城墙，北邻南京站，南倚覆舟山，是江南地区最大的城内公园，也是中国最大的皇家园林湖泊、仅存的江南皇家园林，被誉为“金陵明珠”，年适游日达 320 天左右，又称后湖、练湖、北湖。

玄武湖呈菱形，景区总面积 5.13 km^2，湖面面积 3.78 km^2。湖泊被五洲（环洲、樱洲、菱洲、梁洲、翠洲）分为三大块：北湖（东北湖、西北湖）、东南湖及西南湖。西南湖水最深、东南湖其次、北湖水最浅，湖内由湖堤、桥梁和道路连通。玄武湖属于浅水湖泊，水源来自紫金山北麓，其担负着市民休闲、观光旅游、城市防洪排涝、城区河道生态补水等综合功能。

2005 年 2 月，玄武湖被列为国家 4A 级旅游景区；2008 年 9 月，玄武湖公园被列为国家重点公园；2016 年 9 月，玄武湖被列为国家级水利风景区。

4）明孝陵

明孝陵位于南京市玄武区紫金山南麓独龙阜玩珠峰下，东毗中山陵，南临梅花山，位于钟山风景名胜区内，是明太祖朱元璋与其皇后的合葬陵寝。因皇后马氏谥号“孝慈高皇后”，又因其奉行孝治天下的理念，故名“孝陵”。明孝陵是中国规模最大的帝王陵寝之一。

明孝陵始建于明洪武十四年（1381），承唐宋帝陵“依山为陵”旧制，又创方坟为圜丘新制，将人文与自然和谐统一，达到天人合一的完美高度，成为中国传统建筑艺术文化与环境美学相结合的优秀典范。

明孝陵作为中国明清皇陵之首，代表了明初建筑和石刻艺术的最高成就，直接影响明清两代五百余年 20 多座帝王陵寝的形制。依历史进程分布于北京、湖北、辽宁、河北等地的明清皇家陵寝，均按南京明孝陵的规制和模式营建。明孝陵在中国帝陵发展史上有着特殊的地位，故有“明清皇家第一陵”的美誉。

1961 年 3 月，明孝陵被国务院公布为首批全国重点文物保护单位；1982 年，被列为国家重点风景名胜区；2006 年 12 月，被列为首批国家 5A 级旅游景区。2003 年 7 月，明孝陵及明功臣墓被列为世界文化遗产。

5）中国科学院紫金山天文台

中国科学院紫金山天文台位于江苏省南京市玄武区紫金山上，毗邻钟山风景名胜区，是中国人自己建立的第一个现代天文学研究机构，被誉为“中国现代天文学的摇篮”。1934 年 8 月，紫金山天文台建成；1950 年 5 月，中国科学院紫金山天文台成立。紫金山天文台的建成标志着中国现代天文学研究的开始，中国现代天文学的许多分支学科和天文台站大多从这里诞生、组建和拓展。

2017 年 3 月 28 日，中国科学院紫金山天文台被国家旅游局、中国科学院推选为“首批中国十大科技旅游基地”。中国科学院紫金山天文台如图 7-6 所示。

6）侵华日军南京大屠杀遇难同胞纪念馆

侵华日军南京大屠杀遇难同胞纪念馆位于南京市建邺区水西门大街 418 号，其选址于南京大屠杀江东门集体屠杀遗址及遇难者丛葬地，是中国首批国家一级博物馆、首批全国爱国主义教育示范基地、全国重点文物保护单位，入选首批国家级抗战纪念设施、遗址名录。

侵华日军南京大屠杀遇难同胞纪念馆是为铭记侵华日军攻占南京后制造的惨无人道的南京大屠杀的暴行而建，是中国人民承受全民族灾难的实证性、遗址型专史纪念馆，也是中国唯一一座有关侵华日军南京大屠杀的专史陈列馆。

2015 年 12 月 1 日，侵华日军南京大屠杀遇难同胞纪念馆的分馆——南京利济巷慰安所旧址陈列馆正式开馆，对公众开放。这是亚洲最大、保存最完整的慰安所旧址，也是为数不多的被在世慰安妇指认过的慰安所建筑。侵华日军南京大屠杀遇难同胞纪念馆如图 7-7 所示。

图 7-6　中国科学院紫金山天文台

图 7-7　侵华日军南京大屠杀遇难同胞纪念馆

从 2014 年 12 月 13 日起，侵华日军南京大屠杀遇难同胞纪念馆成为南京大屠杀死难者国家公祭仪式的固定举办地。

2. 苏州

苏州，简称“苏”，古称姑苏、平江，是江苏省辖地级市，国务院批复确定的长三角地区重要的中心城市、国家高新技术产业基地和风景旅游城市。

苏州地处华东地区、江苏东南部，是扬子江城市群重要组成部分。苏州东傍上海，南接浙江，西抱太湖，北依长江。苏州属亚热带季风海洋性气候，四季分明，雨量充沛，种植水稻、小麦、油菜，出产棉花、蚕桑、林果，特产有碧螺春茶叶、长江刀鱼、太湖银鱼、阳澄湖大闸蟹等。

苏州是首批国家历史文化名城之一，有 2 500 多年历史，是吴文化的重要发祥地之一，有“人间天堂”的美誉。中国私家园林的代表——苏州古典园林和中国大运河苏州段被联合国教科文组织列为世界文化遗产。截至 2019 年末，苏州有 2 个国家历史文化名城（苏州、常熟）、12 个中国历史文化名镇（昆山周庄、吴江同里、吴江震泽、吴江黎里、吴中甪直、吴中木渎、太仓沙溪、昆山千灯、昆山锦溪、常熟沙家浜、吴中东山、张家港凤凰），2 个中国历史文化名村（吴中陆巷古村、明月湾），2 个历史文化名街（平江路、山塘街）。

截至 2019 年末，苏州有 5A 级旅游景区 6 家（11 点）、4A 级旅游景区 35 家、五星级饭店 28 家，全国重点文物保护单位 34 处，现有保存完好的古典园林 73 处，其中拙政园和留园列入中国四大名园，并同网师园、环秀山庄与沧浪亭、狮子林、艺圃、耦园、退思园等 9 个古典园林，分别于 1997 年 12 月和 2000 年 11 月被联合国教科文组织列入《世界遗产名录》。

苏州市部分核心景点如下。

1）拙政园

拙政园始建于 16 世纪初，是江南古典园林的代表作品。四百多年来，拙政园几度分合，或为“私人”宅园，或是“王府”治所，留下了许多诱人探寻的遗迹和典故。拙政园与北京颐和园、承德避暑山庄、苏州留园一起被誉为中国四大名园。

拙政园以水为中心，山水萦绕，厅榭精美，花木繁茂，具有浓郁的江南水乡特色。

拙政园分为东、中、西三部分，东花园开阔疏朗，中花园是全园精华所在，西花园建筑精美。园南为住宅区，体现典型江南地区传统民居多进的格局。园南还建有苏州园林博物馆，是一座园林专题博物馆。

拙政园于 1961 年被列为首批全国重点文物保护单位，1991 年被国家计委、国家旅游局、建设部列为国家级特殊游览参观点，拙政园如图 7-8 所示。

2）留园

留园为中国大型古典私家园林，属清代风格园林，该园以建筑艺术著称，厅堂宽敞华丽，庭院富有变化，整个园林采用不规则布局形式，使园林建筑与山、水、石相融合而呈天然之趣。云墙和建筑群把园林划分为中、东、北、西四个不同的景区。留园内亭馆楼榭高低参差，曲廊蜿蜒相续，颇有步移景换之妙。建筑物约占园总面积的四分之一。建筑结构式样体现清代风格，在不大的范围内造就了众多而各有特性的建筑，处处显示了咫尺山林、小中见大的造园艺术手法。

1961 年，留园被国务院列入第一批全国重点文物保护单位。2007 年，苏州园林（拙政园、虎丘山、留园）被评为国家 5A 级旅游景区。留园如图 7-9 所示。

3）虎丘山风景名胜区

虎丘山风景名胜区位于苏州古城西北角，有 2 500 多年的悠久历史，有“吴中第一名胜”“吴中第一山”的美誉。其先后被评为全国首批十佳文明风景旅游区示范点，国家 5A 级旅游

图 7-8 拙政园

图 7-9 留园

景区，全国文明单位。虎丘，原名海涌山，据《史记》记载，吴王阖闾葬于此，传说葬后三日有“白虎蹲其上”，故名虎丘。又一说为“丘如蹲虎”，以形为名。虎丘山高仅 30 多 m，却有“江左丘壑之表”的风范，绝岩耸壑，气象万千，并有三绝九宜十八景之胜，其中最为著名的是云岩寺塔、剑池和千人石：云岩寺塔已有 1 000 多年历史，是世界第二斜塔，成为苏州古城的标志性建筑；剑池埋有吴王阖闾墓葬的千古之谜；千人石留下了“生公讲座，下有千人列坐”的佳话。

4）周庄古镇

周庄古镇位于苏州城东南，昆山、吴江、上海三地交界处，是世界文化遗产预选地、首批国家 5A 级旅游景区。

周庄古镇四面环水，因河成镇，依水成街，以街为市，主要景点有富安桥、双桥、沈厅等。井字形河道上完好地保存着 14 座建于元、明、清各代的古石桥。800 多户居民枕河而居，60%以上的民居依旧保存着明清时期的建筑风貌。

3. 省内其他重点景区

1）太湖风景名胜区

太湖风景名胜区位于长江三角洲中部，是以太湖、沿湖山丘、岛屿的山水景观为特色，具有悠久文化历史的天然湖泊风景区。

太湖风景名胜区包含的区域为苏州市的木渎、石湖、光福、东山、西山、角直、同里景区，无锡市的梅梁湖、蠡湖、锡惠、马山景区，常熟市的虞山景区，宜兴市的阳羡景区等 13 个景区，以及无锡市的泰伯庙、泰伯墓 2 个独立景点。

无锡市鼋头渚景区，位于江苏省无锡市滨湖区鼋渚路 1 号，其是横卧太湖西北岸的一个半岛，因巨石突入湖中形状酷似神龟昂首而得名，是太湖风景名胜区的主景点之一。1916 年，无锡市鼋头渚景区始建；1949 年中华人民共和国成立后，无锡市人民政府接管景区，并成立“鼋头渚公园”。郭沫若所作“太湖佳绝处，毕竟在鼋头”的诗句是对鼋头渚景区的赞誉。

图 7-10 鼋头渚景区

无锡市鼋头渚景区作为江南地区规模最大的山水园林胜境，拥有充山隐秀、鹿顶迎晖、鼋渚春涛、横云山庄、万浪卷雪、湖山真意、十里芳径、太湖仙岛、江南兰苑、樱花谷、无锡人杰苑、广福古寺等知名景点。

2012 年，无锡市鼋头渚景区被评为国家 5A 级旅游景区。鼋头渚景区如图 7-10 所示。

2）徐州汉文化景区

徐州汉文化景区位于江苏省徐州市云龙区三环兵马

俑路 1 号，整个景区东起三环路，南至陇海线，西接京沪线，北迄骆驼山，是集历史博览、园林景观、旅游休闲于一体的汉文化保护基地和精品旅游景区。

徐州汉文化景区由核心区和外延区两部分构成，核心区由狮子山楚王陵、汉兵马俑博物馆、汉文化交流中心、刘氏宗祠、竹林寺、羊鬼山展亭（王后陵）、水下兵马俑博物馆等两汉文化精髓景点组成，外延区包括汉文化广场、市民休闲广场、棋茶园、考古模拟基地、滑草场等景点。景区囊括了被称为“汉代三绝”的汉墓、汉兵马俑和汉画像石，集中展现了两汉文化精髓，它是徐州区域内规模最大、内涵最丰富、两汉遗风最浓郁的汉文化保护基地。徐州汉文化景区呈现了一部立体的汉代史，成为集“两汉三绝”于一体、国内最大的汉文化主题公园和国家 4A 级旅游景区。汉兵马俑如图 7-11 所示。

图 7-11　汉兵马俑

3）鲁迅故里

绍兴鲁迅故里位于浙江省绍兴市越城区鲁迅中路 241 号，是鲁迅诞生和青少年时期生活过的故土，其修缮、保护始于 1953 年。

鲁迅故里有绍兴鲁迅故居、百草园、三味书屋、鲁迅祖居、土谷祠、长庆寺、鲁迅笔下风情园、绍兴鲁迅纪念馆等一大批与鲁迅有关的人文景点。绍兴鲁迅故里保护和延续了绍兴古城的传统风貌，打造了生态型的“文物森林”，体现了绍兴古城保护的完整性，被誉为中国名人故居保护的范例。1988 年 1 月，绍兴鲁迅故居被国务院公布为第三批全国重点文物保护单位。

7.3.3　江苏省旅游线路

1. 黄金旅游线路

（1）苏州园林拙政园—狮子林—虎丘—留园—沧浪亭—网师园—寒山寺；

（2）无锡—锡惠公园—梅园—灵山大佛—太湖仙岛—南禅寺—东林书院—古运河—吴文化民俗村—鼋头渚—无锡影视城—蠡园；

（3）扬州—瘦西湖—个园—大明寺—何园—文昌阁；

（4）宋元古街—金山天下第一泉—焦山—北固山；

（5）东坡公园—天宁寺；

（6）连云港孔望山—花果山—宿城渔湾。

2. 主要旅游线路

（1）南京郊区古迹之旅：南京—雨花台—牛首山—祖堂山—南唐二陵；

（2）运河古镇园林游：南京—扬州—镇江—苏州；

（3）古运河风光游览线：苏州—无锡—常州—镇江—扬州—宿迁—徐州；

（4）忆江南之旅：上海—苏州—无锡—杭州；

（5）烟花三月下扬州之旅：镇江—扬州—淮安—南京；扬州—高邮—淮安。

3. 特色之旅

1）锦绣江南游

江南是我国最富饶的地区之一。江南的繁华与妩媚，有历代文人墨客诗文印证，更有康乾两代帝王多次寻访留下的踪迹。此条线路包括南京、苏州、无锡、常州、镇江、扬州等江苏省最具特色的旅游城市和著名景区景点。

2）运河之旅

自隋朝以来，京杭大运河成为中国南北经济和文化交流的重要命脉，至今仍在发挥着积极的作用，游客可通过这一线路了解古运河的千年变迁，欣赏运河两岸的自然风光及沿河城市的旅游景点，从而对中国南北文化的差异有所了解。

3）水乡古镇游

这里河湖交错，水网纵横，是迷人的水乡。江南的水孕育了独具风情的江南文化和城镇乡村。在江南水乡，可以访古寻踪，可以踏着古镇和青石板，体味着小桥、流水、人家的韵味……游千年古镇，观水乡风光，赏淳朴民风，品地方佳肴。

4）古典园林鉴赏游

欣赏苏州、无锡、扬州、南京等地古典园林的奇巧构思，品味网师园夜游的典雅浪漫，体会江南私家园林的独特魅力。

5）民俗风情游

游客可吃、住、劳动在农家，了解并亲身体验当地的风土人情。

6）江南丝绸之旅

参观南京织锦村、镇江蚕业研究所、无锡缫丝厂、苏州刺绣研究所等单位，体味蚕乡风韵，了解丝绸生产的全过程。观赏古今丝织品和织机，欣赏并选购精美绝伦的丝绸艺术制品。

任务 7.4 浙江省旅游资源

7.4.1 浙江省概况

浙江省地处中国东南沿海长江三角洲南翼，东临东海，南接福建，西与江西、安徽相连，北与上海、江苏接壤。境内最大的河流钱塘江，因江流曲折，称之江，又称浙江，省以江名，简称“浙”，省会杭州。

浙江东西和南北的直线距离均为 450 km 左右，陆域面积 10.55 万 km^2，是中国面积较小的省份之一。全省陆域面积中，山地占 74.6%，水面占 5.1%，平坦地占 20.3%。浙江是全国岛屿最多的省份。

浙江地势由西南向东北倾斜，地形复杂。山脉自西南向东北呈大致平行的三支。西北支从浙赣交界的怀玉山伸展成天目山、千里岗山等；中支从浙闽交界的仙霞岭延伸成四明山、会稽山、天台山，入海成舟山群岛；东南支从浙闽交界的洞宫山延伸成大洋山、括苍山、雁荡山。丽水龙泉市境内海拔 1 929 m 的黄茅尖为浙江最高峰。水系主要有钱塘江、瓯江、灵江、苕溪、甬江、飞云江、鳌江、曹娥江八大水系和京杭大运河浙江段。钱塘江为浙江第一大江。湖泊主要有杭州西湖、绍兴东湖、嘉兴南湖、宁波东钱湖四大名湖，以及人工湖泊千岛湖等。地形大致可分为浙北平原、浙西中山丘陵、浙东丘陵、中部金衢盆地、浙南山地、东南沿海平原及滨海岛屿等六个地形区。

浙江地处亚热带中部，属季风性湿润气候，气温适中，四季分明，光照充足，雨量丰沛。年平均气温在 15～18 ℃之间，年日照时数在 1 100～2 200 h 之间，年均降水量在 1 100～

2 000 mm 之间。1 月、7 月分别为全年气温最低和最高的月份，5 月、6 月为集中降雨期。浙江是我国受台风、暴雨、干旱、寒潮、大风、冰雹、冻害、龙卷风等灾害影响较为严重的地区之一。

浙江是中国古代文明的发祥地之一。100 万年前浙江境内已出现人类活动，已发现新石器时代遗址百余处，最著名的有距今 5 000～4 000 年的良渚文化、距今 7 000～5 000 年的河姆渡文化、距今 6 000 多年的马家浜文化、距今 8 000～7 000 年的跨湖桥文化、距今 1 万年的上山文化。

浙江自然风光与人文景观交相辉映。杭州是 2016 年 G20 峰会举办地，具有历史和现实交汇的独特韵味。以杭州西湖为中心，纵横交错的风景名胜遍布全省，有 2 个国际重要湿地、3 个国家重要湿地、22 个国家级风景名胜区、8 个国家级旅游度假区、11 个国家级自然保护区、30 个国家园林城市、13 个国家级湿地公园、44 个国家森林公园、5 个国家级城市湿地公园、7 个国家级地质公园、7 个国家级海洋公园。全省有杭州、宁波、绍兴、衢州、金华、临海、嘉兴、湖州、温州等 9 座国家历史文化名城，20 个中国历史文化名镇，28 个中国历史文化名村，名镇、名村总数居全国第一。在国务院公布的五批国家级非物质文化遗产名录中，浙江每一批入选数量均居全国第一，现总入选数已达 241 项。杭州西湖、京杭大运河浙江段和浙东运河入选世界文化遗产，江郎山入选世界自然遗产，雁荡山入选世界地质公园，长兴“金钉子”剖面入选首批世界地质遗产名录。浙江旅游资源非常丰富，自然风光与人文景观交相辉映，全省有重要地貌景观 800 多处、水域景观 200 多处、生物景观 100 多处、人文景观 100 多处，还有可供旅游开发的主要海岛景区（点）450 余处。现有 4A 级以上高等级景区 233 家，其中国家 5A 级旅游景区有杭州西湖、温州雁荡山、舟山普陀山、桐乡乌镇、奉化溪口—滕头、千岛湖、东阳横店影视城、嘉兴南湖、杭州西溪湿地、绍兴鲁迅故里沈园、开化根宫佛国、天台山、神仙居、南浔古镇、西塘古镇、江郎山·廿八都、天一阁·月湖景区、缙云仙都、刘伯温故里、台州府城、云和梯田景区 21 家。

7.4.2 浙江省重点旅游景区

1. 杭州

杭州，简称“杭”，古称临安、钱塘，浙江省省会、特大城市，长三角地区中心城市。

杭州地处华东地区、钱塘江下游、东南沿海、浙江北部、京杭大运河南端。杭州人文古迹众多，西湖及其周边有大量的自然及人文景观遗迹。

杭州自秦朝设县治以来已有 2 200 多年的历史，曾是吴越国和南宋的都城。因风景秀丽，素有“人间天堂”的美誉。杭州得益于京杭大运河和通商口岸的便利，以及自身发达的丝绸和粮食产业，历史上曾是重要的商业集散中心。进入 21 世纪以来，随着阿里巴巴等高科技企业的带动，互联网经济成为杭州新的经济增长点。

杭州为 2016 年 G20 峰会、2018 年世界短池游泳锦标赛、2022 年亚运会举办地。

杭州市部分核心景点如下。

1）西湖风景名胜区

西湖风景名胜区，位于浙江省杭州市中心，分为湖滨区、湖心区、北山区、南山区和钱塘区；秀丽的湖光山色和众多的名胜古迹闻名中外，是中国著名的旅游胜地，也被誉为人间天堂。景区内群山高度都不超过 400 m，环布在西湖的南、西、北三面，其中的吴山和宝石山像两只手臂，一南一北，伸向市区，构成优美的杭城空间轮廓线。

西湖，旧称武林水、钱塘湖、西子湖，宋代始称西湖。西湖由大量乔灌木组成错落有致、大小不同的空间。西湖以植物造景为主，辅以亭、台、楼、阁、廊、榭、桥、汀。西湖傍杭州而盛，杭州因西湖而名。

2007 年 5 月 8 日，西湖经国家旅游局正式批准为国家 5A 级旅游景区。2011 年 6 月 24 日，“中国杭州西湖文化景观”被列入《世界遗产名录》。西湖如图 7–12 所示。

图 7–12 西湖

2）“两江两湖”（富春江—新安江—千岛湖—湘湖）风景名胜区

（1）富春江两岸山色青翠秀丽，江水清碧见底，素以水色佳美著称。加上许多具有浓郁地方特色的村落和集镇点染，使富春江画卷增色生辉。富春江一带昔有“小三峡”之称，“天下佳山水，古今推富春”。在支流胥溪注入处，有“子胥渡口”“伍子胥别庙”等古迹。

（2）新安江素以水色佳美著称。沿江有白沙大桥、朱池、落凤山、千岛湖、梅城、双塔凌云、新安江水库等胜迹。新安江作为国家级风景名胜区素有“奇山异水，天下独绝”之称。

（3）千岛湖，即新安江水库，位于浙江省杭州市淳安县境内，小部分连接建德市西北，是为建新安江水电站拦蓄新安江上游而成的人工湖。

千岛湖与加拿大渥太华金斯顿千岛湖、湖北黄石阳新仙岛湖并称为“世界三大千岛湖”。千岛湖水在中国大江大湖中位居优质水之首，为国家一级水体，被誉为“天下第一秀水”。

2010 年 4 月 18 日，国家旅游局批准千岛湖风景区为国家 5A 级旅游景区。

（4）湘湖是首批国家级旅游度假区。其位于杭州市萧山区城西，距杭州市中心约 20 km，隔钱塘江与西湖风景名胜区相对，与西湖、钱塘江构成杭州旅游风景的金三角；以历史文化湘湖、自然生态湘湖、休闲度假湘湖为基础，以杭州国际风景旅游城市为依托，已成为长三角地区极具竞争力和活力的大型休闲旅游度假区。

3）杭州岳庙

杭州岳庙，即岳王庙（见图 7–13），位于西湖栖霞岭南麓，始建于南宋嘉定十四年（1221），初称“褒忠衍福禅寺”；因岳飞追封鄂王而称岳王庙。岳庙是历代纪念岳飞的场所。岳飞是南宋初年抗击金兵的主要将领，但被秦桧、张俊等人以“莫须有”的罪名，陷害至死。

岳飞遇害前在供状上写下“天日昭昭，天日昭昭”八个大字。岳飞遇害后，狱卒冒着生命危险，背负岳飞遗体，越过城墙，草草地将其葬于九曲丛祠旁。之后宋孝宗下令给岳飞昭雪，用隆重的仪式将岳飞遗骨迁葬于栖霞岭下，即现在岳坟的所在地。

4）西溪国家湿地公园

浙江杭州西溪国家湿地公园位于浙江省杭州市西湖区和余杭区西北部，距西湖不到 5 km，湿地约 70%的面积为河港、池塘、湖漾、沼泽等水域。湿地公园内生态资源丰富、自然景观幽雅、文化积淀深厚。西溪湿地与西湖、西泠并称杭州“三西”，是中国第一个集城市湿地、农耕湿地、文化湿地于一体的国家级湿地公园。

2009 年 7 月 7 日，浙江杭州西溪国家湿地公园被列入国际重要湿地名录。2012 年 1 月，杭州西溪国家湿地公园被正式授予国家 5A 级旅游景区称号，成为首个获国家 5A 级旅游景区殊荣的国家湿地公园。西溪国家湿地公园如图 7–14 所示。

图 7-13　岳王庙

图 7-14　西溪国家湿地公园

2. 省内其他重点景区

1）天一阁

天一阁，位于浙江省宁波市海曙区，建于明嘉靖四十年至四十五年（1561—1566），由当时退隐的明朝兵部右侍郎范钦主持建造，已有 400 多年的历史。

天一阁藏书楼坐北朝南，为两层砖木结构的硬山顶重楼式建筑，通高 8.5 m，斜坡屋顶，青瓦覆上。一层面阔、进深各六间，二层除楼梯间外为一大通间，以书橱间隔。阁前凿“天一池”通月湖，园林以“福、禄、寿”作总体造型，用山石堆成“九狮一象”等景点。天一阁及其周围园林具有江南庭院式园林特色。天一阁的藏书和建筑为研究书法、地方史、石刻、石构建筑和浙东民居建筑提供了实物资料。

1982 年 2 月，天一阁被国务院公布为第二批全国重点文物保护单位。2018 年 10 月，浙江省宁波市天一阁·月湖景区被文化和旅游部确定为国家 5A 级旅游景区。

2）雁荡山

雁荡山以山水奇秀闻名，素有“海上名山、寰中绝胜”之誉，史称中国“东南第一山”，其主体位于浙江省温州市东北部海滨，小部在台州市温岭南境。雁荡山形成于 1 亿 2 000 万年以前，是环太平洋大陆边缘火山带中的一座火山。雁荡山以瓯江自然断裂，分北雁荡山和南雁荡山。其开山凿胜始于南北朝，兴于唐，盛于宋。谢灵运、沈括、徐霞客、张大千、郭沫若等历代文人墨客都在此留下了诗篇和墨迹。

7.4.3　浙江省旅游线路

1. 黄金旅游线路

（1）杭州西湖一日游：

A 线：灵隐寺、飞来峰、东方文化园、三潭印月、六和塔、黄龙洞、龙井问茶、花港观鱼；

B 线：三潭印月、宋城、飞来峰、黄龙洞、龙井问茶、虎跑泉、岳王庙、灵隐寺。

（2）乌镇水乡一日游：茅盾故居、立志书院、财神湾、修真道院、江南百床馆、民俗馆、古戏台、传统商铺、作坊、百年当铺及民居区。

（3）瑶琳仙境一日游：瑶琳仙境、神仙世界、天目溪漂流、红灯笼外婆桥。

（4）奉化溪口（蒋氏）一日游：蒋母墓道、玉泰盐铺、丰镐房、文昌阁、经国小洋房。

（5）江南小三峡一日游：乌龙峡、子胥峡、葫芦峡、南峰塔、子胥野渡、葫芦百丈飞瀑、江南村。

（6）普陀山佛国二日游：第一天，参观普陀寺、游西天景区、宿普陀山；第二天，游法雨寺、紫竹林、观音院、音洞。

（7）绍兴文化古城一日游：鲁迅故居（三味书屋、百草园、鲁迅祖居）、沈园、东湖、兰亭。

2. 主要旅游线路

（1）浙东水乡佛国游：杭州—绍兴—宁波—舟山；

（2）浙西名山名水游：杭州—钱塘江—富春江—新安江—千岛湖；

（3）浙南奇山秀水游：杭州—金华—东阳—武义—永康—温州；

（4）浙北丝绸古镇游：杭州—嘉兴—苏州或杭州—湖州—无锡。

3. 特色之旅

1）中国蚕丝文化游

双林绫绢市场—中国第一蚕村辑里—江南丝绸古镇南浔—飞英公园—润昌丝织厂—丝绸城。

2）中国文房四宝游

南浔古镇—笔都善琏镇—王一品斋笔庄—飞英公园—碧浪园碑廊—安吉吴昌硕纪念馆—竹种园—竹工艺品总汇。

3）中国茶文化游

长兴顾渚山—南埠陆羽墓—湖州湖畔居茶艺馆观三道茶表演—飞英公园—安吉大溪村—竹种园。

任务 7.5 安徽省旅游资源

7.5.1 安徽省概况

安徽居中靠东，沿江通海，是长三角经济区的重要组成部分，处于全国经济发展的战略要冲和国内几大经济板块的对接地带，经济、文化同长三角经济区其他地区有着历史和天然的联系。特别是延绵八百里的沿江城市群和长江经济带，内拥长江黄金水道，外承沿海地区经济辐射，具有得天独厚的发展条件。经过多年大规模建设，立体的交通网络日趋完善，全省铁路密度和高等级公路密度居中部地区前列，承东启西、连南接北的区位优势更加凸显。

安徽省地形地貌呈现多样性，中国两条重要的河流——长江和淮河自西向东横贯全境，把全省分为三个自然区域：（1）淮河以北是一望无际的大平原，土地平坦肥沃；（2）长江、淮河之间丘陵起伏，河湖纵横；（3）长江以南的皖南地区山峦起伏，以黄山、九华山为代表的山岳风光秀甲天下。安徽主要山脉有大别山、黄山、九华山、天柱山，最高山峰为黄山莲花峰，海拔 1 864 m。长江流经安徽中南部，境内全长 416 km；淮河流经安徽北部，境内全长 430 km；新安江为钱塘江正源，境内干流长 242 km。长江水系湖泊众多，较大的有巢湖、龙感湖、南漪湖，其中巢湖面积近 800 km^2，为中国五大淡水湖之一。

安徽地处暖温带与亚热带过渡地区。淮河是中国南北气候的分界线，淮河以北属暖温带半湿润季风气候，淮河以南为亚热带湿润季风气候。全省年平均气温在 14～17 ℃之间，平均日照 1 800～2 500 h，平均无霜期 200～250 天，平均降水量 800～1 800 mm。四季分明，雨量充沛，气候宜人。

安徽气候温暖，雨量充沛，土地肥沃，适宜多种动植物生长，生物资源繁多，生态环境良好。世界特有的野生动物扬子鳄和白鳍豚就产在安徽的长江流域。

全省已建成国家级自然保护区 8 个，省级自然保护区 33 个。

安徽建省于清朝康熙六年（1667），省名取当时安庆、徽州两府首字合成，因境内有皖山、春秋时期有古皖国而简称皖。

全省南北长约 570 km，东西宽约 450 km。总面积 14.01 万 km^2，约占中国国土面积的 1.45%。2023 年年末，全省常住人口 6 121 万人。

安徽现有合肥、淮北、亳州、宿州、蚌埠、阜阳、淮南、滁州、六安、马鞍山、芜湖、宣城、铜陵、池州、安庆、黄山 16 个地级市，9 个县级市、50 个县、45 个市辖区。

安徽历史悠久，人文荟萃，山川秀美，区位优越，地理地貌融合中国南北差异，是美丽中国的缩影。

7.5.2 安徽省重点旅游景区

1. 合肥

合肥，简称“庐”或“合”，安徽省省会，合肥都市圈中心城市，国务院批复确定的长三角城市群副中心城市，国家重要的科研教育基地、现代制造业基地和综合交通枢纽。

合肥地处华东地区、安徽中部、江淮之间、环抱巢湖，是皖江城市带承接产业转移示范区核心城市、“一带一路”和长江经济带战略双节点城市、综合性国家科学中心、中国集成电路产业中心城市、国家科技创新型试点城市、中国四大科教基地之一。

合肥是一座具有两千多年历史的古城。古施水（今南淝河）流经此地与古肥水（今东淝河）汇合，故称合肥，素有“三国故地，包拯家乡”之称。秦置合肥县，隋至明清时，一直是庐州府治所，故又称“庐州”，又名“庐阳”，有“江淮首郡、吴楚要冲”的美誉。合肥市部分核心景点如下。

1）三河古镇

三河古镇是中国历史文化名镇，国家 5A 级旅游景区，位于安徽省合肥市肥西县南端，地处肥西、庐江、舒城交界处。

三河古镇原是巢湖中的沙洲，因泥沙淤积，渐成陆地，明、清置三河镇。

三河古镇内有古城墙、古炮台、太平军指挥部旧址、英王府、一人巷、万年台、李府粮仓、鹤庐、刘同兴隆庄等历史遗迹，是庐剧的发源地，古镇有米饺、牛皮糖、酥糖、麦芽糖、茶干、米酒等特产。

图 7-15　三河古镇

三河古镇古建筑文化是南北方融合的产物，是中国重要的历史文化遗产。三河古镇保存有体现明清至民国时期历史风貌的独特建筑。街区内的文物、古建筑、古街道等历史遗存是研究三河发展史、皖中建筑史的实物资料。三河古镇如图 7-15 所示。

2）李鸿章故居

李鸿章故居又名李氏家族旧宅、李府、李鸿章府，位于安徽省合肥市庐阳区淮河路步行街中段 208 号，是晚清名臣李鸿章的家宅，典型的晚清江淮地区民居建筑。

李鸿章故居，总占地面积 3 500 m^2，由李府和淮系展馆组成。李府占地 2 000 m^2，淮系展馆占地 1 500 m^2。

李鸿章故居是合肥市的“十大景点”之一，被列为全国重点文物保护单位、国家 4A 级旅游景区。

3）包公园

包公园，简称包园，位于安徽省合肥市包河区芜湖路 72 号，是为纪念北宋著名清官包拯而修建的园林。

包公园主要由包公祠、包公墓、清风阁、浮庄等景点组成。

包公园于 1981 年被公布为省级文物保护单位。2006 年获评国家 4A 级旅游景区。2010 年被中央纪委命名为首批全国廉政教育基地。

包公园以“历史—文物—文化”来组织旅游线路，以权威和翔实的历史资料陈列、文物展示和戏剧表演向世人展现这位生于斯、长于斯、坐镇开封府的宋代重臣包拯的清正廉洁、执法严明、铁面无私、不畏权贵的人格魅力。全园从不同的角度，用不同的形式，展示了包公“忠、孝、清、廉”的一生。包公祠如图 7-16 所示。

图 7-16 包公祠

2. 省内其他重点景区

1）黄山

黄山，古称黟山，位于安徽省黄山市境内，地处安徽省南部、黄山市北部，地跨歙县、休宁县、黟县和黄山区、徽州区，东起黄狮岭，西至小岭脚，北始二龙桥，南达汤口镇，山境南北长约 40 km，东西宽约 30 km，属亚热带季风气候；以奇松、怪石、云海、温泉、冬雪“五绝”，以及历史遗存、书画、文学、传说、名人“五胜”著称于世，有“天下第一奇山”“天开图画”“松海云川”之称。

黄山境内分为温泉、云谷、玉屏、北海、松谷、钓桥、浮溪、洋湖、福固九个管理区，有千米以上高峰 88 座，其中“莲花”“光明顶”“天都”为黄山三大主峰，海拔均逾 1 800 m。黄山境内有大量的文化遗存，如古蹬道、古楹联、古桥、古亭、古寺、古塔等，现存摩崖石刻 300 余处，孕育了中国山水画“黄山画派”；黄山境内动植物资源丰富，森林覆盖率达 84.7%，植被覆盖率达 93.6%，已知脊椎动物达 300 余种，鸟类 170 余种；有“五岳归来不看山，黄山归来不看岳”之名。

1982 年，黄山风景区被国务院公布为首批国家级重点风景名胜区。1990 年 12 月，黄山被联合国教科文组织列入《世界遗产名录》，是世界文化与自然遗产。2004 年 2 月，黄山被联合国教科文组织公布为世界地质公园。黄山如图 7-17 所示。

2）皖南古村落

皖南古村落位于安徽省黟县东，以西递、宏村为代表。西递有近千年的历史，现有 14 世纪到 19 世纪的祠堂 3 幢、牌楼 1 座、古民居 200 余幢。西递至今完好地保存着典型的明清古村落风格，有“活的古民居博物馆”之称。宏村始建于南宋绍兴年间，现存明、清古建筑百余幢，是中国封建社会后期文化的典型代表——徽州文化的载体，集中体现了工艺精湛的徽派民居特色。

2000 年，联合国教科文组织将中国皖南古村落西递、宏村列入《世界遗产名录》。2001 年，皖南古村落成为第五批全国重点文物保护单位之一。2011 年，皖南古村落被评为国家 5A 级旅游景区。皖南古村落如图 7-18 所示。

图 7-17　黄山

图 7-18　皖南古村落

7.5.3　安徽省旅游线路

1. 主要旅游线路

1）黄山—黟县

主要旅游景点：云谷寺、白鹅岭、始信峰、狮子峰、梦笔生花、排云亭、飞来石、天海、鳌鱼峰、莲花峰、玉屏楼、天都峰、慈光阁、塔川秋色。

2）九华山

主要旅游景点：二圣殿、龙池庵、龙池飞瀑、甘露寺、祇园寺、化城寺、肉身宝殿、百岁宫凤凰古松、吊桥（半山寺）、古拜经台、天台峰（天台寺）。

2. 特色之旅

1）最佳旅游线路

两山一湖——合肥绿色之旅，高尔夫温泉之旅，皖东生态山水田园诗意之旅，新农村快乐之旅，古徽文化名人故里之旅，皖北历史文化之旅，科教之城、鱼米之乡——合巢芜之旅，皖山皖水黄梅情之旅，大别山将军故里之旅，世界遗产探访之旅。

2）特色旅游线路

（1）最具创意线路：宗教文化参访之旅，淮河风光览胜之旅；

（2）最具诗韵线路：太白仙踪之旅，文房四宝探秘之旅。

任务 7.6　江西省旅游资源

7.6.1　江西省概况

江西简称“赣”，因公元 733 年唐玄宗设江南西道而得省名，又因为江西最大河流为赣江而得简称，是中国内陆省份之一。江西位于中国东南部，在长江中下游南岸，以山地、丘陵为主，地处中亚热带，季风气候显著，四季变化分明。境内水热条件差异较大，多年平均气温自北向南依次增高，南北温差约 3 ℃。全省面积 16.69 万 km^2，辖 11 个设区市、100 个县

（市、区）。

江西省地处中国东南偏中部长江中下游南岸，古称“吴头楚尾，粤户闽庭”，乃“形胜之区”，东邻浙江、福建，南连广东，西靠湖南，北毗湖北、安徽而共接长江。江西为长江三角洲、珠江三角洲和闽南三角地区的腹地，与上海、广州、厦门、南京、武汉、长沙、合肥等各重镇、港口的直线距离，大多在 600～700 km 之内。境内高速公路里程突破 6 234 km，出省主要通道全部高速化。京九线、浙赣线纵横贯穿全境。航空和水运便捷。

江西 97.7%的面积属于长江流域，水资源比较丰富，河网密集，河流总长约 18 400 km，有全国最大的淡水湖——鄱阳湖。已发现野生高等植物 6 337 种，野生脊椎动物 1 007 种。全省现有世界遗产地 5 处，世界文化与自然双遗产地 1 处，世界地质公园 3 处，国际重要湿地 1 处，国家地质公园 5 处，国家级风景名胜区 15 处，林业自然保护区 186 个（国家级 15 个），森林公园 180 个（国家级 46 个），湿地公园 84 处（国家级 28 处）。江西矿产资源丰富，已查明有资源储量的矿产有九大类 139 种，在全国居前 10 位的有 81 种，有色、稀土和贵金属矿产优势明显，是亚洲超大型的铜工业基地之一，有“世界钨都”“稀土王国”“中国铜都”“有色金属之乡”的美誉。

景德镇的瓷器源远流长，以“白如玉、明如镜、薄如纸、声如磬”的特色闻名中外。樟树的四特酒，周恩来总理赞誉为“清、香、醇、纯”，四特酒由此而得名。遂川狗牯脑茶叶，曾获巴拿马国际食品博览会金奖。南丰蜜桔，历史上是皇室贡品。此外，还有庐山云雾茶、中华猕猴桃、赣南脐橙、南安板鸭、泰和乌鸡、江铃汽车、金圣卷烟等，列入中国著名商标的品种有 159 件。

在中华文明的历史长河中，江西人才辈出，陶渊明、欧阳修、曾巩、王安石、朱熹、文天祥、宋应星、汤显祖、詹天佑等文学家、政治家、科学家若群星灿烂，光耀史册。江西的红色文化闻名中外。井冈山是中国革命的摇篮，南昌是中国人民解放军的诞生地，瑞金是苏维埃中央政府成立的地方，安源是中国工人运动的策源地。第二次国内革命战争时期，江西籍有名有姓的革命烈士就有 25 万多人，占全国的六分之一，为中国革命胜利作出了重大贡献。

江西是“红色摇篮、绿色家园”，旅游资源十分丰富。全省主要旅游景区可概括为“四大名山”：庐山、井冈山、三清山、龙虎山；“四大摇篮”：中国革命的摇篮井冈山、人民军队的摇篮南昌、共和国的摇篮瑞金和工人运动的摇篮安源；“四个千年”：千年瓷都景德镇、千年名楼滕王阁、千年书院白鹿洞、千年古刹东林寺；“六个一”：一湖（鄱阳湖）、一村（婺源）、一海（庐山西海）、一峰（龟峰）、一道（小平小道）、一城（共青城）。经过多年的发展，现有旅游景区（点）2 500 余处。其中，国家 5A 级景区 14 处，国家 4A 级景区 213 处。

7.6.2 江西省重点旅游景区

1. 南昌

南昌，简称“洪”或“昌”，古称豫章、洪都，江西省省会、国务院批复确定的中国长江中游地区重要的中心城市、鄱阳湖生态经济区中心城市。截至 2020 年，全市下辖 6 个区、3 个县。

南昌地处华东地区、江西中部偏北，赣江、抚河下游，鄱阳湖西南岸，是江西省的政治、经济、文化、科教和交通中心，是中国唯一一个毗邻长三角、珠三角和海西经济区的省会城市，也是华东地区重要的中心城市之一、长江中游城市群中心城市之一。

南昌是国家历史文化名城，因“昌大南疆、南方昌盛”而得名，“初唐四杰”王勃在《滕王阁序》中称其为“物华天宝、人杰地灵”之地；南唐时期南昌府称为“南都”；1927 年中国共产党领导了南昌八一起义，在此诞生了中国共产党独立领导的第一支人民军队。南昌是著名的革命英雄城市，被誉为军旗升起的地方；新中国成立后，南昌制造了新中国第一架飞机、第一批海防导弹、第一辆摩托车，是中国重要的制造中心、新中国航空工业的发源地。

南昌是中国首批低碳试点城市，曾荣获国家创新型城市、国际花园城市、国家卫生城市、全球十大动感都会、全国文明城市等称号。南昌市部分核心景点如下。

1）滕王阁

滕王阁位于江西省南昌市东湖区，地处赣江东岸，为南昌市地标性建筑、豫章古文明之象征，始建于唐永徽四年（653），为唐太宗李世民之弟滕王李元婴任江南洪州都督时所修，现存建筑为1985年重建景观；因初唐诗人王勃所作《滕王阁序》而闻名于世；与湖南岳阳岳阳楼、湖北武汉黄鹤楼并称为“江南三大名楼”，是中国古代四大名楼之一。

滕王阁主体建筑高57.5 m，建筑面积13 000多m^2；其下部为象征古城墙的12 m高台座，分为两级；台座以上的主阁取“明三暗七”格式，为三层带回廊建筑，内部共有七层，分为三个明层、三个暗层及阁楼。

2004年，包含滕王阁在内的滕王阁旅游风景区被国务院批准列入第五批国家重点风景名胜区名单；2018年10月，滕王阁旅游风景区被正式批准为国家5A级旅游景区。

2）南昌八一起义纪念馆

南昌八一起义纪念馆是为纪念南昌起义而设立的专题纪念馆，成立于1956年，1959年正式对外开放。南昌八一起义纪念馆位于江西省南昌市西湖区中山路。

南昌八一起义纪念馆基本陈列陈展内容主要有：南昌起义历程、人民军队光辉历程，以及旧址复原陈列等。

南昌八一起义纪念馆是全国文明单位、国家一级博物馆、国家4A级旅游景区。

3）汉代海昏侯国墓园

汉代海昏侯国墓园（海昏侯刘贺墓园）是“我国迄今发现的保存最好、结构最完整、功能布局最清晰、拥有最完备祭祀体系、内涵最丰富的西汉列侯墓园遗址”，是迄今发现的出土文物最多、种类最丰富、工艺水平最高的汉代列侯墓葬，也是我国长江以南地区发现的唯一带有真车马陪葬坑的墓葬。其墓葬本体规模宏大，椁室设计严密、结构复杂、功能清晰明确，对于研究、认识西汉列侯等级葬制提供了难得的资料。在南昌汉代海昏侯国墓园基础上建设的南昌汉代海昏侯国考古遗址公园如图7–19所示。

图7–19 南昌汉代海昏侯国考古遗址公园

汉代海昏侯国墓园平面呈梯形，南北宽141～186 m，东西长233～248 m，垣墙周长868 m、宽约2 m，共占地约4.6万m^2。墓园内由两座主墓，七座祔葬墓，一条外藏坑和园墙，北、东门及其门阙、寝、祠堂及园寺吏舍等构成。园内有完善的道路系统和排水设施。有的祔葬墓前建有祠堂。侯墓和侯夫人墓两座主墓同茔异穴，占据了墓园最高、最中心的位置，两墓共用一个面积约4 000 m^2的高台。其礼制性建筑由东西厢房、寝殿和祠堂组成。

2. 九江

1）庐山

庐山，又名匡山、匡庐，位于江西省九江市庐山市境内。庐山东偎鄱阳湖，南靠南昌，西邻京九铁路，北枕滔滔长江，耸峙于长江中下游平原与鄱阳湖畔，长约 25 km，宽约 10 km，主峰汉阳峰，海拔 1 474 m，山体呈椭圆形，是典型的地垒式断块山。

庐山以雄、奇、险、秀闻名于世，素有"匡庐奇秀甲天下"之誉，自古命名的山峰有 171 座，群峰间散布冈岭 26 座，壑谷 20 条，岩洞 16 个，怪石 22 处。水流在河谷发育裂点，形成许多急流与瀑布，景区有瀑布 22 处，溪涧 18 条，湖潭 14 处。最为著名的三叠泉瀑布，落差达 155 m，有"不到三叠泉，不算庐山客"之美句。

1982 年，庐山被国务院列为首批国家级风景名胜区。1996 年 12 月，庐山被列入《世界遗产名录》。2007 年 3 月，庐山被评为国家 5A 级旅游景区。

庐山风景秀丽，文化内涵深厚，集教育名山、文化名山、宗教名山、政治名山于一身。从司马迁"南登庐山，观禹所疏九江"，到陶渊明、昭明太子、李白、白居易、苏轼、王安石、黄庭坚、陆游、朱熹、胡适、郭沫若等名人巨匠 1 500 余位登临庐山，留下 4 000 余首诗词歌赋，确立了庐山文化名山的地位。庐山如图 7–20 所示。

2）鄱阳湖景区

鄱阳湖是中国第一大淡水湖。当每年秋去冬来，水落滩出时，这里水草繁茂，鱼虾众多，是候鸟理想的越冬地。据调查，鄱阳湖景区有鸟类 258 种，其中属国家一级保护动物的有 9 种，属国家二级保护动物的有 32 种，是世界上最大的白鹤越冬地，全球约 95%的白鹤在此越冬，也是迄今发现的世界上最大的越冬鸿雁群体所在地。该保护区已逐步成为世界保护、研究鸟类的重要基地。鄱阳湖水位最高时，湖泊长 170 km，最宽处 74 km。形状像一个大葫芦，倒挂在长江南岸。鄱阳湖由赣江、抚河、饶河、信江、修河五条主要河流分别从西、南、东南三面供水，然后注入长江。枯水季节，水落滩出，各种形状的湖泊星罗棋布，草地、湿地碧绿一片。鄱阳湖候鸟如图 7–21 所示。

图 7–20 庐山

图 7–21 鄱阳湖候鸟

3. 省内其他重点景区

1）婺源

婺源，隶属于江西省上饶市，位于江西省东北部，截至 2018 年，婺源县有景区景点 30 余个，其中国家 5A 级旅游景区 1 个、4A 级旅游景区 13 个。婺源主要景区如下。

（1）江湾景区。江湾景区位于婺源县东江湾镇江湾村，面积 3 km^2。景区内景物以自然山水、官邸民居、名人遗迹、宗族祠堂、古井拱桥、民情风俗为主要特色，2013 年 1 月，江湾景区获评国家 5A 级旅游景区。

（2）婺源篁岭旅游度假区。婺源篁岭旅游度假区位于婺源县东江湾镇篁岭村，面积 7 km^2，是一个集旅游观光、休闲度假、文化体验、户外运动、会务会展于一体的综合性景区。景区内景物以篁岭晒秋、梯田花海、山寨村落、徽派古建等为主要特色。2014 年篁岭晒秋被评为

“最美中国符号”，同年 5 月，婺源篁岭旅游度假区获评国家 4A 级旅游景区。

（3）大鄣山卧龙谷景区。大鄣山卧龙谷景区位于婺源县北大鄣山乡北部，面积 25 km^2，是一处以锦绣峰峦、幽深峡谷、飞瀑流泉、深潭彩池、密林奇木等为主要特色的山岳型风景区。2005 年 12 月，大鄣山卧龙谷景区获评国家 4A 级旅游景区。

（4）灵岩洞景区。灵岩洞景区位于婺源县北大鄣山乡西北隅，面积 30 km^2。景区内景致以灵岩洞群、名木古树、石林奇观、石城秋色闻名，尤以唐宋遗墨珍贵。2008 年 4 月，灵岩洞景区获评国家 4A 级旅游景区。

（5）文公山景区。文公山景区位于婺源县南紫阳镇与中云镇交界处，面积 2 km^2。景区内景致主要有葱郁翠林、青石古道、石桥路亭、朱熹祖墓、朱熹手植“江南杉王群”等，2009 年 2 月，文公山景区获评国家 4A 级旅游景区。

（6）李坑景区。李坑景区位于婺源县东秋口镇李坑村，面积 1 km^2。景区内景物以明清商宅民居、小桥流水等为主要特色，2010 年 3 月，李坑景区获评国家 4A 级旅游景区。2013 年 8 月，李坑景区被列为“中国传统村落”。婺源如图 7–22 所示。

2）三清山

三清山又名少华山、丫山，位于江西省上饶市玉山县与德兴市交界处，因玉京、玉虚、玉华三峰宛如道教玉清、上清、太清三位尊神列坐山巅而得名。其中玉京峰为最高，海拔 1 819.9 m，是江西第五高峰和怀玉山脉的最高峰，也是信江的源头。三清山是道教名山，世界自然遗产地、世界地质公园、国家自然遗产、国家地质公园。

三清山主体南北长 12.2 km，东西宽 6.3 km，平面呈荷叶形，由东南向西北倾斜，位于欧亚板块东南部的扬子古板块与华夏古板块结合带的怀玉山构造块体单元内。三清山地处怀玉山脉腹地，山势东、南、西三面陡峻，北面稍缓，从山脚至山顶，水平距离 5 km，海拔由 200 m 陡增至 1 800 m 以上。

三清山不同成因的花岗岩微地貌密集分布，展示了世界上已知花岗岩地貌中分布最密集、形态最多样的峰林；2 373 种高等植物、1 728 种野生动物，构成了东亚最具生物多样性的环境；1 600 余年的道教历史孕育了丰厚的道教文化内涵，按八卦布局的三清宫古建筑群，被国务院文物考证专家组评价为“中国古代道教建筑的露天博物馆”。

世界遗产大会认为：三清山在一个相对较小的区域内展示了独特花岗岩石柱与山峰，丰富的花岗岩造型石与多种植被、远近变化的景观及震撼人心的气候奇观相结合，创造了世界上独一无二的景观美学效果，呈现了引人入胜的自然美。三清山如图 7–23 所示。

图 7–22　婺源

图 7–23　三清山

3）鹅湖书院

鹅湖书院位于上饶市铅山县鹅湖镇鹅湖山麓，为古代江西四大书院之一，占地面积

8 000 m^2。鹅湖书院曾是一个著名的文化中心。尤其是南宋理学家朱熹与陆九渊等人的鹅湖之会，成为中国儒学史上一件影响深远的盛事。人们为了纪念“鹅湖之会”，在书院后建了“四贤祠”。

鹅湖书院自南宋至清代，八百多年来，几遭损毁，又几次重建。其中，以清康熙五十六年（1717）整修和扩建工程规模最大。康熙皇帝还为御书楼题字作对。书院历经数百年，风貌依旧，格局完整，原状留存，是书院实物遗存中少有的得以完整原貌保存的一处。院内设有“鹅湖之会与鹅湖书院”“辛弃疾与铅山”等固定的展览、陈列。书院平均每年仅接待海外专家学者及文化团体就达 1 万人次。鹅湖书院如图 7–24 所示。

4）武夷山

武夷山位于江西省与福建省交界处，是中国著名的风景旅游区和避暑胜地，属典型的丹霞地貌，是首批国家级重点风景名胜区之一。

自秦汉以来，武夷山就为羽流禅家栖息之地，留下了不少宫观、道院和庵堂故址。武夷山还曾是儒家学者倡道讲学之地。

武夷山自然保护区，是地球同纬度地区保护最好、物种最丰富的生态系统，拥有 2 527 种植物物种，近 5 000 种野生动物。

武夷山是世界文化与自然双重遗产、世界生物圈保护区、全国重点文物保护单位（武夷山崖墓群）、国家重点风景名胜区、国家 5A 级旅游景区、国家级自然保护区、国家水利风景区、国家生态旅游示范区、全国文明风景旅游区示范点。

2017 年 7 月 9 日，武夷山边界调整项目在第 41 届联合国教科文组织世界遗产委员会会议上通过，江西铅山武夷山纳入武夷山世界文化与自然遗产地保护范围。武夷山如图 7–25 所示。

图 7–24 鹅湖书院

图 7–25 武夷山

7.6.3 江西省旅游线路

1. 黄金旅游线路

（1）南昌—庐山—景德镇—婺源—三清山—龟峰—龙虎山；

（2）南昌—吉安—井冈山—赣州—兴国—于都—瑞金—南丰—抚州；

（3）南昌—樟树—新余仙女湖—宜春明月山—萍乡武功山。

2. 主要旅游线路

（1）红色文化之旅：南昌—井冈山—赣州—瑞金；

（2）名山名城名村陶瓷文化之旅：南昌—九江庐山—景德镇—婺源；

（3）名山名城道教文化之旅：南昌—龙虎山—龟峰—三清山。

3. 特色之旅

1）人杰地灵之旅

八一广场—八一起义纪念馆—滕王阁—摩天轮游乐场—赣文化长廊—秋水广场—梅岭—安义古村群—天香园—八大山人纪念馆—象湖公园。

2）赣北山湖瓷乡神韵之旅

九江庐山—柘林湖—石钟山—景德镇—婺源。

3）峰林丰碑之旅

三清山—广丰铜钹山—上饶集中营景区—葛仙山—葛源—龟峰。

4）革命摇篮之旅

萍乡—莲花—永新三湾—茅坪—茨坪—吉安。

5）赣东南共和国摇篮之旅

赣州—兴国—宁都—广昌—石城—瑞金—会昌—于都—赣州。

6）名人故里之旅

临川—南丰—宜黄—乐安—永丰—吉水—吉安。

任务 7.7　福建省旅游资源

7.7.1　福建省概况

福建省简称“闽”，地处中国东南沿海，省会福州，辖福州、厦门、漳州、泉州、三明、莆田、南平、龙岩、宁德 9 个设区市和平潭综合实验区，下设 11 个县级市、31 个市辖区和 42 个县（含金门县）。全省陆地面积 12.4 万 km^2，海域面积 13.6 万 km^2。2023 年末全省常住人口 4 183 万人。大陆海岸线全国第二，可建万吨级以上泊位自然岸线约 258 km。水产品人均占有量居全国第一，水能资源蕴藏量居华东地区首位。森林覆盖率 65.12%、保持全国第一。全省拥有世界遗产 5 处，“双世遗”武夷山和世界文化遗产鼓浪屿、福建土楼景色宜人。福建是乌龙茶、红茶、白茶、茉莉花茶的发源地，毛茶产量全国第二，茶产业全产业链产值全国第一。早在 18 万年前，就有古人类在三明万寿岩一带活动。

福建有距今 5 000 多年的昙石山文化，朱子文化、闽南文化、客家文化、妈祖文化、闽都文化等，地域文化独具魅力。朱熹、郑成功、林则徐、严复、陈嘉庚、冰心、陈景润等名人光耀史册。

福建铁路运营里程超过 4 700 km，路网密度超全国平均水平的 2 倍，所有设区市实现高速铁路环线贯通。高速公路里程超过 6 100 km，所有县市 15 min 内上高速、82%陆域乡镇 30 min 内上高速，拥有厦门港、福州港、湄洲湾 3 个亿吨大港，民航机场 6 个、航线 360 多条，通达世界主要城市。

7.7.2　福建省重点旅游景区

1. 厦门

厦门，简称“厦”或“鹭”，别称鹭岛，计划单列市，国务院批复确定的经济特区，东南沿海重要的中心城市、港口及风景旅游城市。

厦门地处华东地区、福建东南部，由厦门岛、离岛鼓浪屿、西岸海沧半岛、北岸集美半岛、东岸翔安半岛、大嶝岛、小嶝岛、内陆同安、九龙江等组成。厦门通行闽南语厦门话，与漳州、泉州同为闽南地区的组成部分。

厦门是国家综合配套改革试验区、国家物流枢纽、东南国际航运中心、中国（福建）自由贸易试验区组成部分、国家海洋经济发展示范区、两岸新兴产业和现代服务业合作示范区、两岸区域性金融服务中心和两岸贸易中心。厦门市部分核心景点如下。

1）鼓浪屿

鼓浪屿素有“海上花园”的美称。岛上完好地保留着许多具有中外建筑风格的建筑物，有“万国建筑博览会”之誉。岛上居民喜爱音乐，钢琴拥有密度高，被赞为琴岛。鼓浪屿主要旅游景点有日光岩、菽庄花园、海滨浴场、郑成功纪念馆等。2017 年 7 月 8 日，“鼓浪屿：历史国际社区”被列入《世界遗产名录》，成为中国第 52 项世界遗产。鼓浪屿如图 7–26 所示。

2）南普陀寺

南普陀寺，位于厦门市思明区，始建于唐末，初称泗洲院。北宋僧人文翠改建，称为无尽岩，元废。明初复建，更名普照寺。清康熙二十二年，靖海侯施琅收复台湾后驻镇厦门，捐资修复寺院旧观，又增建大悲阁奉观音菩萨，并以之与浙江普陀山观音道场相类比，更名为南普陀寺。

3）胡里山炮台

胡里山炮台，位于厦门市思明区，是全国重点文物保护单位、国家 4A 级旅游景区，始建于清光绪年间，总面积 7 万多 m^2，分为战坪区、兵营区和后山区，既有欧洲建筑风格，又有我国明清时期的建筑神韵。胡里山炮台是中国洋务运动的产物，历史上被称为“八闽门户、天南锁钥”。

4）环岛路

环岛路是环绕厦门岛的双向 6 车道城市干道。机动车道宽 18～24 m，非机动车道宽 6～7 m，人行道宽 6～8 m。环岛路是厦门市环海风景旅游干道之一，风景优美，令人流连忘返。环岛路如图 7–27 所示。

图 7–26　鼓浪屿

图 7–27　环岛路

5）中山路

中山路，是厦门市最老牌的商业街，人流旺，商品多，名气大，不论往昔还是如今，人们一提及厦门，就必言中山路。

中山路是较完整保留厦门近代历史风貌的旧城街区，拥有小走马路、陈化成故居、中华第一圣堂等众多人文古迹。南洋骑楼建筑、流光溢彩的 LED 夜景、琳琅满目的各色闽台特色小吃和回响在小巷街坊间的古老南音，构成其与众不同的风格特色。中山路现有省级文物保护单位 3 处，市级文物保护单位 5 处，市级涉台文物古迹 1 处，其他历史遗址、古迹 10 余处，

图 7–28　中山路

还有南音等非物质文化遗产。2012 年 6 月，厦门中山路成功荣获“中国历史文化名街”的称号。中山路如图 7–28 所示。

2. 福州

福州，简称“榕”，别称榕城，福建省省会、福州都市圈核心城市，国务院批复确定的海峡西岸经济区中心城市之一、滨江滨海生态园林城市。

福州地处华东地区、福建东部、闽江下游及沿海地区，是中国东南沿海重要城市、首批对外开放的沿海开放城市、海洋经济发展示范区，海上丝绸之路门户及中国（福建）自由贸易试验区组成部分。

福州是国家历史文化名城，最早在秦汉时期名为“冶”，而后因为境内一座福山而更名为“福州”。福州马尾是中国近代海军的摇篮、中国船政文化的发祥地。福州曾获中国优秀旅游城市、国家卫生城市、滨江滨海生态园林城市、国家环保模范城、全国双拥模范城市、全国文明城市等称号。福州市部分核心景点如下。

1）三坊七巷

三坊七巷是国家 5A 级旅游景区，是福州老城区经历了拆迁建设后留存下来的历史街区之一，是福州的历史之源、文化之根、文脉昌盛之地。

三坊七巷自晋、唐形成起，便是贵族和士大夫的聚居地。区域内现存古民居约 270 座，有 159 处被列为保护建筑。以沈葆桢故居、林觉民故居、严复故居、冰心故居等 9 处典型建筑为代表的三坊七巷古建筑群，被国务院公布为全国重点文物保护单位。

严复、陈宝琛、林觉民和林长民等中国近代史上的名人曾先后从三坊七巷里走出。

三坊七巷为国内现存规模较大、保护较为完整的历史文化街区，有“中国城市里坊制度活化石”和“中国明清建筑博物馆”的美称。三坊七巷如图 7–29 所示。

图 7–29　三坊七巷

2）林则徐纪念馆

林则徐纪念馆位于福州市鼓楼区澳门路 16 号，是“福州古厝”的典型代表。其在 1905 年（光绪三十一年）建成的“林文忠公祠”基础上，于 1961 年开始筹建，1982 年建成，1983 年元旦对外开放。林则徐纪念馆景区包括全国重点文物保护单位“林则徐宅与祠”（即林则徐出生地、林则徐故居和林文忠公祠）、“林则徐史绩展”和“禁毒展馆”等，总占地面积 15 000 m^2，全年免费对外开放。

3. 省内其他重点景区

1）古田会议会址

古田会议会址，原为“廖氏宗祠”，又名“万源祠”，位于福建省龙岩市上杭县古田镇采眉岭笔架山下。会址坐东朝西，是始建于清宣宗道光二十八年（1848）的单层歇山四合院式砖木结构宗祠建筑。祠堂由前后厅和左右厢房组成，建筑面积 826 m^2。

1929 年 5 月，红军第一次挺进闽西古田，同年 12 月，毛泽东同志主持的红四军党的第九次代表大会在此召开，会议通过了具有历史意义的“古田会议决议”。“古田会议决议”被作为思想建党、政治建军的第一个纲领性文件而载入史册。1961 年，国务院将古田会议会址列为第一批全国重点文物保护单位。2016 年 12 月，古田会议会址入选《全国红色旅游景点景区名录》。古田会议会址如图 7-30 所示。

图 7-30 古田会议会址

2）南靖土楼

南靖土楼，又称福建土楼，以历史悠久、数量众多、规模宏大、造型奇异、风格独特而闻名于世，被誉为“神话般的山区建筑”。

福建土楼产生于宋朝时期，明清时期逐渐成熟。福建土楼是世界上独一无二的山区大型夯土民居建筑，依山就势，布局合理，吸收了中国传统建筑规划的“风水”理念，适应聚族而居的生活和防御要求，巧妙地利用了山间狭小的平地和当地的生土、木材、鹅卵石等建筑材料，是一种自成体系，具有节约、坚固、防御性强的特点，又极富美感的生土高层建筑综合体。福建土楼的建筑材料甚为奇特，由黏土、糯米、红糖、竹片、水组成，土楼冬暖夏凉，具有很强的抗台风、抗地震能力。土楼是世界上独一无二的大型民居形式，被称为中国传统民居的瑰宝。

7.7.3 福建省旅游线路

1. 主要旅游线路

（1）闽西北山岳绿色生态游：武夷山—邵武—泰宁—将乐—永安—连城—新罗；

（2）山海大观游：武夷山—厦门；

（3）福建土楼之旅：永定—南靖—华安；

（4）蓝色滨海生态旅游线：宁德—福州—莆田。

2. 精品旅游线路

（1）八闽精华游：厦门（鼓浪屿）—漳州（滨海火山）—龙岩（土楼）—三明（泰宁世界地质公园）—南平（武夷山）—福州（马尾船政博物馆）—莆田（湄洲妈祖祖庙）—泉州（崇武古城）—厦门；

（2）闽南山海游：漳州—厦门（鼓浪屿）—泉州—莆田（湄洲妈祖祖庙）。

3. 特色之旅

1）观光度假游

福州（长乐、平潭）、莆田（湄洲岛）、宁德（三都）、泉州（崇武、石狮）、厦门、漳州（东山、南太武）等是海滨度假休闲的旅游线；武夷山、太姥山、金湖、冠豸山等风景名胜区则成为游览奇山秀水的重要线路。

2）名茶文化游

福建名茶荟萃，其中乌龙茶、武夷岩茶、福州花茶、安溪铁观音、闽东白毫银针等都有很大影响，武夷山、泉州、安溪、福州、福安举办茶文化节，进行茶艺表演、茶具展览等，深受日本、韩国及东南亚客人欢迎。

3）寻根探祖游

福建是我国著名的侨乡，又是80%台湾同胞祖籍地。宁化石壁是海内外客家人祖籍地。因此，寻根探祖旅游成为福建旅游的重要特色，每年有大量海外侨胞宗亲寻根团来闽寻根探亲、拜祖谒祠。

任务 7.8　山东省旅游资源

7.8.1　山东省概况

山东省位于中国东部沿海、黄河下游，东西长 721.03 km，南北长 437.28 km，境域包括半岛和内陆两部分，山东半岛突出于渤海、黄海之中，同辽东半岛遥相对峙；内陆部分自北而南与河北、河南、安徽、江苏 4 省接壤。

截至 2023 年 12 月底，山东省辖济南、青岛、淄博、枣庄、东营、烟台、潍坊、济宁、泰安、威海、日照、临沂、德州、聊城、滨州、菏泽 16 个设区的市，县级行政区 136 个（市辖区 58 个、县级市 26 个、县 52 个），乡镇级行政区 1 822 个（街道 693 个、镇 1 072 个、乡 57 个）。2023 年年末常住人口 10 123 万人。

山东省境内中部山地突起，西南、西北低洼平坦，东部缓丘起伏，形成以山地丘陵为骨架、平原湖泊交错环列其间的地形地貌。泰山雄踞中部，主峰海拔 1 532.7 m，为全省最高点。黄河三角洲一般海拔 2～10 m，为全省陆地最低处。境内地貌复杂，大体可分为平原、台地、丘陵、山地等基本地貌类型。平原面积占全省面积的 65.56%，主要分布在鲁西北地区和鲁西南局部地区。台地面积占全省面积的 4.46%，主要分布在东部地区。丘陵面积占全省面积的 15.39%，主要分布在东部、鲁西南局部地区。山地面积占全省面积的 14.59%，主要分布在鲁中地区和鲁西南局部地区。境内主要山脉，集中分布在鲁中南山丘区和胶东丘陵区。鲁中南山丘区主要由片麻岩、花岗片麻岩组成；胶东丘陵区由花岗岩组成。绝对高度在 700 m 以上、面积 150 km^2 以上的有泰山、蒙山、崂山、鲁山、沂山、徂徕山、昆嵛山、九顶山、艾山、牙山、大泽山等。全省海拔 50 m 以下区域占全省面积的 53.71%，主要分布在鲁西、鲁北地区；海拔 50～200 m 区域占 33.50%，主要分布在东部地区；海拔 200～500 m 区域占 11.53%，主要分布在鲁西南地区和东部地区；海拔 500 m 以上区域仅占 1.26%，主要分布在鲁中地区。

全省冬季气温偏高，降水异常偏少；春季气温显著偏高，降水异常偏少；夏季气温偏高，降水显著偏多；秋季气温偏高，降水显著偏多；四季日照时数正常。

2023 年，山东接待国内游客 8.2 亿人次，实现国内旅游收入 9 713.6 亿元，按可比口径，比上年分别增长 63.5%和 68.3%。国家 A 级旅游景区 1 229 家，其中，5A 级景区 14 家。

7.8.2　山东省重点旅游景区

1. 济南

济南，别称泉城，山东省省会、济南都市圈核心城市，国务院批复确定的环渤海地区南翼的中心城市。

济南地处华东地区、山东中西部、华北平原东南部边缘，其北连京津冀地区、南接长三角地区，是环渤海经济区和京沪经济轴上的重要交汇点，华东地区重要的交通枢纽之一。

济南境内泉水众多，拥有“七十二名泉”，素有“四面荷花三面柳，一城山色半城湖”的美誉，济南八景闻名于世，是拥有“山、泉、湖、河、城”独特风貌的旅游城市，是国家历史文化名城、首批中国优秀旅游城市，史前文化——龙山文化的发祥地之一。

济南市部分核心景点如下。

1）大明湖

大明湖，济南三大历史名胜之一，位于济南市历下区，由济南众多泉水汇流而成，平均水深 2～3 m。大明湖景色优美秀丽，水色澄碧，是国家 5A 级旅游景区——天下第一泉风景区的核心组成部分之一。

大明湖历史悠久，纪念古人政绩、行踪的建筑及自然景观很多，诸如历下亭、铁公祠、小沧浪、北极阁、汇波楼、南丰祠、遐园、稼轩祠等，引得历代文人前来凭吊、吟咏。唐代以后的历代诗人，许多都在此留下过著名的诗篇。

2）趵突泉

趵突泉，济南三大名胜之一，位于济南市历下区，东临泉城广场，北望五龙潭，位居济南七十二名泉之冠。乾隆皇帝南巡时因趵突泉水泡茶味醇甘美，曾册封趵突泉为“天下第一泉”。

趵突泉长 30 m，宽 18 m，深 2.2 m。北临泺源堂，西傍观澜亭，东架来鹤桥，南有长廊围合。泉水从地下石灰岩溶洞中涌出，每天涌出 7 万 m^3 泉水，泉水有三个出水口。趵突泉水一年四季恒定在 18 ℃左右。趵突泉周边的名胜古迹有泺源堂、观澜亭、尚志堂、李清照纪念堂、李苦禅纪念馆等。

趵突泉与千佛山、大明湖并称为济南三大名胜。2013 年，以趵突泉为代表的“天下第一泉景区”成为国家 5A 级旅游景区。趵突泉如图 7-31 所示。

图 7-31　趵突泉

2. 青岛

青岛，别称岛城、琴岛，计划单列市、特大城市，国务院批复确定的中国沿海重要中心城市和滨海度假旅游城市、国际性港口城市。

青岛地处华东地区、山东半岛东南、东濒黄海，是山东省经济中心、国家重要的现代海洋产业发展先行区、东北亚国际航运枢纽、海上体育运动基地，“一带一路”新亚欧大陆桥经济走廊主要节点城市和海上合作战略支点。

青岛是国家历史文化名城、中国道教发祥地，因树木繁多，四季常青而得名。青岛是 2008 年北京奥运会帆船比赛举办城市，是中国帆船之都，亚洲最佳航海城，世界啤酒之城、全国首批沿海开放城市、全国文明城市、中国最具幸福感城市，被誉为“东方瑞士”、中国品牌之都。

青岛是国家历史文化名城、重点历史风貌保护城市、首批中国优秀旅游城市，拥有国家重点文物保护单位 34 处，国家级风景名胜区 2 处。山东省近 300 处优秀历史建筑中，青岛占 131 处。青岛历史风貌保护区内有重点名人故居 85 处，已列入保护目录 26 处。国家级自然保护区 1 处，即墨马山石林。青岛市部分核心景点如下。

1）崂山

崂山，位于山东省青岛市崂山区。它是山东半岛的主要山脉，崂山的最高峰名为巨峰，又称崂顶。崂山是中国海岸线第一高峰，有着海上“第一名山”之称。截至 2017 年 8 月，崂山有文物保护单位 56 处，其中，全国重点文物保护单位 1 处（含太清宫、太平宫、上清宫等 11 个道教建筑），省级文物保护单位 4 处，市级文物保护单位 2 处，区级文物保护单位 49 处。崂山如图 7–32 所示。

2）八大关

八大关，位于山东省青岛市市南区汇泉东部，太平山南麓，始建于 20 世纪 30 年代，是中国著名的风景疗养区。八大关是首批中国历史文化名街，也是青岛的主要名胜之一。

八大关是最能体现青岛“红瓦绿树、碧海蓝天”特点的风景区，所谓“八大关”，是因为这里有八条马路（现已增到十条），这些马路以中国古代长城著名关隘命名。八大关集中了俄、英、法、德、美、丹麦、希腊、西班牙、瑞士、日本等 20 多个国家的各式建筑风格，人称“万国建筑博物馆”。

新中国成立前，这里是官僚资本家的别墅区。新中国成立后，人民政府对八大关进行了全面修缮，使其成为中国重要的疗养区之一，许多党和国家领导人及重要的国际友人，曾在这里下榻。

八大关景区如图 7–33 所示。

图 7–32　崂山

图 7–33　八大关景区

3）栈桥

栈桥，即前海栈桥、南海栈桥、大码头，位于山东省青岛市南区太平路 12 号，处青岛湾北侧，与小青岛隔水相望，始建于清光绪十七年（1891），素有“长虹远引”之誉，是青岛市近代第一座人工码头和最具代表性和知名度的城市地标之一。栈桥及回澜阁全长 440 m，宽 10 m，桥两边有铁链护栏和莲花路灯，尽头建有半圆形三角防波堤，呈“个”状，最南端处筑有双层双檐琉璃瓦覆顶的两层八角亭（回澜阁）。2021 年 10 月，青岛栈桥入选 100 个“好客山东网红打卡地”名单。栈桥如图 7–34 所示。

图 7–34　栈桥

4）青岛奥林匹克帆船中心

青岛奥林匹克帆船中心（青岛奥帆中心、青岛国际帆船中心）位于山东省青岛市东部新区浮山湾畔，北海船厂原址，毗邻五四广场和东海路，2008 年北京奥运会帆船比赛在这里举行。

青岛奥林匹克帆船中心通过三条南北向轴线即西轴—海洋文化轴、中轴—欢庆文化轴、东轴—自然文化轴，组成了意向的“川”字，以“欢舞·海纳百川”为主题，寓意开放的青岛正以宽广胸襟向世界敞开大门。

3. 省内其他重点景区

1）泰山

泰山，又名岱山、岱宗、岱岳、东岳、泰岳，为五岳之一，位于山东省中部，绵亘于泰安、济南、淄博三市之间。

泰山被古人视为“直通帝座”之地，成为百姓崇拜、帝王告祭的神山，有“泰山安，四海皆安”的说法。自秦朝到清代，先后有 13 代帝王依次亲登泰山封禅或祭祀，另有 24 代帝王遣官祭祀 72 次。山体上留下了 20 余处古建筑群，2 200 余处碑碣石刻。

1982 年 11 月，泰山被列入第一批国家级风景名胜区。1987 年 12 月，泰山被列为世界文化与自然双重遗产。2007 年 3 月 7 日，泰山被评为国家 5A 级旅游景区。

五岳为群山之尊，泰山为五岳之长。泰山因其气势之磅礴，有“天下名山第一”的美誉。

泰山前邻孔子故里曲阜，背依泉城济南。泰山雄起于华北平原之东，凌驾于齐鲁平原之上，东临大海，西靠黄河，南有汶、泗、淮之水，东西长约 200 km，南北宽约 50 km，主脉、支脉、余脉涉及周边十余县。泰山具有极其美丽壮观的自然风景，其主要特点为雄、奇、险、秀、幽等。数不清的名胜古迹、摩崖碑碣，使泰山成了世界少有的历史文化与自然相结合的游览胜地。游泰山的最佳时间为每年的 5 月到 11 月。泰山是中华民族的象征，是东方文化的缩影，是“天人合一”思想的寄托之地，是中华民族精神的家园。泰山如图 7-35 所示。

2）曲阜三孔（孔庙、孔府、孔林）景区

山东济宁曲阜的孔庙、孔府、孔林，统称曲阜“三孔”，是中国历代纪念孔子，历代儒客朝拜之圣地。曲阜三孔景区以丰厚的文化积淀、悠久的历史、宏大的规模、丰富的文物珍藏，以及极高的科学艺术价值而著称。

山东济宁曲阜是孔子的故乡。孔子生前在此开坛授学，创立儒家文化，为此后 2 000 多年的中国历史深深地打上了儒学烙印。以孔子为代表的儒家文化，按照自己的理想塑造了整个中国的思想、政治和社会体系，成为整个中国文化的基石。1994 年孔庙、孔林、孔府被联合国列入《世界遗产名录》。

（1）孔庙，是孔子死后的第二年，即公元前 478 年，由鲁哀公在孔子生前故宅的基础上改建而成的，后经历代王朝不断扩建和整修，规模越来越大。孔庙如图 7-36 所示。

图 7-35 泰山

图 7-36 孔庙

（2）孔府，即“衍圣公府”，是孔子嫡系长子长孙居住地，规模宏大。前为官衙，后为内宅，是我国封建社会中典型的衙宅合一建筑。

（3）孔林，亦称“至圣林”，是孔子及其家族的专用墓地，也是世界上延续时间最长的家族墓地，林墙周长 7 km，内有古树 2 万多株，是一处古老的人造园林。孔子死后，他的弟子从全国各地带来奇花异木到此种植，此后，其规模越来越大，现孔林内有树木十万多株，成为我国最大的人工园林。

7.8.3 山东旅游线路

1. 黄金旅游线路

（1）济南—泰山；

（2）济南—淄博—青州—潍坊；

（3）济南—潍坊—烟台—威海—青岛；

（4）济南—平邑—临沂—日照；

（5）济南—泰山—肥城—梁山—菏泽；

（6）济南—曲阜—邹城—滕州。

2. 主要旅游线路

（1）山水名胜旅游线：济南—泰安—青岛；

（2）滨海文化旅游线：日照—青岛—威海—烟台；

（3）民俗节庆旅游线：菏泽—潍坊—青岛。

3. 特色旅游

（1）齐鲁文化寻踪游：曲阜明古城—青州博物馆—泰安岱庙—长清灵岩寺—淄博蒲松龄故居；

（2）自然生态游：东营黄河三角洲—微山湖—莱芜大峡谷；

（3）齐鲁美食游：济南菜、孔府菜、胶东菜各具特色，黄河鲤鱼、德州扒鸡、淄博酥锅等各种地方小吃更是风味独特；

（4）海滨休闲游：山东拥有 3 000 多 km 的海岸线，众多的天然海水浴场等；

（5）“圣人故里”之旅：曲阜“三孔”。

实　训

1. 实训目的

根据华东地区客运交通线路与旅游资源情况设计为期 21 天的华东地区江南水乡主题旅游方案。

2. 实训内容

对照职业能力目标的要求，认真学习本项目的内容，在熟悉华东地区旅游资源的基础上，设计华东地区江南水乡主题旅游线路。

3. 实训步骤

（1）绘制本项目思维导图，掌握职业能力目标要求的能力。

（2）以本项目的内容为脉络，前往图书馆查找文献，通过互联网收集网络资料，结合纸质和电子地图完成 PPT 演示文件的创作。

（3）在班级讨论会上，提交 PPT 演示文件并进行简短的汇报。

（4）听取教师及其他同学对 PPT 演示文件的点评，取长补短，复盘本项目的内容。

项目 8

华南旅游区

职业能力目标

1. 掌握华南旅游区旅游地理概述
2. 掌握华南旅游区各省的旅游资源

任务 8.1　华南旅游区旅游地理概述

华南旅游区，包括广东省、广西壮族自治区、香港特别行政区、澳门特别行政区、海南省及诸海岛，如东沙群岛、中沙群岛、南沙群岛、西沙群岛、钓鱼岛及其附属岛屿等。虽然在很多时候，福建省、台湾省名义上被列入华东地区，但闽台两省在文化上、风俗上、血缘和人员移动等方面，多属于华南板块，尤其是福建省闽中南地区的地方文化，跟广东省西江流域（广州、肇庆）、东江流域（惠州、梅州），有着共同的历史渊源。这一点在进行旅游线路开发时，值得注意。对于香港特别行政区、澳门特别行政区的旅游地理环境本书不作介绍。

8.1.1　自然地理环境

1. 位居东南沿海，地理位置优越

华南旅游区位居我国东南沿海，是著名侨乡，是我国发展对外旅游条件较优越的地区之一。

2. 地形多样，海域辽阔，岛屿众多

本区地貌种类比较齐全，山地、平原、丘陵、台地纵横交错，以山地、丘陵为主。其间分布丹霞地貌和岩溶地貌，成为本区的特色地貌。

本区海岸曲折，多港湾、岛屿，海岸地貌发育形成众多的滨海旅游风景区。岛屿星罗棋布、类型齐全，岛屿周围港湾水深，形成天然良港。

3. 热带、亚热带季风气候

本区纬度位置低，地势南倾，东濒东海，南临南海，西南距印度洋不远，受东南亚季风环流控制，形成了典型的热带、亚热带季风气候，全年湿热。全区终年气温较高，大部分地区年平均温度高于 20 ℃，夏季长达八九个月，没有真正的冬季。台风影响也是华南气候的重要特点之一。袭击我国的台风 80%在华南沿海登陆，台风活动频率较大的时间在 5 月至 11 月，它对缓解本区夏季旱情起较大作用，但在旅游季节应注意保障游客旅行安全，保护旅游设施完好。

4. 热带、亚热带生物资源与景观

本区大部分地区的气候属于南亚热带、亚热带气候，在湿热的气候条件下，本区植被繁茂，森林覆盖率很高，四季常青，多为热带季雨林和亚热带常绿阔叶林。海南、粤北等地区保存着大片原始森林或次生林，生物种类多样。国家在这些地区建立了一系列自然保护区及国家森林公园。

本区野生动物资源丰富，在深山密林中生活着长臂猿、云豹、猕猴、水鹿、坡鹿、孔雀等大量珍稀动物。海洋生物也十分丰富，海南岛近海水下有千姿百态的热带鱼类和各种珊瑚、海葵等海洋生物，是潜水旅游的胜地。

8.1.2　人文历史环境

1. 历史悠久，中西兼容的岭南文化

岭南的人文旅游资源表现出中原文化和外国文化的痕迹，形成中外文化交融的岭南特色文化，表现在以下几个方面。

1）园林建筑风格各异

岭南园林建筑的设计吸收了中原文化和江南园林艺术的精华，同时借助了国外构园手法。民居、纪念性建筑也表现出以我国民族形式为主、兼容外国风格的特点。在客家人集中居住地区和侨乡常可看到不同形式的小型楼房，梅州市的联芳楼为其中典型代表。

2）独具特色的文化艺术和特种工艺

广东粤剧为我国主要剧种之一，其他如潮州戏、广东汉剧、客家山歌等也很有特色。

2. 现代文明与传统文化的交相辉映

早在宋元时期，广东的广州便是著名的东方大港，成为我国南方海上丝绸之路的起点。到了近代，本区最早接受了西方资本主义的工业文明。我国改革开放后，以珠江三角洲等为代表的东南沿海地区逐渐成为我国经济最发达的地区之一。

8.1.3 旅游资源的特点

1. 热带森林景观

在长期湿热的气候条件下，本区自然植被四季常青，花果期长，森林资源丰富。旅游区内先后建立了许多自然保护区。广东建立了肇庆鼎湖山、乳源青溪洞等自然保护区；海南建立了东方大田、乐东尖峰岭、昌江坝王岭等自然保护区；海南省海口市琼山区东寨港有红树林自然保护区等，珊瑚礁海岸、椰子树等热带、亚热带风光，对于生活在非热带地区的旅游者极富吸引力。

2. 丹霞、岩溶、海岸等地貌旅游资源丰富

本区丹霞地貌发育十分典型，如广东仁化的丹霞山是著名景区。本区的粤北、粤西都有岩溶地貌分布，较著名的有广东肇庆的星湖等。

海蚀地貌在本区分布甚广，如三亚市的“鹿回头”等。

3. 旅游资源类型齐全，以生态、人造主题公园最具特色

本区兼跨热带、亚热带，背山靠海，人文历史悠久，中原文化、古越文化、客家文化、华侨文化等多种文化长期交融，使得本区旅游资源类型较为齐全。

本区凭借经济实力和特有的客源优势，人造主题公园以发展早、数量多、规模大、特色浓而著称，如具有开创性的深圳“三园”（中华民俗文化村、世界之窗、锦绣中华），广州长隆乐园、东山乐园、南湖乐园、动物海洋世界，番禺香江野生动物世界，海南的南山文化园等，都是极具影响的主题公园，充分显示了本区主题公园的特有优势和发展前景。

任务 8.2 广东省旅游资源

8.2.1 广东省概况

广东省地处中国大陆最南部，东邻福建省，南临南海，西接广西壮族自治区，北接江西省、湖南省，珠江口东西两侧分别与香港、澳门特别行政区接壤，西南部雷州半岛隔琼州海峡与海南省相望。

广东省位于中国地势三级阶梯中的第三级阶梯，总体海拔较低。受地质历史时期多旋回地壳运动、岩浆活动、褶皱与断裂活动、地块差异升降及气候与海平面变化等多重因素综合影响，地形地貌复杂多样。陆地地貌类型主要包括山地、丘陵、台地和平原，其中山地和丘陵面积约占广东省陆地总面积的 60%，台地和平原约占 40%。地势北高南低，北部为山地和高丘陵，南部以平原和台地为主。受断裂带影响，省内山体多呈北东—南西走向，山脉之间有大小谷地和盆地分布；位于北部南岭山地的石坑崆为广东省最高峰，海拔为 1 902 m。平原以珠江三角洲平原面积最大，其次为粤东的潮汕平原，此外还有高要、清远、杨村和惠阳等冲积平原，总面积约占全省面积的 20%。构成各类地貌的基岩以花岗岩最为普遍，砂岩和变质岩也较多，粤西北还有较大片的石灰岩分布，局部分布有红色岩系地貌，如丹霞山和金鸡岭等。广东省是全国海岸线最长的省份，沿海岸带发育的海岸地貌类型有：岬角海湾（如大亚湾、大鹏湾等）、溺谷（如湛江溺谷）、河口深槽—沙嘴—拦门沙、红树林潮滩（主要分布在深圳、湛江、台山等地）、珊瑚岸礁（雷州半岛）等。海岸地貌景观丰富。

2023 年，广东地区生产总值为 135 673.16 亿元，同比增长 4.8%。其中，第一产业增加值 5 540.70 亿元，增长 4.8%；第二产业增加值 54 437.26 亿元，增长 4.8%；第三产业增加值 75 695.21 亿元，增长 4.7%。

广东省海域辽阔，陆架宽广，港湾优良，岛礁众多，海洋生物、矿产和能源资源丰富。拥有海岛 1 963 个，其中 90%以上的海岛为无居民海岛，面积小于 500 m^2 的海岛占 50%以上。沿海港湾众多，适宜建港的有 200 多个，滨海湿地面积 1.02 万 km^2，红树林面积 1.06 万 hm^2。海洋生物有浮游植物 406 种、浮游动物 416 种、底栖生物 828 种、游泳生物 1 297 种、鱼类 1 200 多种。

8.2.2 广东省重点旅游景区

1. 广州

广州简称“穗”，别称羊城、花城，广东省省会、国家中心城市、广州都市圈核心城市，国务院批复确定的中国重要的中心城市、国际商贸中心和综合交通枢纽。广州地处中国南部、珠江下游、濒临南海，是国家物流枢纽，国家综合性门户城市，首批沿海开放城市，是中国通往世界的南大门，粤港澳大湾区、泛珠江三角洲经济区的中心城市，以及“一带一路”的枢纽城市。

广州是首批国家历史文化名城，广府文化的发祥地，从秦朝开始就一直是郡治、州治、府治所在地，是华南地区的政治、军事、经济、文化和科教中心。从公元三世纪起成为海上丝绸之路的主港，唐宋时成为中国第一大港，明清时是中国唯一的对外贸易大港，也是世界唯一两千多年长盛不衰的大港。

每年在广州举办的中国进出口商品交易会吸引了大量中外客商。广州旅游资源丰富，截至 2021 年 7 月，广州共有 68 个 A 级旅游景区，其中 5A 级旅游景区 2 家、4A 级旅游景区 28 家、3A 级旅游景区 37 家、2A 级旅游景区 1 家。广州市部分核心景点如下。

1）广州塔

广州塔又称广州新电视塔，昵称小蛮腰，其位于广东省广州市海珠区（艺洲岛）赤岗塔附近，距离珠江南岸 125 m，与珠江新城、花城广场、海心沙岛隔江相望。广州塔塔身主体高 454 m，天线桅杆高 146 m，总高度 600 m，是中国第一高塔，为国家 4A 级旅游景区。

广州塔是广州市的地标工程，可抵御 8 级地震、12 级台风，设计使用年限超过 100 年。广州塔塔身 168～334.4 m 处设有“蜘蛛侠栈道”，是世界最高、最长的空中漫步云梯。塔身 422.8 m 处设有旋转餐厅。塔身顶部 450～454 m 处设有摩天轮，是世界最高摩天轮（广州塔摩天轮见图 8-1）。天线桅杆 455～485 m 处设有“极速云霄”速降游乐项目。

2）白云山

白云山位于广东省广州市白云区，为南粤名山之一，自古就有“羊城第一秀”之称。山体相当宽阔，由 30 多座山峰组成，为广东最高峰九连山的支脉。

白云山是广州市的第一家国家 5A 级旅游景区，也是广州市唯一同时拥有全国文明风景旅游区、国家 5A 级旅游景区两项荣誉的景区。景区内有三个全国之最的景点，分别是：全国最大的园林式花园——云台花园；全国最大的天然式鸟笼——鸣春谷；全国最大的主题式雕塑专类公园——雕塑公园。

3）中山纪念堂

中山纪念堂位于广东省广州市越秀区东风中路，是广州人民和海外华侨为纪念孙中山先生集资兴建的。

中山纪念堂于 1929 年 1 月动工，1931 年 11 月建成。1956 年，重铸的高 5 m 的孙中山先生铜像屹立在纪念堂前。1963 年，有关部门对纪念堂进行了大规模翻修，屋顶全部采用蓝色琉璃瓦，在 6 万多 m^2 的公园四周增建了铁栅栏，在园内栽种了许多树木、花卉。

中山纪念堂是一座八角形建筑，外形庄严宏伟，具有浓厚的民族特色。设计师巧妙运用了建筑力学的结构原理，采用钢架和钢筋混凝土混合结构，跨度达 71 m 的建筑空间内不设一根柱子。

中山纪念堂是全国重点文物保护单位。中山纪念堂如图 8–2 所示。

图 8–1 广州塔摩天轮

图 8–2 中山纪念堂

4）广州农民运动讲习所旧址

广州农民运动讲习所即毛泽东同志主办的中央农民运动讲习所，简称农讲所，前身为番禺学宫，位于广州市中山四路，是第一次国共合作时期培养农民运动干部的学校。

1961 年，广州农民运动讲习所被公布为全国重点文物保护单位。农讲所旧址现有固定陈列包括：农讲所旧址复原陈列、广州农民运动讲习所陈列、孔子与儒学陈列、广东各地学宫陈列等，并不定期举办各类专题展览。

5）广州市长隆旅游度假区

广州市长隆旅游度假区位于广东省广州市番禺区汉溪大道东与长隆地铁大道交汇处，创立于 1989 年。广州长隆旅游度假区是综合性主题旅游度假区，集旅游景区、酒店餐饮、娱乐休闲于一体，拥有长隆欢乐世界、长隆国际大马戏城、长隆野生动物世界、长隆水上乐园、长隆飞鸟乐园、广州长隆酒店、香江酒店、长隆高尔夫练习中心和香江酒家等设施。

6）黄埔军校旧址纪念馆

黄埔军校旧址纪念馆位于广州市黄埔区长洲岛军校路 170 号大院。

1924 年，孙中山在中国共产党和苏联的帮助下，在广州东郊的黄埔建立陆军军官学校，1926 年改组为中央军事政治学校，通称黄埔军校。

在 1927 年蒋介石背叛革命以前，这是一所国共合作的革命军事学校。孙中山兼任军校总理，廖仲恺任军校党代表，蒋介石任校长。中国共产党人周恩来、恽代英、萧楚女、熊雄、聂荣臻等同志，曾先后在这个学校从事政治工作或其他工作。

2. 深圳

深圳，简称“深”，别称鹏城，国家计划单列市，超大城市，国务院批复确定的中国经济特区、全国性经济中心城市、国际化城市科技创新中心、区域金融中心、商贸物流中心。全市下辖 9 个行政区和 1 个新区。

深圳地处华南地区、广东南部、珠江口东岸，东临大亚湾和大鹏湾，西濒珠江口和伶仃洋，南隔深圳河与香港相连，是粤港澳大湾区四大中心城市之一、国家物流枢纽、国际性综合交通枢纽、国际科技产业创新中心、中国三大全国性金融中心之一，并全力建设中国特色社会主义先行示范区、综合性国家科学中心、全球海洋中心城市。

1979 年，国务院批准将广东省宝安县改为深圳市，1980 年，全国人大常委会批准在深圳市设立中国第一个经济特区。深圳市是中国改革开放的窗口和新兴移民城市，创造了举世瞩目的“深圳速度”，被誉为“中国硅谷”。深圳市部分核心景点如下。

1）深圳世界之窗

深圳世界之窗位于深圳市南山区深南大道 9037 号，于 1994 年 6 月 18 日建成开园。

深圳世界之窗占地 48 万 m^2，由世界广场、亚洲区、大洋洲区、欧洲区、非洲区、美洲区、世界雕塑园、国际街八大区域构成，有按照比例建造的世界景点 130 多个，包含十大动感刺激的娱乐参与项目、大型广场艺术晚会、异国风情表演、主题文化节庆活动等项目。

2）深圳欢乐谷

深圳欢乐谷位于深圳市南山区侨城西街 18 号，于 1998 年建成开园，是一座融参与性、观赏性、娱乐性、趣味性于一体的中国现代主题乐园。

深圳欢乐谷占地面积 35 万 m^2，总投资 20 亿元人民币，园区共分为九大主题区：西班牙广场、魔幻城堡、冒险山、金矿镇、香格里拉、飓风湾、阳光海岸、欢乐时光和玛雅水公园，共有 100 多个游乐项目。2005 年，深圳欢乐谷荣获“全国文明风景旅游区示范点”称号。2007 年，深圳欢乐谷被评为首批国家 5A 级旅游景区。

3）东部华侨城

东部华侨城位于深圳市大梅沙，占地近 9 km^2，是由华侨城集团斥资精心打造的世界级度假旅游目的地，2007 年，被国家环境保护总局和国家旅游局联合授予为全国首个“国家生态旅游示范区”。

东部华侨城是国内首个集休闲度假、观光旅游、户外运动、科普教育、生态探险等主题于一体的大型综合性国家生态旅游示范区，主要包括东部华侨城大峡谷、茶溪谷休闲公园、云海谷体育公园、主题酒店群落、天麓大宅等五大板块，体现了人与自然的和谐共处。

东部华侨城以“规划科学，功能配套齐全，城区环境优美，风尚高尚文明，管理规范先进”为规划原则，以“让都市人回归自然”为宗旨，定位于集生态旅游、娱乐休闲、郊野度假、户外运动等多个主题于一体的综合性都市型山地主题休闲度假区。

4）深南大道

横贯深圳市区中心地段的深南大道是深圳最繁华的道路。深南大道的景色——深南溢彩是深圳八景之一。深南大道东起沿河路口的三九大酒店，西至南头检查站，为双向 8 车道，两车道间为宽阔的绿化带。深南大道沿线集中了深圳建筑的精华，不同建筑因功能分布的不同各具特色。东段以现代写字楼、商业功能为主，有地王大厦、赛格大厦等代表深圳建筑成就的现代建筑群；中段是深圳新中心区所在，以行政、文化功能为特色，集中了市民中心、中信广场、五洲宾馆、高交会馆等数百座商务行政楼；西段有著名的深圳科技工业园，集中了深圳最重要的旅游景区和著名的企业。整条深南大道功能分区自然合理，是国内少有的具有高度现代化特征的景观街道，是我国城市道路建筑的精品。深南溢彩如图 8-3 所示。

图 8-3 深南溢彩

3. 省内其他重点景区

1）肇庆星湖风景名胜区

肇庆星湖风景名胜区位于广东省肇庆市，是第一批国家重点风景名胜区、国家 5A 级旅游景区、全国十大文明风景旅游示范点。

肇庆星湖风景名胜区由七星岩和鼎湖山两大景区组成，总面积 20.61 km^2，主要景点有天溪十景、云溪十景、宝鼎园等。

2）西樵山风景名胜区

西樵山风景名胜区位于广东省佛山市南海区的西南部，景区有 72 山峰，形成众多水景，232 处泉眼，28 处瀑布；山间有 34 景，以“云崖飞瀑”“无叶清泉”等泉瀑命名的就有 10 处；此外还有 42 洞和无数的奇崖怪壁，例如九龙岩、冬菇石、燕岩等。

西樵山风景名胜区是国家重点风景名胜区、国家 5A 级旅游景区、国家森林公园和国家地质公园。

8.2.3 广东省旅游线路

1. 黄金旅游线路

（1）深圳：华侨城—中英街—小梅沙—海洋世界—仙湖—青青世界—东冲—西冲；
（2）珠海：情侣路—圆明新园—白藤湖—国际赛车场—外伶仃岛；
（3）中山：孙中山故居—孙文西路—长江叠翠；
（4）普宁：温泉—宕石—观海长廊—南澳岛；
（5）广州—韶关—乳源—九泷十八滩—金鸡岭；
（6）广州—清远—阳山小桂林；
（7）深圳—惠州—河源—梅州。

2. 主要旅游线路

（1）粤中旅游线：七星岩—鼎湖山—白云山—从化温泉；
（2）粤东旅游线：惠州—梅州—潮州—汕头；
（3）现代都市旅游线：广州—深圳—珠海—佛山。

3. 特色之旅

1）珠江三角洲名城名胜之旅

珠江三角洲是中国城市化水平较高的地区之一，拥有 26 座名城，风景名胜更是数不胜数，也是我国旅游业最为发达的地区之一。

精品旅游线路：广州—肇庆—佛山—珠海—深圳—汕头。

2）广东红色缅怀之旅

广东是中国新民主主义革命活动较早的策源地之一，拥有许多革命遗迹、遗址、陈列馆等教育资源，是向广大群众进行爱国主义教育和革命思想教育的好课堂。

精品旅游线路：广州—佛山—中山—惠州—汕尾—梅州。

任务 8.3　广西壮族自治区旅游资源

8.3.1　广西壮族自治区概况

广西壮族自治区，简称“桂”，首府南宁市，南临北部湾，东连广东省，北接湖南省，西北依贵州省，西与云南省接壤，西南与越南社会主义共和国毗邻。广西壮族自治区是全国唯一具有沿海、沿边、沿江优势的少数民族自治区。1949 年 12 月 11 日，广西全境解放，解放初期设广西省；1958 年 3 月 5 日，成立广西壮族自治区；12 月 11 日是广西壮族自治区成立纪念日。

广西壮族自治区区位优越，是西南地区最便捷的出海通道，也是中国西部资源型经济与东南开放型经济的结合，在中国与东南亚的经济交往中占有重要地位。

广西壮族自治区地处中国地势第二台阶中的云贵高原东南边缘，两广丘陵西部，南临北部湾海面。西北高、东南低，呈西北向东南倾斜状。山岭连绵、山体庞大、岭谷相间，四周多被山地、高原环绕，中部和南部多丘陵平地，呈盆地状，有“广西盆地”之称。盆地边缘多缺口，桂东北、桂东、桂南沿江一带有大片谷地。

广西壮族自治区总体为山地丘陵性盆地地貌，特征是盆地大小相杂、山系多呈弧形，层层相套、丘陵错综。地貌按类型分为山地、丘陵、平原和台地四种。其中山地面积占 62.05%。低海拔（1 000 m 以下）山地面积最大，主要分布在桂西、桂东、桂北和桂中等；中海拔［1 000（含）～3 500 m］山地主要分布在桂西和桂北。丘陵面积占 14.49%。低海拔丘陵面积最大，超过 80%的低海拔丘陵分布在桂东、桂南和桂西；中海拔丘陵面积最小，分布在桂西。平原面积占 14.33%。低海拔平原面积最大，连片集中分布在桂东、桂南、桂西等；中海拔平原面积次之，分布在桂西。台地面积占 9.13%，由低海拔台地构成，主要分布在桂东和桂南，占全区低海拔台地的 79.54%，桂西地区低海拔台地不到 5%。

广西地处低纬度，北回归线横贯中部，南临热带海洋，北接南岭山地，西靠云贵高原，属亚热带季风气候区。气候温暖，雨水丰沛，光照充足。夏季日照时间长、气温高、降水多，冬季日照时间短、天气干暖。受西南暖湿气流和北方变性冷气团的交替影响，干旱、暴雨洪涝、热带气旋、大风、冰雹、雷暴、低温冷（冻）害气象灾害较为常见。

4.3.2　广西壮族自治区重点旅游景区

1. 南宁

南宁，简称“邕”，别称绿城、邕城，是广西壮族自治区首府、北部湾城市群核心城市，国务院批复确定的北部湾经济区中心城市、西南地区连接出海通道的综合交通枢纽。

南宁地处华南地区、广西南部，华南、西南和东南亚经济圈的结合部，是广西壮族自治区政治、文化和教育中心，也是泛北部湾经济合作、泛珠三角合作等多区域合作的交汇点，还是中国—东盟博览会永久举办地、国家“一带一路”有机衔接的重要门户城市。南宁是一座历史悠久的文化古城，同时也是一个以壮族为主的多民族现代化、国际化城市。

2017 年 1 月，国务院发布《北部湾城市群发展规划》，将南宁定位为面向东盟的核心城市，支持建成特大城市和边境国际城市。南宁市部分核心景点如下。

1）南宁青秀山风景名胜旅游区

南宁青秀山风景名胜旅游区位于广西壮族自治区南宁市青秀区凤岭南路 6 号，坐落于邕江江畔，西起青山路，北至东盟商务区，南面和东面靠临邕江，面积为 13.54 km^2。

南宁青秀山风景名胜旅游区于 1986 年开始重建，于 1987 年 10 月正式开放。截至 2015 年，南宁青秀山风景名胜旅游区植物种类共 6 128 种，232 种为国家级珍稀濒危重点保护植物，其中一级重点保护植物 92 种，二级重点保护植物 140 种。

南宁青秀山风景名胜旅游区是国家 5A 级旅游景区、自治区级风景名胜区、“广西十佳景区”和“南宁市十佳旅游景区”。南宁青秀山风景名胜旅游区如图 8-4 所示。

2）伊岭岩风景区

伊岭岩风景区被誉为大自然艺术宝库，是南宁市的著名风景区，位于武鸣双桥镇伊岭村，距南宁市区仅 18 km。伊岭岩是一座典型的喀斯特岩溶洞，素有“地下宫殿”之美称。

根据地质学家推断，岩洞形成于一百多万年前。洞深 45 m，面积 24 000 m^2，游程 1 100 多 m，共含八大景区、一百多个景点。洞内石笋、石柱、石幔、石花自成形象，惟妙惟肖，在洞中游览，宛如置身仙境，美不胜收。伊岭岩风景区的壮乡风情非常精彩，受当地民风民俗和壮族文化的熏陶，伊岭岩风景区在发展过程中形成了独特的历史文化和人文景观。伊岭岩风景区如图 8-5 所示。

图 8-4 南宁青秀山风景名胜旅游区

图 8-5 伊岭岩风景区

3）广西民族博物馆

广西民族博物馆位于南宁市青秀山风景区青环路 11 号，占地 130 亩，建设总投资约 2.5 亿元。广西民族博物馆还附有广西传统民居建筑露天展示园。广西民族博物馆是以广西民族文化为专题的博物馆，以收藏、研究和展示广西 12 个世居民族的传统文化为主要任务，同时兼顾对广西周边省份各民族及东南亚各民族的文化研究、文物资料收藏和宣传展示。

广西民族博物馆是新中国成立以来广西壮族自治区建设规模和投资规模较大的文化设施项目，是一座自治区级、全民所有、公益性、专业性的民族文化博物馆。2017 年 5 月 18 日，其晋级第三批国家一级博物馆行列。

2. 桂林

1）漓江景区

阳朔段北起杨堤，南至普益，全境 69 km 水域，约 200 km^2，其中杨堤—兴坪段是漓江山水精华段的核心部分，曾被《世界地理》杂志评为世界上最美的岩溶山川，素有“桂林山水甲天下，阳朔山水甲桂林，阳朔美景在兴坪”的美称，20 元人民币的背面就是漓江山水的荟萃——兴坪佳境。第一期开发景区内有杨堤胜境、下龙风光、九马画山、黄布倒影、兴坪佳境等自然美景；有兴坪古镇、渔村古民居等人文历史景观。景区内奇峰倒影、碧水青山、渔翁闲钓、田园牧歌，一派“人间仙境”的景象。两岸山峰翠绿挺拔，形态万千；江岸凤尾竹随风摇曳，婀娜多姿；江水碧绿无瑕、群峰倒映、如诗如幻、美不胜收。韩愈、徐霞客、贺敬之、叶剑英等曾为此留下墨宝，中外元首、名人政要曾在这里留下足迹。第二期开发阳朔县城至普益乡留公村段约 18 km 漓江下游水域，是闻名中外的电影《刘三姐》外景拍摄地，这里山清水秀、江面宽阔、群峰倒影、田园村庄、翠竹掩映，宛如一幅幅奇妙山水画卷。同时还有碧莲峰、书童山、睡美人山、八仙过海、雪狮岭、秀才看榜、双马迎宾、福利古镇、留公三潭等景点。

2）桂林独秀峰·王城景区

桂林市区首个国家 5A 级旅游景区，以桂林“众山之王”独秀峰为中心，明代靖江藩王府地为范围的精品旅游景区。流传于世界的“桂林山水甲天下”这千古名句即源于独秀峰石壁。这里曾走出了二位皇帝、11 代 14 位靖江王；清代，是广西贡院，屡出状元；民国时期，孙中山曾驻跸于此，为北伐大本营，运筹北伐大计；后为广西省政府，广西政治、文化活动的中心。世间传颂“北有北京故宫，南有桂林王城”。自古以来，王城景区被奉为桂林的风水宝地，更是整个桂林城市的发祥地。

独秀峰：桂林市的标志之一。素有“南天一柱”的美誉，史称桂林第一峰。山峰突兀而起，众山环绕，有如帝王之尊，也是鸟瞰桂林全景的最佳观景台。峰壁摩崖石刻星罗棋布，其中千古名句“桂林山水甲天下”就出自此处。

3）象山

象山景区即两江四湖·象山，是国家 5A 级景区。景区位于漓江边，辖管：象鼻山、叠彩山、伏波山，风景优美，历史文化丰富，一直以来被誉为桂林山水的灵魂和城市的标志，在国内外享有极高的知名度和美誉度，被外国人誉为“中国符号”。

景区山水独特，风景优美。象鼻山占地面积 118 681 平方米，其中山体面积 12 987 平方米，海拔 220 m，相对高度 55 m，因酷似一头舒卷长鼻，畅饮漓江清流的巨象，其栩栩如生的形象引人入胜；伏波山占地面积 11 588.4 平方米，其中山体 6 593 平方米，海拔 213 m，相对高度 63 m，被誉为桂林山水的缩影，集山、水、洞、石于一体，由于其独特的地理位置和山体形状，有遏阻洄澜之功效，有“漓江守护神”之称；叠彩山占地面积 107 900 平方米，其中山体面积 12 987 平方米，海拔 251.3 m，相对高度 103.6 m，是市区最高峰，由于越山、四望山、明月峰和仙鹤峰四个山峰组成，有“江山会景处”之称，是欣赏桂林城景的最佳去处。著名景点有：象鼻山、水月洞、爱情岛、普贤塔、三花酒窖、云峰寺；伏波山、还珠洞、米芾自画像、试剑石、珊瑚岩、千佛岩；叠彩山、风洞、木龙洞、望江亭、蝴蝶标本馆、江山会景处、景风阁等。

3. 自治区内其他重点景区

1）桂平西山风景名胜区

桂平西山风景名胜区，是国家 4A 级旅游景区、国家级地质公园，位于广西壮族自治区东南部桂平市区内。其是以西山名胜为主体，由太平天国金田起义遗址、太平山动植物自然保护区、紫荆山壮村瑶寨、罗丛岩及白石洞天、麻垌荔枝之乡、浔州古城、北回归线标志等景观景点组成的集锦式大型风景名胜区。景区总面积约 20 km^2，1988 年被列为国家重点风景名胜区、2003 年被国家旅游局评为国家 4A 级旅游景区，是岭南佛教丛林圣地，2005 年被评为“广西十佳景区”。

图 8-6 桂平西山风景名胜区

桂平西山风景名胜区如图 8-6 所示。

2）梧州八景

梧州市是中国优秀旅游城市。自宋代起梧州就形成了著名的梧州八景：桂江春泛、云岭晴岚、龙洲砥峙、鹤岗返照、金牛仙渡、鳄池漾月、火山夕焰、冰井泉香。

8.3.3 广西壮族自治区旅游线路

1. 黄金旅游线路

（1）桂林—漓江—阳朔—贺州；

（2）南宁—柳州—三江—龙胜—桂林；

（3）南宁—钦州—北海—红树林；

（4）柳州—武宜—桂平—贵港—玉林。

2. 精品旅游线路

（1）桂林山水精华游：桂林—阳朔—兴安—龙胜；

（2）北部湾滨海休闲度假游：北海—防城港（东兴）—钦州—南宁；

（3）“刘三姐”风情游：桂林（阳朔）—柳州—河池—宜州—来宾—忻城；

（4）壮、苗、瑶、侗、仫佬族风情游：南宁—金秀—柳州—宜州—罗城江—龙胜—桂林—融水；

（5）中越边境游：南宁—凭祥—越南谅山；南宁（北海）—东兴—越南芒街—越南下龙湾；越南下龙湾—北海—南宁。

3. 特色之旅

1）桂林山水精华游

以桂林为中心，以百里漓江为主线，向北辐射至灵川、兴安、全州和龙胜，向西延伸至三江、融水，向南延伸到阳朔、荔浦、恭城、金秀、鹿寨、柳州，形成沿漓江旅游带和桂北旅游圈，这是桂林山水游的精华之所在。

精品旅游线路：桂林—阳朔—荔浦—兴安—龙胜。

2）“刘三姐”风情游

秀丽的山水风光和独特的民俗风情都与刘三姐的故事丝丝关联，山水风光与民族文化有机融合，相得益彰。在青山绿水中聆听壮族山歌对唱，歌声缭绕不绝于耳，令人陶醉沉迷。

精品旅游线路：桂林—阳朔—柳州—河池—宜州—来宾—忻城。

任务 8.4 海南省旅游资源

8.4.1 海南省概况

当今国际旅游者喜爱的阳光、海水、沙滩、绿色、空气这 5 个要素，海南环岛沿岸均兼而有之。自海口至三亚东岸线就有 60 多处可辟为海滨浴场。环岛沿海有不同类型滨海风光特色的景点，在东海岸线上，特殊的热带海岸森林景观——红树林，热带特有的海岸地貌景观——珊瑚礁，均具有较高的观赏价值。海口东寨港、文昌清澜港等地均建立了红树林保护区。

海南岛有海拔 1 000 m 以上的山峰 81 座，绵延起伏，山形奇特，气势雄伟。

海南岛已建立多个野生动物自然保护区和驯养场，包括昌江霸王岭黑冠长臂猿保护区、东方大田坡鹿保护区、万宁大洲岛金丝燕保护区、陵水南湾半岛猕猴保护区、屯昌养鹿场等。

海南岛具有历史意义的古迹主要有为纪念唐宋两代被贬谪来海南岛的李德裕等 5 位历史名臣而修建的五公祠，北宋大文豪苏东坡居琼遗址——东坡书院以及为纪念苏轼而修建的苏公祠，清代雷琼兵备道焦映汉所修建的琼台书院，明代名臣丘浚墓，明代大清官海瑞墓，以及崖州古城、韦氏祠堂、文昌孔庙等。

海南岛的革命纪念地有中共琼崖一大旧址、琼崖纵队司令部旧址、红色娘子军纪念园、金牛岭烈士陵园、白沙起义纪念馆、陵水县苏维埃政府旧址等，还有宋庆龄祖居及陈列馆、张云逸大将纪念馆等。

海南岛的世居少数民族有黎族、苗族、回族，至今保留着许多质朴敦厚的民风民俗和生活习惯，使海南的社会风貌显得独特而多彩。海南是全国唯一的黎族聚居区，黎族颇具特色的民族文化和风情，有独特的旅游观光价值。

海南岛上生长着大量的热带作物，极大地丰富了自然景观。游人上岛既可欣赏热带田园风光，增长见识，又可品尝热带水果，一饱口福。

8.4.2 海南省重点旅游景区

1. 三亚

三亚，是海南省地级市，别称鹿城，地处海南岛的最南端。三亚东邻陵水黎族自治县，西接乐东黎族自治县，北毗保亭黎族苗族自治县，南临南海。

三亚是具有热带海滨风景特色的国际旅游城市，在中国科学院对外发布的《中国宜居城市研究报告》里，三亚宜居指数在全国 40 个城市中位居第三位。

三亚市区三面环山，北有抱坡岭，东有大会岭、虎豹岭和海拔 393 m 的高岭（狗岭），南有南边岭，形成环抱之势，山岭绵延起伏、层次分明；同时，山脉的延伸将市区分成若干青山围成的空间，为城市不同地区提供了各具特色的空间景观环境。三亚面临南海，海湾较多，众多海湾各有佳景。地处市区的大东海、小东海、三亚湾与市民生活的关系最为密切。

三亚地处低纬度，属热带海洋性季风气候区，年平均气温 25.7 ℃，气温最高月为 6 月，平均 28.7 ℃；气温最低月为 1 月，平均 21.4 ℃。全年日照时间 2 534 h。年平均降水量 1 347.5 mm。

三亚部分核心景点如下。

1）亚龙湾国家旅游度假区

亚龙湾位于三亚市东南 28 km 处，是海南最南端的一个半月形海湾，全长约 7.5 km，是海南名景之一。亚龙湾沙滩绵延 7 km 且平缓宽阔，浅海区宽达 50～60 m，能见度 7～9 m。海底有珊瑚礁、各种热带鱼、名贵贝类等。亚龙湾年平均气温 25.5 ℃，海水温度 22～25.1 ℃，终年可游泳，被誉为“天下第一湾”。亚龙湾国家旅游度假区如图 8-7 所示。

2）天涯海角风景区

天涯海角风景区位于三亚市天涯区的马岭山脚下，距三亚市中心约 26 km。其前海后山，风景独特。步入游览区，沙滩上那一对拔地而起的高 10 多 m，长 60 多 m 的青灰色巨石赫然入目。两石分别刻有“天涯”和“海角”字样，意为天之边缘，海之尽头。“天涯海角”就是由此得名的。天涯海角的自然景观由大型海滩岩、下马岭、天涯湾及沙滩和海水组成。其游览区主要有“天涯”石、“海角”石、“南天一柱”（见图 8-8）等景点。

图 8-7　亚龙湾国家旅游度假区

图 8-8　“南天一柱”

3）南山文化旅游区

南山文化旅游区面朝南海，坐落在三亚市的西南 20 km 处。南山历来被称为吉祥福泽之地。据佛教经典记载，救苦救难的观音菩萨为了救度芸芸众生，发了十二大愿，其中第二愿即“常居南海愿”。唐代著名的鉴真法师为弘扬佛法五次东渡日本未果，第五次漂流到南山，在此居住一年半之久并建造佛寺，传法布道，随后第六次东渡日本终获成功。日本遣唐僧侣空海也在此登陆中国，驻足传法。南山文化旅游区如图 8-9 所示。

4）鹿回头山顶公园

鹿回头山顶公园位于三亚市南部 3 km 的海边小山上。这里三面临海，四季山青，以其美丽的神话传说闻名于世。鹿回头山顶已建设成一座美丽的山顶公园，并根据美丽的传说在山上雕塑了一座高 12 m、长 9 m、宽 4.9 m 的巨型雕像。三亚市也因此被人们称为“鹿城”。

5）海棠湾

海棠湾位于三亚市东北部海滨，距三亚市区 28 km，南面与亚龙湾国家旅游度假区毗邻。海棠湾与亚龙湾、大东海湾、三亚湾、崖州湾并列为三亚五大名湾。海棠湾风光旖旎，与亚龙湾、大东海相比，这里还没有染上城市的喧嚣与繁闹。

三亚国际免税城位于海棠湾，于 2014 年 9 月 1 日正式开门营业，国内离岛免税市场再次引来消费者瞩目。三亚国际免税城总建筑面积约 12 万 m^2，商业面积达 7.2 万 m^2，是全球规模最大的单体免税店。普拉达、乔治阿玛尼等众多国际顶级品牌入驻，共计引进近 300 个国际知名品牌。其中，普拉达、乔治阿玛尼、劳力士等十多个品牌是首次进入中国大陆免税市场渠道。这里汇集了各国特色商品、海南特产、户外运动、美食、顾客服务五大功能分区，兼有娱乐休闲区域。三亚国际免税城如图 8-10 所示。

图 8-9　南山文化旅游区

图 8-10　三亚国际免税城

蜈支洲岛位于海棠湾内，北面与南湾猴岛遥遥相对，南邻亚龙湾。蜈支洲岛距海岸线 2.7 km，面积 1.48 km^2，呈不规则的蝴蝶状，东西长 1 400 m，南北宽 1 100 m。

蜈支洲岛距三亚市中心 30 km，距凤凰机场 38 km，紧靠海口至三亚的高速公路，位置优越，交通便利。蜈支洲岛是海南岛周围为数不多的有淡水资源和丰富植被的小岛，有两千多种植物，种类繁多。

2. 省内其他重点景区

1）海瑞墓园

海瑞墓园位于海口市西郊滨涯村，为国家级重点文物保护单位。海瑞墓园是为了纪念历史上有名的清官海瑞于明万历十七年（1589）修建的。

海瑞墓园主要由石牌坊、海瑞墓、海瑞塑像、海瑞陈列馆及相关建筑构成，又被称作海瑞纪念馆或海瑞公园。海瑞墓后的部分是后期扩建的，有海瑞塑像、扬廉轩、清风阁、假山等建筑。海瑞是个封建官吏，但他一生廉洁，在任期间，大胆革除弊端，惩办权奸，为民请命，平反冤狱，深得民心，但也得罪了不少权贵。海瑞死后几乎没有财物，却留下了“南包公”“海青天”的美名。

2）海口石山火山群国家地质公园

海口石山火山群国家地质公园位于海口市西南石山镇，距海口市区仅 15 km，绕城高速公路穿过园区，是中国为数不多的全新世火山喷发活动的休眠火山群之一，具有极高的科研、科普和旅游观赏价值。海口石山火山群国家地质公园为国家 4A 级旅游景区、世界地质公园。

据地质学家考证，该火山群喷发于新生代早第三纪，最后一次喷发是第四纪全新世，距今约 1.3 万年前。历经万年沧海，大地变迁，这里还保存了 36 座环杯锥状火山口地貌遗址，其中马鞍岭火山口海拔 222.8 m，乃琼北最高峰。海口石山火山群国家地质公园如图 8–11 所示。

3）博鳌亚洲论坛永久会址景区

博鳌亚洲论坛永久会址景区坐落在美丽的东屿岛上。博鳌在海南万泉河与浩瀚南海的交汇处，有世界自然生态环境保存最完好的江河入海口；有融山、河、湖、海、岛屿于一体，集树林、沙滩、温泉、奇石和田园于一身的美景；有绵延长达 10 km 的美丽海滩，有众多造化神奇的岛屿与河汊。博鳌镇是博鳌亚洲论坛永久会址所在地，2008 年获评国家 4A 级旅游景区。

博鳌亚洲论坛永久会址景区如图 8–12 所示。

图 8–11 海口石山火山群国家地质公园

图 8–12 博鳌亚洲论坛永久会址景区

4）兴隆热带植物园

兴隆热带植物园，位于海南省万宁市兴隆镇温泉旅游区内，隶属于农业农村部中国热带农业科学院香料饮料研究所，是海南最早对外开放参观的热带植物园，始建于 1957 年。

兴隆热带植物园划分为五大功能区：植物观赏区、试验示范区、科技研发区、立体种养区和生态休闲区；收集有 12 类植物：热带香辛料植物、热带饮料植物、热带果树、热带经济林木、热带观赏植物、热带药用植物、棕榈植物、热带水生植物、热带濒危植物、热带珍奇植物、热带沙生植物和蔬菜作物。其拥有热带经济作物咖啡、胡椒、香草兰、可可，以及山竹等名优稀特果树、林木及园艺植物品种，保存有见血封喉等野生植物资源和珍稀物种。

兴隆热带植物园获“国家 4A 级旅游景区”、首批“全国农业旅游示范点”、首批旅游景区全国“青年文明号”、“全国青少年教育基地”、“全国农村科普示范基地”、“中国青年科技创新行动示范基地”等荣誉称号。兴隆热带植物园如图 8-13 所示。

图 8-13 兴隆热带植物园

5）东坡书院

东坡书院位于海南岛儋州市中和镇，是为纪念北宋大文豪苏东坡而建的，后经重修，为全国重点文物保护单位。书院大门轩昂宏阔，院内古林幽茂，群芳竞秀。1996 年，东坡书院被列为国家重点文物保护单位，为海南重要的人文胜迹之一。

8.4.3 海南省旅游线路

1. 主要旅游线路

（1）东海岸海滨旅游线：海口—琼海—万宁—三亚；

（2）黎、苗民族风景旅游线：海口—五指山—三亚。

2. 黄金旅游线路

（1）海口—文昌—琼海—万宁—陵水—三亚；

（2）海口—临高—儋州—昌江—东方—三亚；

（3）海口—屯昌—琼中—五指山—三亚。

3. 特色之旅

1）海南环岛之旅

山清水秀的海南岛，犹如一颗璀璨的明珠，镶嵌在浩渺的南海上。辽阔广袤的海域、秀美旖旎的热带风光，让游客产生梦幻般的遐想。

精品旅游线路：海口—东方—三亚—通什—万宁—文昌—海口。

2）海南岛阳光之旅

本线路包含 13 个浓缩海南岛特色的精品景区，是海南旅游“标杆性”金牌示范线路，特色景区基本上沿东海岸黄金旅游带自北向南分布，种类齐全，给游客一个“梦中海南”的神奇体验。

精品旅游线路：海口—文昌—万宁。

实　训

1. 实训目的

根据华南地区客运交通线路与旅游资源情况设计为期 15 天的大湾区现代都市主题旅游方案。

2. 实训内容

对照职业能力目标的要求，认真学习本项目的内容，在熟悉华南地区旅游资源的基础上，设计大湾区都市主题旅游线路。

3. 实训步骤

（1）绘制本项目思维导图，掌握职业能力目标要求的能力。

（2）以本项目的内容为脉络，前往图书馆查找文献，通过互联网收集网络资料，结合纸质和电子地图完成 PPT 演示文件的创作。

（3）在班级讨论会上，提交 PPT 演示文件并进行简短的汇报。

（4）听取教师及其他同学对 PPT 演示文件的点评，取长补短，复盘本项目的内容。

项目 9

西南旅游区

职业能力目标

1. 掌握东北旅游区旅游地理概述
2. 掌握东北旅游区各省的旅游资源

任务 9.1　西南旅游区旅游地理概述

西南旅游区域包含重庆市、四川省、贵州省、云南省、西藏自治区共五个省区市的旅游区域。四川盆地是该地区人口最稠密、交通最便捷、经济最发达的区域。西南地区北邻西北地区，东临华中地区和华南地区。

该区地理上包括青藏高原东南部，四川盆地、云贵高原大部，毗邻不丹、巴基斯坦、尼泊尔、印度、老挝、缅甸等国。

该区大江大河较多。中部和北部以长江流域的河流为主。南部和西部则分属珠江流域、元江（红河）流域、雅鲁藏布江流域、澜沧江（湄公河）流域、怒江（萨尔温江）流域、伊洛瓦底江流域、恒河流域和印度河流域。另外，藏北内流区还有众多的内流河汇入大小高原湖泊。

该区的湖泊主要为高原湖泊，基本集中在三个区域：① 藏北高原湖泊区，包括西藏的阿里、那曲、日喀则三个地区的部分区域，主要代表湖泊为纳木错；② 滇中高原湖泊密集区，包括云南的中南部昆明以南的地区，主要代表湖泊为滇池、抚仙湖；③ 滇西北高原湖泊分布区，包括大理以北的云南省内地区，主要代表湖泊有洱海、泸沽湖等。

西南地区的气候主要分为三类。① 四川盆地湿润中亚热带季风气候。由于青藏高原的隆起，该区从西北到东南的温度和降水均有很大差异，东部年均气温达 24 ℃，西部年均气温最低可达 0 ℃以下；降水量从东南到西北相差上千毫米，时空分布极不均匀。该区气候类型由温暖湿润的海洋气候到四季如春的高原季风气候，再到亚热带高原季风湿润气候以及青藏高原独特的高原气候，形成了独特的植被分布格局。② 云贵高原是低纬高原，为中南亚热带季风气候。低纬高原是产生四季如春气候的绝佳“温床”，四季如春气候的代表城市有昆明、大理等，山地适合发展林牧业，坝区适宜发展农业、花卉、烟草等产业，是高山寒带气候与立体气候分布区，也是主要的牧业区。③ 本区南端还分布有少部分热带季雨林气候区，干湿季分明。

任务 9.2　四川省旅游资源

9.2.1　四川省概况

四川省简称川，位于中国西南部，地处长江上游，素有“天府之国”的美誉。全省面积 48.6 万 km^2，居全国第 5 位，辖 21 个市（州）、183 个县（市、区），与重庆、贵州、云南、西藏、青海、甘肃和陕西等 7 省（自治区、直辖市）接壤，有全国最大的彝族聚居区、第二大藏族聚居区和唯一的羌族聚居区。2023 年，全省地区生产总值突破 6 万亿元、增长 6%，地方一般公共预算收入增长 13.3%，规模以上工业增加值增长 6.1%，全社会固定资产投资增长 4.4%，社会消费品零售总额增长 9.2%。年末全省常住人口 8 368.0 万人，户籍人口 9 071.4 万人。四川在先秦时为巴国、蜀国之地，北宋置川峡路，后分置益州、梓州、利州、夔州四路，总称四川路，始有四川之名。四川为中国道教发源地之一，是古蜀文明发祥地，是全世界最早的纸币“交子”的发现地，蜀锦、四川皮影戏等被列入联合国教科文组织非物质文化遗产名录。四川盐业文化，酒文化源远流长；三国文化，红军文化，巴人文化精彩纷呈；特别是以三星堆、金沙遗址为代表的古蜀文明璀璨而神秘，有全国重点文物保护单位 262 处，省级文物保护单位 1 214 处；国家级非物质文化遗产代表性项目名录 153 项、省级非物质文化遗产名录 1 132 项。四川拥有世界自然遗产 3 处（九寨沟、黄龙、大熊猫栖息地），世界文化遗产 1 处（青城山—都江堰），世界文化和自然遗产 1 处（峨眉山—乐山大佛）。国家 A 级旅游景区 939 个，其中 5A 级景区 17 个。

9.2.2 四川省重点旅游景区

1. 成都

成都，简称“蓉”，别称蓉城、锦城，四川省省会、超大城市、成渝地区双城经济圈核心城市，国务院批复确定的国家重要的高新技术产业基地、商贸物流中心和综合交通枢纽、西部地区重要的中心城市。成都地处中国西南地区、四川盆地西部、成都平原腹地，境内地势平坦、河网纵横、物产丰富、农业发达，属亚热带季风性湿润气候，自古有“天府之国”的美誉。

成都是全国十大古都和首批国家历史文化名城，古蜀文明发祥地，境内金沙遗址有 3 000 年历史，因“一年成聚，二年成邑，三年成都”，故名成都。蜀汉、成汉、前蜀、后蜀等政权先后在此建都。汉为全国五大都会之一；唐为中国最发达工商业城市之一，史称“扬一益二”；北宋是汴京外第二大都会，出现了世界上第一种纸币交子。成都拥有都江堰、武侯祠、杜甫草堂等名胜古迹，是中国最佳旅游城市之一。成都市部分核心景点如下。

1）都江堰

都江堰于 2000 年被联合国教科文组织列入《世界遗产名录》，是世界灌溉工程遗产、全国重点文物保护单位、国家级风景名胜区、国家 5A 级旅游景区。

都江堰位于四川省成都市都江堰市城西，坐落在成都平原西部的岷江上，始建于秦昭王末年，是蜀郡太守李冰父子在前人鳖灵开凿的基础上组织修建的大型水利工程，由分水鱼嘴、飞沙堰、宝瓶口等部分组成，2 000 多年来一直发挥着防洪灌溉的作用，使成都平原成为水旱从人、沃野千里的“天府之国”，至今灌区已达 30 余县市，是全世界迄今为止，年代最久、唯一留存、仍在一直使用、以无坝引水为特征的宏大水利工程，凝聚着中国古代劳动人民勤劳、勇敢、智慧的结晶。

都江堰风景区主要有伏龙观、二王庙、安澜索桥、玉垒关、离堆公园、玉垒山公园、玉女峰、灵岩寺、普照寺、翠月湖、都江堰水利工程等景点。都江堰如图 9-1 所示。

图 9-1　都江堰

2）青城山

青城山是世界文化遗产“青城山—都江堰”的主体景区、全国重点文物保护单位、国家重点风景名胜区、国家 5A 级旅游景区、全真龙门派圣地、十大洞天之一，中国四大道教名山之一，五大仙山之一，成都十景之一。

青城山位于四川省成都市都江堰市西南，东距成都市区 68 km，处于都江堰水利工程西南 10 km 处。景区面积 200 km²，最高峰老君阁海拔 1 260 m，青城山分为前山和后山，这里群峰环绕起伏、林木葱茏幽翠，享有“青城天下幽”的美誉。

青城山丹梯千级，曲径通幽，以幽洁取胜。青城山如图 9-2 所示。

图 9-2　青城山

3）杜甫草堂

杜甫草堂是唐代大诗人杜甫流寓成都时的居所，位于四川省成都市青羊区青华路 38 号。杜甫先后在此居住近四年，创作诗歌 240 余首。唐末诗人韦庄寻得草堂遗址，重结茅屋，使之得以保存，之后历代都有修葺扩建。

杜甫草堂仍完整保留着明弘治十三年（1500）和清嘉庆十六年（1811）修葺扩建时的建筑格局，照壁、正门、大廨、诗史堂、柴门、工部祠排列在一条中轴线上，两旁配以对称的回廊与其他附属建筑。草堂内珍藏有各类资料 3 万余册。1955 年，杜甫纪念馆成立，1985 年，杜甫纪念馆更名为成都杜甫草堂博物馆。

1961 年 3 月，杜甫草堂被中华人民共和国国务院公布为第一批全国重点文物保护单位。

4）武侯祠

武侯祠位于四川省成都市武侯区武侯祠大街 231 号，占地 15 万 m²，始建于章武元年（221），原是纪念诸葛亮的专祠，亦称孔明庙、诸葛祠、丞相祠等，后合并为君臣合祀祠庙。

武侯祠是民众对蜀汉丞相诸葛亮“鞠躬尽瘁死而后已”精神的肯定和赞誉的载体，也是三国遗迹源头，属于成都武侯祠博物馆的文化遗产保护区。

1961 年 3 月，武侯祠被公布为第一批全国重点文物保护单位。2020 年 11 月 18 日，成都武侯祠 • 锦里当选“成渝十大文旅新地标”。2022 年 1 月 10 日，武侯祠 • 锦里入选国家级旅游度假区。武侯祠如图 9-3 所示。

图 9-3　武侯祠

5）成都大熊猫繁育研究基地

成都大熊猫繁育研究基地位于四川省成都市成华区外北熊猫大道 1375 号，距市中心 10 km，距成都双流国际机场 30 余 km。成都大熊猫繁育研究基地是在成都动物园饲养、救治、繁育大熊猫的基础上建立起来的。2019 年，基地接待中外游客超 900 万人次。

成都大熊猫繁育研究基地以造园手法模拟大熊猫野外生态环境，熊猫产房、熊猫饲养区、科研中心、熊猫医院分布有序，若干处豪华熊猫“别墅”散落于山林之中。扩建区充分沿用原始地形地貌，利用山体冲沟及溪流形成山地溪谷多层次景观带。截至 2020 年末，成都大熊猫繁育研究基地的大熊猫种群数量达 215 只，是全球最大的圈养大熊猫人工繁殖种群。成都大熊猫繁育研究基地如图 9-4 所示。

6）春熙路

春熙路是成都的著名商圈，覆盖北新街以东、总府路以南、红星路以西、东春熙路大街以北、南新街、中新街及临街区域。春熙路热闹繁华，现大约有商业网点 700 家，被业内誉为中国特色商业街。春熙路如图 9–5 所示。

图 9–4　成都大熊猫繁育研究基地

图 9–5　春熙路

7）宽窄巷子

宽窄巷子位于四川省成都市青羊区长顺街附近，由宽巷子、窄巷子、井巷子平行排列组成，全为青黛砖瓦的仿古四合院落，这里也是成都保存下来的较成规模的清朝古街道，与大慈寺、文殊院一起并称成都三大历史文化名城保护街区。

宽窄巷子先后获 2009 年“中国特色商业步行街”、四川省历史文化名街、2011 年成都新十景、四川十大最美街道等称号。

2. 四川省内其他重点景区

1）乐山大佛

乐山大佛又名凌云大佛，位于四川省乐山市南岷江东岸凌云寺侧，濒大渡河、青衣江和岷江三江汇流处。大佛为弥勒佛坐像，高 71 m，是中国最大的一尊摩崖石刻造像。

乐山大佛开凿于唐代开元元年（713），完成于贞元十九年（803），历时约九十年。乐山大佛和凌云山、乌尤山、巨型卧佛等景点组成的乐山大佛景区属于国家 5A 级旅游景区，是世界文化与自然双重遗产峨眉山—乐山大佛的组成部分。乐山大佛如图 9–6 所示。

2）峨眉山

峨眉山位于四川省西南部，四川盆地的西南边缘，是中国四大佛教名山之一，因地势陡峭，风景秀丽，素有“峨眉天下秀”之称，山上的万佛顶海拔 3 099 m，高出峨眉平原 2 700 多 m。

峨眉山处于多种自然要素的交汇地区，生物种类丰富，特有物种繁多，保存有完整的亚热带植被体系，有植物 3 200 多种，约占中国植物物种总数的 1/10。峨眉山还是多种稀有动物的栖居地，动物种类达 2 300 多种。山路沿途有较多猴群，常结队向游人讨食，为该山一大特色。

峨眉山是普贤菩萨的道场，宗教文化特别是佛教文化构成了峨眉山历史文化的主体，所有的建筑、造像、法器，以及礼仪、音乐、绘画等都表现了宗教文化的浓郁气息。山上多古迹、寺庙，有报国寺、伏虎寺、洗象池、龙门洞、舍身崖等胜迹，是我国旅游、休养、避暑胜地之一。峨眉山如图 9–7 所示。

图 9–6　乐山大佛

图 9–7　峨眉山

9.2.3　四川省旅游线路

1. 黄金旅游线路

（1）成都—都江堰—松潘—九寨沟—江油；

（2）成都—泸定—康定—理塘—稻城；

（3）成都—雅安—西昌；

（4）成都—广汉—绵阳—广元—阆中—南充—遂宁；

（5）成都—眉山—三苏祠—乐山—峨眉山。

2. 主要旅游线路

（1）山水线：成都—九寨沟—黄龙—平武—江油。

（2）探险线：大渡河、岷江、金沙江部分河段。

（3）文化线：成都、广汉三星堆、白马关、剑门关、广元。

（4）大熊猫线：成都大熊猫繁育基地、卧龙宝兴蜂桶寨、青川唐家河、平武、王朗、南坪、白河。

（5）三国线：成都（武侯祠）、绵阳（庞统祠、富乐山）、梓潼（七曲山大庙）、剑阁（剑门关）、广元（古栈道）、阆中（张飞庙）、南充（万卷楼）。

3. 特色之旅

1）美酒之旅

成都全兴大曲—绵竹剑南春—射洪沱牌曲酒—宜宾五粮液—泸州老窖特曲—古蔺郎酒。

2）红军长征之旅

金沙江皎平渡—凉山彝海—石棉安顺场—泸定桥—宝兴夹金山—黑水毛尔盖—松潘章腊—川主寺—红军纪念碑。

3）四川世界遗产之旅

成都—青城山—都江堰—九寨沟—黄龙；成都—都江堰—青城山—乐山大佛—峨眉山。

4）甘南川西风情之旅

香格里拉—稻城—海螺沟—贡嘎山—丹巴—四姑娘山—卧龙—成都。

5）红原大草原、米亚罗、西岭雪山之旅

成都—古尔沟—若尔盖—红原；蜀南竹海—兴文石海—大峡谷温泉。

任务 9.3　重庆市旅游资源

9.3.1　重庆市概况

重庆，简称“渝”，别称山城，是中华人民共和国省级行政区、直辖市、国家中心城市、超大城市、国务院批复确定的国家重要的中心城市之一、长江上游地区经济中心、国家重要先进制造业中心、西部金融中心、西部国际综合交通枢纽和国际门户枢纽。

重庆位于中国内陆西南部、长江上游地区，面积 8.24 万 km^2，辖 38 个区县（26 区、8 县、4 自治县），常住人口 3 213.3 万人、城镇化率 70.96%。人口以汉族为主、占 93.23%，少数民族主要有土家族、苗族等。重庆是一座独具特色的“山城、江城”，属亚热带湿润季风气候，春早夏热、秋雨冬暖；地貌以丘陵、山地为主，其中山地占 76%；长江横贯全境，流程 691 km，与嘉陵江、乌江等河流交汇。重庆旅游资源丰富，有长江三峡、世界文化遗产大足石刻、世界自然遗产武隆喀斯特和南川金佛山等壮丽景观。

重庆是中国著名历史文化名城。有文字记载的历史达 3 000 多年，是巴渝文化的发祥地。因嘉陵江古称“渝水”，故重庆又简称“渝”。北宋崇宁元年（1102），改渝州为恭州。南宋时期，宋光宗赵惇升恭州为重庆府。1891 年，成为中国最早对外开埠的内陆通商口岸。1929 年，正式建市。抗日战争时期，重庆是世界反法西斯战争远东指挥中心。抗日战争时期和解放战争初期，以周恩来同志为代表的中共中央南方局在重庆负责领导国统区、港澳及海外地区的党组织和统一战线工作，形成的“红岩精神”，是我们国家和民族的宝贵精神财富。民盟、民建、九三学社和民革前身之一的“三民主义同志联合会”均在重庆成立。巴渝文化、三峡文化、抗战文化、革命文化、统战文化、移民文化等交织形成独具特色的地域文化。

重庆是中国中西部地区唯一的直辖市。新中国成立初期，重庆为中央直辖市，是中共中央西南局、西南军政委员会驻地和西南地区政治、经济、文化中心。1954 年，西南大区撤销后改为四川省辖市。1983 年，成为全国第一个经济体制综合改革试点城市，实行计划单列。为带动西部地区及长江上游地区经济社会发展、统一规划实施百万三峡移民，1997 年 3 月八届全国人大五次会议批准设立重庆直辖市。直辖之后，重庆圆满完成三峡百万移民搬迁安置任务，经济社会发展各项事业取得显著成就。

重庆是长江上游地区的经济、金融、科创、航运和商贸物流中心，国家物流枢纽，西部大开发重要的战略支点、“一带一路”和长江经济带重要联结点及内陆开放高地。重庆乃山清水秀美丽之地，既以江城、雾都、桥都著称，又以山城扬名。

9.3.2 重庆市重点旅游景区

1）大足石刻

大足石刻位于重庆市大足区内，于唐、五代、宋时凿造，明、清两代亦续有开凿，现为世界文化遗产，世界八大石窟之一。

大足石刻共 23 处。较集中的有宝顶山、北山等 19 处。其中以宝顶山摩崖造像规模最大，造像最精美。除佛像和道教造像外，也有儒、佛、道同在一龛窟中的三教造像，而以佛教造像所占比例最大。

大足石刻代表了 9—13 世纪世界石窟艺术的最高水平，是人类石窟艺术史上最后的丰碑。它从不同侧面展示了唐、宋时期中国石窟艺术风格的重大发展和变化，具有前期石窟不可替代的历史、艺术、科学价值，并以规模宏大、雕刻精美、题材多样、内涵丰富、保存完好而著称于世。

1999 年 12 月，以宝顶山、北山、南山、石门山、石篆山“五山”为代表的大足石刻，被联合国教科文组织列入《世界遗产名录》，是重庆唯一的世界文化遗产。

大足石刻现为国家 5A 级旅游景区，全国重点文物保护单位，重庆十大文化符号，大足石刻如图 9–8 所示。

2）洪崖洞

洪崖洞原名洪崖门，是古重庆城门之一，位于重庆市渝中区解放碑沧白路，地处长江、嘉陵江两江交汇的滨江地带，是兼具观光旅游、休闲度假等功能的旅游区。

洪崖洞是重庆市重点景观工程，建筑面积 4.6 万 m^2，主要景点由吊脚楼、仿古商业街等景观组成。洪崖洞一共有 11 层，夜晚灯光从晚上 6 点开灯，10 点熄灯。游客可望吊脚群楼观洪崖滴翠，逛山城老街赏巴渝文化，烫山城火锅看两江汇流，品天下美食。形成了“一态、三绝、四街、八景”的经营形态，体现了巴渝文化休闲业态的繁荣。

2007 年 11 月，重庆洪崖洞民俗风貌区被评定为国家 4A 级旅游景区。

2020 年 11 月 18 日，洪崖洞被列入“成渝十大文旅新地标”。洪崖洞如图 9-9 所示。

图 9-8　大足石刻

图 9-9　洪崖洞

3）武隆喀斯特旅游区

武隆喀斯特旅游区位于重庆市武隆区境内，拥有罕见的喀斯特自然景观，包括溶洞、天坑、地缝、峡谷、峰丛、高山草原等，形态全面；兼具丰富多彩的度假、休闲、娱乐、运动项目，以及土家族、苗族等少数民族独特的民俗风情。2011 年，它被评为国家 5A 级旅游景区。武隆喀斯特旅游区包括天生三桥、仙女山、芙蓉洞三部分。2020 年 11 月 18 日，其当选“巴蜀文化旅游走廊新地标”。武隆喀斯特旅游区如图 9-10 所示。

4）人民解放纪念碑

人民解放纪念碑暨抗战胜利纪功碑，简称“解放碑”，位于重庆市渝中区解放碑商业步行街中心地带，于 1946 年 10 月 31 日动工，1947 年 8 月落成。

人民解放纪念碑正面向北偏东，为八面柱体盝顶钢筋混凝土结构，碑通高 27.5 m，边长 2.55 m，碑内连地下共八层，设有旋梯达于碑顶，碑顶向街口的四面装有自鸣钟，碑台周围为花圃，总占地面积 62 m^2，保护范围面积 642 m^2。该处是中国人民反法西斯战争取得胜利的象征，也是重庆解放及重庆市的象征。

2000 年 9 月，人民解放纪念碑被重庆市人民政府公布为直辖后第一批市级文物保护单位。2013 年 5 月，被国务院列入“第七批全国重点文物保护单位”。2016 年 5 月 18 日，解放碑入选“重庆十大文化符号”；2016 年 9 月，入选“首批中国 20 世纪建筑遗产”名录；2020 年 11 月 18 日，当选“成渝十大文旅新地标”。

5）重庆歌乐山烈士陵园

重庆歌乐山烈士陵园位于重庆市沙坪坝区，是 1949 年“一一·二七”政治大屠杀的发生地。1954 年，当地政府修建了烈士公墓和烈士纪念塔。

在抗战时期，这里是特务机关“中美特种技术合作所”和国民党军统集中营所在地。1939 年，国民党军统局用重金购买原四川军阀白驹在歌乐山的郊外别墅白公馆，霸占渣滓洞煤窑，将其改为监狱，同时还在这里设置多处秘密囚室，形成了一个规模庞大的秘密集中营。这里曾囚禁过爱国将领杨虎城、新四军军长叶挺、著名的共产党人罗世文、车耀先、陈然、江竹筠等。重庆解放前夕的 1949 年 11 月 27 日，国民党军统局在这里制造了惨绝人寰的大屠杀，300 多名革命者恨饮枪弹，壮烈捐躯。重庆歌乐山烈士陵园如图 9-11 所示。

6）磁器口古镇

磁器口古镇原名龙隐镇，位于重庆市沙坪坝区嘉陵江畔，是国家 4A 级旅游景区，中国历史文化名街，重庆市重点保护传统街，重庆“新巴渝十二景”。磁器口古镇始建于宋代，拥有“一江两溪三山四街”的独特地貌，形成天然良港，是嘉陵江边重要的水陆码头。

图 9–10　武隆喀斯特旅游区

图 9–11　重庆歌乐山烈士陵园

磁器口古镇，曾经“白日里千人拱手，入夜后万盏明灯”，繁盛一时。一条石板路，千年磁器口，是重庆古城的缩影和象征，被赞誉为“小重庆”，磁器口古镇开发有榨油、抽丝、制糖、捏面人、川戏等传统表演项目，每年春节举办的磁器口庙会是最具特色的传统活动，吸引数万市民前往参与。磁器口古镇如图 9–12 所示。

图 9–12　磁器口古镇

9.3.3　重庆市旅游线路

1. 黄金旅游线路

（1）重庆—丰都鬼城—石宝寨—万州—三峡—宜昌；

（2）重庆—合川—大足；

（3）重庆—仙渡溶洞—万盛—金佛山；

（4）重庆—南温泉—丰盛古镇—中山古镇—四面山。

2. 主要旅游线路

（1）长江三峡游：重庆—三峡—宜昌；

（2）长江小三峡乡村游：重庆—巫山—小三峡—陆游洞；

（3）大足石刻文化游：重庆—大足—成都。

3. 特色之旅

1）乌江画廊、阿依河原生态峡谷漂流（芙蓉洞）三日游

阿依河位于重庆东南部的彭水苗族土家族自治县境内，是乌江画廊的核心组成部分。阿依河发源于贵州务川，古称都濡水，相传因古代蚩尤（苗族先祖）之第 81 个儿子（名濡）在务川建都而得名，其原生态自然风光保存之完好实属罕见。

2）神秘黔江、阿蓬江原始大峡谷、小南海三日游

小南海原名小瀛海，位于黔江土家族苗族自治县境内，面积约 30 m^3，是一个融山、水、岛、峡等风光于一体的高山淡水堰塞湖泊景区，人称“深山明珠”、“人间仙境”。小南海是国内保存最完整的一处古地震遗址。阿蓬江原始大峡谷沿途旷无人烟，人迹罕至，“高峡自古断舟楫”，故极少人为破坏，岭谷高差一般在 500 m 左右，最高达 1 000 余米，绝壁千仞，重峦叠嶂，遮天蔽日，深邃莫测，令国内外游客叹为观止，誉为“天下奇观”。

任务 9.4　贵州省旅游资源

9.4.1　贵州省概况

贵州省简称“黔”或“贵”，位于中国西南的东南部，东毗湖南、南邻广西、西连云南、北接四川和重庆，是一个山川秀丽、气候宜人、民族众多、资源富集、发展潜力巨大的省份。

贵州位于云贵高原，地理环境独特。境内地势西高东低，自中部向北、东、南三面倾斜，平均海拔 1 100 m。贵州高原山地居多，素有“八山一水一分田”之说，地貌可概括分为高原山地、丘陵和盆地三种基本类型，其中 92.5%的面积为山地和丘陵。境内山脉众多，重峦叠峰，绵延纵横。北部有大娄山，川渝黔要隘娄山关高 1 444 m；中南部苗岭横亘，主峰雷公山高 2 178 m；东北境有武陵山，由湘蜿蜒入黔，主峰梵净山高 2 572 m；西部高耸乌蒙山，属此山脉的赫章县珠市乡韭菜坪海拔 2 900.6 m，为贵州境内最高点。而黔东南州的黎平县地坪乡水口河出省界处，海拔 147.8 m，为境内最低点。贵州岩溶地貌发育非常典型。喀斯特（出露）面积 109 084 km^2，占全省国土总面积的 61.9%，境内岩溶分布范围广泛，形态类型齐全，地域差异明显，构成一种特殊的岩溶生态系统。

贵州气候温暖湿润，舒适宜人，属亚热带温湿季风气候区，有冬无严寒、夏无酷暑，降水丰富、雨热同季等特点。全省年平均气温在 15 ℃左右。受大气环流及地形等影响，贵州气候呈多样性，“一山分四季，十里不同天”。

贵州的主要河流有：乌江、赤水河、清水江、洪州河、舞阳河、锦江松桃河、松坎河、牛栏江、横江等。

9.4.2　贵州省重点旅游景区

1. 贵阳

贵阳，简称“筑”，别称林城、筑城，贵州省省会，国务院批复确定的中国西南地区重要的中心城市、重要的区域创新中心、中国重要的生态休闲度假旅游城市。

贵阳是贵州的政治、经济、文化、科教、交通中心，西南地区重要的交通和通信枢纽、工业基地及商贸旅游服务中心，全国综合性铁路枢纽之一，也是国家级大数据产业发展集聚区、呼叫中心与服务外包集聚区、大数据交易中心、数据中心集聚区。

贵阳东南与黔南布依族苗族自治州的瓮安、龙里、惠水、长顺四县接壤，西靠安顺市的平坝区和毕节市的织金县，北邻毕节市的黔西市、金沙县和遵义市的播州区。贵阳部分核心景点如下。

1）黔灵山

黔灵山位于贵阳市云岩区，为国家 4A 级旅游景区，被称为“黔南第一山”，它以山幽林密、湖水清澈而闻名全国；黔灵山自古以来就是贵阳市著名的旅游胜地。

黔灵山是集自然风光、文物古迹、民俗风情和娱乐休闲为一体的综合性公园。黔灵山由弘福寺、黔灵湖、三岭湾等六个大的游览区构成，每一个景区都有其独特的魅力，综合在一起就形成了风光秀丽的城市公园。黔灵山如图 9-13 所示。

2）青岩古镇

青岩古镇是贵州四大古镇之一，位于贵州省贵阳市南郊，建于明洪武年间，原为军事要

图 9–13　黔灵山

塞。古镇内设计精巧、工艺精湛的明清古建筑交错密布，寺庙、楼阁画栋雕梁、飞角重檐相间。古镇人文荟萃，有历史名人周渔璜、清末状元赵以炯（贵州历史上第一个文状元）。镇内有近代史上震惊中外的青岩教案遗址、赵状元府第、平刚先生故居、红军长征作战指挥部等历史文物。李克农等革命前辈及其家属均在青岩秘密居住过。青岩古镇还是抗战期间浙江大学的西迁办学点之一。

2005 年 9 月，青岩古镇景区被建设部、国家文物局公布为第二批中国历史文化名镇。2017 年 2 月 25 日，青岩古镇被评为国家 5A 级旅游景区。青岩古镇如图 9–14 所示。

3）甲秀楼

甲秀楼位于贵州省贵阳市南明区翠微巷 8 号，地处南明河上，始建于明万历二十六年（1598），以河中一块巨石为基设楼宇，历代屡加修葺，现存建筑为清宣统元年（1909）重建遗存。甲秀楼分上中下三层，均以白石为栏，层层收进，由桥面至楼顶高约 20 m；南明河从楼前流过，汇为涵碧潭；楼侧由石拱“浮玉桥”连接两岸，桥上有小亭（涵碧亭）；整体朱梁碧瓦，三层三檐四角攒尖顶。甲秀楼是贵阳历史的见证。2008 年 3 月 28 日，甲秀楼作为“文昌阁和甲秀楼”的组成部分被国务院确定为第六批全国重点文物保护单位。甲秀楼如图 9–15 所示。

图 9–14　青岩古镇

图 9–15　甲秀楼

2. 省内其他重点景区

遵义会议会址

遵义会议会址位于贵州省遵义市红花岗区子尹路 96 号，建于 20 世纪 30 年代初。该建筑为砖木结构，是中西合璧的两层楼房。

1935 年 1 月 15 日至 17 日，遵义会议（即中共中央政治局扩大会议）在此楼楼上的小客厅举行。这次会议确立了以毛泽东为代表的新的中央领导集体。遵义会议成为中国共产党历史上一个生死攸关的转折点。

1961 年，遵义会议会址被国务院列为第一批全国重点文物保护单位。2005 年，遵义会议会址被评为国家 4A 级旅游景区；2018 年 11 月 24 日，入选“第三批中国 20 世纪建筑遗产”。遵义会议会址如图 9–16 所示。

3. 贵州赤水丹霞

贵州赤水丹霞位于贵州省赤水市，其地处四川盆地南缘，紧靠黔北大娄山北麓，扬子准地台西部，是早期丹霞地貌的代表，其面积达 1 200 多 km^2，是全国面积最大的丹霞地貌区。

贵州赤水丹霞含一个国家级自然保护区、两个国家森林公园和一个国家级风景名胜区，并处在长江上游珍稀特有鱼类国家级自然保护区的核心区。其主要景点包括十丈洞景区、丙安竹海景区、赤水桫椤国家级自然保护区和赤水竹海国家森林公园。

贵州赤水丹霞与湖南崀山、广东丹霞山、福建泰宁、江西龙虎山、浙江江郎山六大著名丹霞地貌景区组合成“中国丹霞”，在第 34 届世界遗产大会上通过表决，成为我国第 8 个世界自然遗产项目。贵州赤水丹霞如图 9–17 所示。

图 9–16 遵义会议会址

图 9–17 贵州赤水丹霞

9.4.3 贵州省旅游线路

1. 黄金旅游线路

（1）贵阳—红枫湖—安顺—镇宁—兴义；

（2）贵阳—织金—九洞天—草海—黄果树；

（3）贵阳—遵义—仁怀—习水—赤水；

（4）贵阳—凯里—雷山—榕江—三江。

2. 主要旅游线路

（1）贵阳休闲度假游：贵阳—花溪—香纸沟—百花湖—开阳—修文—贵定；

（2）壮美大瀑布精华游：贵阳—平坝—安顺—镇宁—关岭—贞丰—安龙—兴义；

（3）黔北名城、名河、名酒红色之旅经典游：贵阳—息烽—乌江—遵义—四渡赤水纪念地—仁怀—习水—赤水；

（4）黔东南苗侗文化体验游：贵阳—凯里—雷山—榕江—从江—黎平—锦屏—天柱；

3. 特色之旅

1）佛教名山朝拜游

贵州省有很多名山大川，其中与佛教结缘最深的莫过于梵净山。梵净山是中国五大佛教圣地之一。梵净山下号称有 48 座寺庙，几条进山大路上，三里一庙，五里一庵。梵净山众多的寺庙中以镇国寺、承恩寺、观音殿等最为著名。

精品旅游线路：贵阳（弘福寺）—铜仁—江口—梵净山。

2）苗族侗族风情游

贵州省民族众多，独特而多元的少数民族风情，不仅为壮丽的高原景观增光添色，还给贵州山川留下了鲜明的少数民族文化印记。在贵州生活着一个颇有音乐天赋的民族——侗族，而最能体现这种天赋的是他们精通一种多声部合唱，这种合唱多声部、无指挥、无伴奏、自然和声，距今已有 2 500 多年的历史，是侗族文化传承的主要载体。贵州也是苗族主要聚居的地方之一，苗家人欢快的芦笙表演、色彩绚丽的民族服饰，让人流连忘返。

任务 9.5　云南省旅游资源

9.5.1　云南省概况

云南属山地高原地形，地形以元江谷地和云岭山脉南段宽谷为界，分为东西两大地形区。东部为滇东、滇中高原，是云贵高原的组成部分，平均海拔 2 000 m，表现为起伏和缓的低山和浑圆丘陵，发育着各种类型的岩溶（喀斯特）地貌；西部高山峡谷相间，地势险峻，山岭和峡谷相对高差超过 1 000 m。5 000 m 以上的高山顶部常年积雪，形成奇异、雄伟的山岳冰川地貌。全省海拔高低相差很大，最高点海拔 6 740 m，位于滇藏交界处德钦县境内怒山山脉的梅里雪山主峰卡瓦格博峰；最低点海拔 76.4 m，位于南溪河与红河交汇的中越界河处，两地直线距离约 900 km，海拔相差 6 000 多 m。

地形。云南省地势呈现西北高、东南低，自北向南呈阶梯状逐级下降，从北到南的每千米水平直线距离，海拔平均降低 6 m。北部是青藏高原南延部分，海拔一般在 3 000～4 000 m 之间，有高黎贡山、怒山、云岭等巨大山系和怒江、澜沧江、金沙江等大河自北向南相间排列，三江并流，高山峡谷相间，地势险峻；南部为横断山脉，山地平均海拔不到 3 000 m，主要有哀牢山、无量山、邦马山等，地势向南和西南缓降，河谷逐渐宽广；在南部、西南部边境，地势渐趋和缓，山势较矮、宽谷盆地较多，海拔在 800～1 000 m 之间，个别地区下降至 500 m 以下，主要是热带、亚热带地区。

全省河川纵横，湖泊众多。全省境内径流面积在 100 km^2 以上的河流有 1 002 条，分属长江（金沙江）、珠江（南盘江）、红河（元江）、澜沧江（湄公河）、怒江（萨尔温江）、大盈江（伊洛瓦底江）六大水系。

云南省以独特的高原风光，热带、亚热带的边疆风物和多彩多姿的民族风情，闻名于海内外。旅游资源十分丰富，已经建成一批以高山峡谷、现代冰川、高原湖泊、石林、喀斯特洞穴、火山地热、原始森林、花卉、文物古迹、传统园林及少数民族风情等为特色的旅游景区。全省有国家级 A 级以上景区 562 个，其中，列为国家级风景名胜区的有石林、大理、西双版纳、三江并流、昆明滇池、丽江玉龙雪山、腾冲地热火山、瑞丽江—大盈江、宜良九乡、建水等 12 处。有昆明、大理、丽江、会泽、剑川等 8 座国家级历史文化名城，有腾冲、保山、石屏、香格里拉等 7 座省级历史文化名城。丽江古城、红河哈尼梯田被列入世界文化遗产名录，三江并流、帽天山、石林被列入世界自然遗产名录。

9.5.2　云南省重点旅游景区

1. 昆明

昆明，别称春城，云南省省会、特大城市、滇中城市群中心城市，国务院批复确定的中国西部地区重要的中心城市之一，中国重要的旅游、商贸城市。

昆明地处西南地区、云贵高原中部，具有“东连黔桂通沿海，北经川渝进中原，南下越老达泰柬，西接缅甸连印巴”的独特区位，处在南北国际大通道和以深圳为起点的第三座东西向亚欧大陆桥的交汇点，是中国面向东南亚、南亚开放的门户城市，位于东盟“10+1”自由贸易区经济圈、大湄公河次区域经济合作圈、泛珠三角区域经济合作圈的交汇点。

昆明是国家历史文化名城，早在三万年前就有人类在滇池周围生息繁衍；公元前 278 年滇国建立，定都于此；765 年南诏国筑拓东城，为昆明建城之始；明末时期，南明永历政权在昆明建都。昆明属北亚热带低纬度高原山地季风气候，为山原地貌，三面环山，南濒滇池，沿湖风光绮丽，由于地处低纬度高原而形成“四季如春”的气候，享有“春城”的美誉。

中国昆明进出口商品交易会、中国国际旅游交易会、中国昆明国际旅游节使昆明成为中国主要的会展城市之一。昆明市部分核心景点如下。

1）昆明市石林风景区

昆明市石林风景区又称为云南石林，位于昆明石林彝族自治县境内。

昆明市石林风景区包括以下部分：石林风景区、黑松岩风景区、飞龙瀑（大叠水）风景区、长湖风景区。

昆明市石林风景区是“世界地质公园”，1982 年，经国务院批准成为首批国家级重点风景名胜区，是国家 5A 级旅游景区、全国文明风景旅游区。昆明市石林风景区如图 9–18 所示。

2）滇池

滇池亦称昆明湖、昆明池、滇南泽、滇海，位于昆明市西南部，有盘龙江等河流注入，湖面海拔 1 886 m，面积 330 km^2，是云南省最大的淡水湖，有高原明珠之称，平均水深 5 m，最深处达 11 m。

滇池风光秀丽，为中国国家级旅游度假区。四周有云南民族村、云南民族博物馆、西山华亭寺、太华寺、三清阁、龙门、大观楼及晋宁盘龙寺、郑和公园等风景区。滇池如图 9–19 所示。

图 9–18 昆明市石林风景区

图 9–19 滇池

3）昆明世界园艺博览园

昆明世界园艺博览园（简称昆明世博园）是 1999 年昆明世界园艺博览会会址，设在昆明东北郊的金殿风景名胜区，距昆明市区约 4 km。

昆明世界园艺博览园植被覆盖率达 76.7%。园区整体规划依山就势，集全国各省、自治区、直辖市地方特色和 95 个国家风格的园林、园艺品，庭院建筑和科技成就于一园，体现了“人与自然，和谐发展”的时代主题，是一个具有“云南特色、中国气派、世界一流”的园林、园艺品大观园。

2016 年 8 月 3 日，昆明世博园景区被评为国家 5A 级旅游景区。

4）国立西南联合大学旧址

国立西南联合大学是抗日战争时期由北京大学、清华大学和南开大学联合组建而成的。三校一开始迁至湖南合组为长沙临时大学，并于 1937 年 11 月 17 日开始上课。这个日子后来被定为国立西南联合大学校庆日。随着日寇的进逼，长沙危急，三校又迁往云南昆明。国立西南联合大学旧址位于云南师范大学一二一校区。

2006 年 5 月 25 日，国立西南联合大学旧址被国务院批准列入第六批全国重点文物保护单位名单。2020 年 1 月 20 日下午，习近平总书记来到位于云南师范大学校园内的国立西南联合大学旧址考察调研。国立西南联合大学原教室如图 9–20 所示。

图 9–20　国立西南联合大学原教室

2. 省内其他重点景区

1）罗平油菜花

罗平油菜花是云南省曲靖市罗平县内一种美丽而蔚为壮观的人造景观。一年一度的云南罗平油菜花旅游节，使游客感受到人与自然的和谐，观赏到佳境如画的风光。

观罗平油菜花的推荐地点是县城东北方向的金鸡峰。登上金鸡峰，看油菜花田比较平坦，而稍远处有些孤峰拔起，壮阔的感觉油然而生。很多罗平花海的照片都是在这里拍摄的。罗平油菜花如图 9–21 所示。

2）普者黑旅游景区

普者黑旅游景区位于云南省文山壮族苗族自治州丘北县境内，距县城 13 km，是国家级风景名胜区。普者黑旅游景区属于滇东南岩溶区，是发育典型的喀斯特岩溶地貌，以“水上田园、湖泊峰林、彝家水乡、岩溶湿地、荷花世界、候鸟天堂”六大景观而著称。

2020 年 12 月，普者黑旅游景区被文化和旅游部评为国家 5A 级旅游景区。普者黑旅游景区如图 9–22 所示。

图 9–21　罗平油菜花

图 9–22　普者黑旅游景区

9.5.3 云南省旅游线路

1. 黄金旅游线路

（1）昆明—楚雄—大理—丽江—泸沽湖—香格里拉；

（2）昆明—玉溪—普洱—景洪—勐海—勐腊；

（3）昆明—楚雄—大理—保山—腾冲—瑞丽。

2. 主要旅游线路

（1）云南风景名胜经典之旅：昆明—大理—丽江—香格里拉；

（2）西双版纳风情游：昆明—西双版纳—中缅边境；

（3）昆明名胜游：滇池—石林—世博园。

3. 特色之旅

1）云南风景名胜经典之旅

这是一条云南旅游线路中比较经典的线路。这条线路的交通很发达，旅游的接待设施也比较好。该条旅游线路将云南最精华的自然风光和民俗风情融为一体，充分展示出云南的神奇与美丽。

精品旅游线路：昆明—大理—丽江—泸沽湖—香格里拉。

2）西双版纳风情游

西双版纳是北回归线上仅存的一片绿洲，民族文化、民族风情、热带雨林、观赏植物、野生动物等自然和人文景观融为一体，是中国唯一保存良好的热带原始森林区。它美丽、富饶、神奇，犹如一颗璀璨的明珠镶嵌在祖国的西南边疆，是国家级重点风景名胜区。

精品旅游线路：昆明—西双版纳—中缅边境。

任务 9.6 西藏自治区旅游资源

9.6.1 西藏自治区概况

西藏自治区简称“藏”，地处西南边疆，是重要的国家安全屏障和生态安全屏障，战略地位十分重要。

西藏自古以来就是中国不可分割的一部分。早在公元前，居住在这里的藏族先民就与生活在中原的汉族有着联系。公元 7 世纪初，松赞干布统一西藏高原，建立吐蕃王朝，定都逻娑（今拉萨），在位期间两次派遣大臣赴唐廷求婚，于公元 641 年迎娶了唐太宗的宗女文成公主，奠定了吐蕃与唐朝二百余年频繁往来的“甥舅亲谊”。清朝对西藏的治理更加严密，1727 年，清朝设立驻藏大臣，代表中央监督西藏地方行政。中华民国时期，中央政府设蒙藏事务局（1914 年改称蒙藏院），主管西藏地方事务，1940 年，国民政府在拉萨设立蒙藏委员会驻藏办事处，作为中央政府在西藏的常设机构。

西藏是青藏高原的主体部分，平均海拔 4 000 m，西北高，东南低，自然形成 4 个不同的地形区域：藏北高原、藏南谷地、藏东高山峡谷、喜马拉雅山地。气候复杂多样：太阳辐射强，日照时间长；气温较低，温差大；干湿分明，多夜雨，一般每年 10 月至第二年 4 月为干季，5 月至 9 月为雨季，冬春干燥，多大风；空气稀薄，气压低，氧气含量较少。

西藏地域辽阔，物产丰富，动植物资源品种繁多，国家一级重点保护野生动物有 65 种，矿产资源有很大潜力，铬、铜、云母、刚玉等矿藏居全国前列；水能资源、太阳能资源、风力资源都有着广阔的开发前景。

9.6.2 西藏自治区重点旅游景区

1. 拉萨

1）布达拉宫

布达拉宫屹立在西藏自治区首府拉萨市区西北的红山上。布达拉宫被称为“世界屋脊明珠”，它是拉萨乃至青藏高原的标志。在这座世界上海拔最高、最雄伟的宫殿里，收藏着极为丰富的文物和工艺品，同时也珍藏着独一无二的雪域文化遗产。

2）罗布林卡

罗布林卡属全国重点文物保护单位，位于拉萨西郊，是一座典型的藏式风格园林。经过二百多年的扩建，全园占地 36 万 m^2，园内有植物 100 余种，不仅有拉萨地区常见花木，而且有取自喜马拉雅山南北麓的奇花异草，堪称高原植物园，是西藏人造园林中规模最大、风景最佳的、古迹最多的园林。

3）八廓街

八廓街位于拉萨旧城区，又名“八角街”，是拉萨最著名的转经道和商业中心。

它原本只是环绕大昭寺的转经道，现在逐渐扩展为围绕大昭寺周围的大片旧式老街区的统称。

街上永远少不了朝拜的藏民，也少不了藏式店铺。临街的房子几乎都是商店，各种藏族服饰、工艺品琳琅满目。

4）大昭寺

大昭寺位于拉萨市中心，又名“祖拉康”、“觉康”（藏语意为佛殿），始建于唐贞观 21 年，是藏王松赞干布为纪念尺尊公主入藏而建。大昭寺是西藏现存最早的土木结构建筑。昭寺建成后，经过元、明、清历朝屡加修改扩建，才形成了今天的规模，1961 年被国务院公布为第一批全国重点文物保护单位。2000 年 11 月，联合国教科文组织将大昭寺作为布达拉宫的扩展项目列入《世界遗产名录》，成为世界文化遗产。

2. 自治区内其他重点景区

1）巴松措

巴松措位于距林芝市工布江达县 50 多 km 的巴河上游的高峡深谷里，是红教（藏传佛教宁玛派）的一处著名神湖和圣地。虽然巴松错深藏在交通闭塞、远离城镇的区域，但它却以其林木繁茂和群山耸立中的那一池碧水而广为外界所知，成为林芝市最早为人所知的风景区之一。

2）扎什伦布寺

扎什伦布寺的藏语意为“吉祥须弥山”，是格鲁派六大寺院之一（其余五个是：甘丹寺、哲蚌寺、色拉寺、塔尔寺、拉卜楞寺），也是藏传佛教格鲁派在后藏地区最大的寺院。公元 1447 年由格鲁派祖师宗喀巴大师的弟子一世达赖根敦珠巴主持创建，历时 12 年方才建成。自四世班禅之后，扎什伦布寺成为历代班禅驻锡之地。

3）珠穆朗玛国家公园

珠穆朗玛国家公园是世界上海拔最高的国家公园，公园于 2012 年 10 月 26 日正式挂牌。至此，西藏形成了珠穆朗玛、雅鲁藏布大峡谷和纳木错三大国家公园。

2020 年 12 月 8 日，国家主席习近平同尼泊尔总统班达里互致信函，共同宣布珠穆朗玛峰最新高程 8 848.86 m。

珠穆朗玛国家公园位于西藏自治区西南与尼泊尔交界处，覆盖西藏自治区日喀则地区定日、吉隆等 6 县，总面积 7.8 万 km^2；包括嘎玛沟、吉隆沟两条生态谷地；珠穆朗玛峰、希夏邦马峰、卓奥友峰等 5 座海拔 8 000 m 以上的高峰和 10 余座海拔 7 000 m 以上的山峰，以及绒布冰川等众多冰川和拉孜（县）民俗文化旅游园区、拉孜锡钦温泉景区、樟木雪步岗森林生态旅游景区等。

4）雅鲁藏布大峡谷景区

雅鲁藏布大峡谷是世界上最大、最深的峡谷。

雅鲁藏布大峡谷不仅以其深度、宽度名列世界峡谷之首，更以其丰富的科学内涵及宝贵的资源而引起世界的瞩目。

5）神山圣湖景区

以神山冈仁波齐和圣湖玛旁雍错为核心的阿里神山圣湖旅游区，位于西藏自治区阿里地区普兰县境内。神山圣湖地处冈底斯文化圈腹心地带，这里既是历史悠久并传承至今的西藏本土宗教苯教的发源地，同时也是神秘的青藏高原古国“象雄”及“古格”的核心地域。

9.6.3 西藏自治区旅游线路

1. 黄金旅游线路

（1）拉萨—浪卡子—江孜—日喀则—萨迦—珠穆朗玛峰；

（2）拉萨—日喀则—萨嘎—普兰—札达—狮泉河；

（3）拉萨—达孜—工布江达—林芝—朗县—泽当镇—扎囊—曲水；

（4）拉萨—堆龙德庆—当雄—那曲。

2. 主要旅游线路

（1）拉萨—日喀则—拉孜—樟木；

（2）拉萨—日喀则—拉孜—措勤—革吉—狮泉河—普兰；

（3）拉萨—江孜—日喀则—拉萨。

3. 特色之旅

1）西藏美景自然游

走进西藏，藏情浓郁。“日光城”拉萨独具魅力。巴松错圣湖的风光与藏情融为一体。翻越米拉雪山，欣赏尼羊河风光，体验爬雪山的乐趣，感受真正的山清水秀。

精品旅游线路：拉萨—雅鲁藏布江风光—林芝—巴松错圣湖—米拉雪山—尼羊河风光。

2）拉萨神秘寺庙游

参观世界上最高的宫殿——布达拉宫，公元 7 世纪修建的大昭寺，感受神秘宗教寺庙的魅力。逛最具民族特色的八角街和天湖纳木错，去湖边最大的半岛——扎西岛（也叫吉祥爱情岛）上转经，为爱情许个愿，在世界上海拔最高的羊八井地热温泉游泳池畅泳。

精品旅游线路：布达拉宫—大昭寺—八角街—纳木错—羊八井。

实训

1. 实训目的

根据西南地区客运交通线路与旅游资源情况设计为期 21 天的西南地区自然风光主题旅游方案。

2. 实训内容

对照职业能力目标的要求，认真学习本项目的内容，在熟悉西南地区旅游资源的基础上，设计西南地区自然风光主题旅游线路。

3. 实训步骤

（1）绘制本项目思维导图，掌握职业能力目标要求的能力。

（2）以本项目的内容为脉络，前往图书馆查找文献，通过互联网收集网络资料，结合纸质和电子地图完成 PPT 演示文件的创作。

（3）在班级讨论会上，提交 PPT 演示文件并进行简短的汇报。

（4）听取教师及其他同学对 PPT 演示文件的点评，取长补短，复盘本项目的内容。

项目 10

西北旅游区

职业能力目标

1. 掌握西北旅游区旅游地理概述
2. 掌握西北旅游区各省的旅游资源

任务 10.1 西北旅游区旅游地理概述

西北旅游区包括陕西省、甘肃省、宁夏回族自治区、青海省、新疆维吾尔自治区。

西北地区地形包括天山山脉、阿尔金山脉、祁连山脉、昆仑山脉、阿尔泰山脉、河西走廊、准噶尔盆地、塔里木盆地、塔克拉玛干沙漠、吐鲁番盆地等山地、盆地、沙漠、戈壁。西北地区从东到西自然景观按照大类可分为黄土高原、戈壁沙滩、荒漠草原、戈壁荒漠。西北地区深居内陆，距海遥远，再加上高原、山地地形较高对湿润气流的阻挡，导致本区降水稀少，气候干旱，形成沙漠广袤和戈壁沙滩的景观。西部地区仅东南部少数地区为温带季风气候，其他的大部分地区为温带大陆性气候和高寒气候，冬季严寒而干燥，夏季高温，降水稀少，自东向西呈递减趋势。西北地区大部属中温带和暖温带大陆性气候，局部属于高寒气候。吐鲁番盆地为全国夏季最热的地区。托克逊为全国降水最少的地区。西北地区降水稀少、气候干旱。西北地区由于地处亚欧大陆腹地，除秦岭以南地区外大部分地区降水稀少，全年降水量大部分地区在 500 mm 以下，属大陆性干旱半干旱气候和高寒气候，其中黄土高原年降水量在 300～500 mm 之间，柴达木盆地在 200 mm 以下，河西走廊少于 100 mm，敦煌只有 29.5 mm，吐鲁番不足 20 mm，若羌为 10.9 mm，几乎终年无雨。由于降水稀少、气候干旱、沙漠广布等原因，西北地区的地表水量约为 2 200 亿 m^3/年，仅占全国总径流量的 8%左右。西北地区的经济结构以资源型工业和传统农业为主。

任务 10.2 陕西省旅游资源

10.2.1 陕西省概况

陕西省简称“陕”“秦”，地处中国中部，其北部、中部位于黄河中游地区，南部兼跨长江支流汉江流域和嘉陵江上游。其境东隔黄河与山西省相望，北与内蒙古自治区毗连，西与宁夏回族自治区和甘肃省相邻，南以米仓山、大巴山主脊与四川省、重庆市为界，东南与湖北省、河南省接壤。陕西省行政区划面积 205 624.3 km^2。其最北端在府谷县王家梁村，最南端为镇坪县渝龙村，南北最长为 878.0 km；最东端为府谷县黄甫镇段家寨，最西端为宁强县青木川镇长沙坝村，东西最长为517.3 km。境内的最高点为太白山主峰拔仙台，海拔 3 771.2 m；最低点在白河县与湖北省交界的汉江南岸，海拔 168.6 m。

陕西省的地势南北高、中间低，有高原、山地、平原和盆地等多种地形。北山和秦岭把陕西分为三大自然区：北部为海拔 900～1 900 m 的陕北黄土高原区，总面积 8.22 万 km^2，约占全省土地面积的 40%；中部是关中平原区，海拔 460～850 m，总面积 4.94 万 km^2，约占全省土地面积的 24%；南部是陕南秦巴山区，海拔 1 000～3 000 m，总面积 7.4 万 km^2，约占全省土地面积的 36%。

陕西省是中华民族的重要发祥地之一。西周、秦、西汉、新、东汉、西晋、前赵、前秦、后秦、大夏、西魏、北周、隋、唐 14 个王朝建都陕西，使这里长期成为中国政治、经济、文化中心。

陕西自古以来就是中国重要的对外开放门户。早在 3 000 多年前，长安就同许多国家有政治、经济等方面的交往活动。2 100 多年前，汉代张骞两次出使中亚，开辟出一条横贯东西、连接欧亚的丝绸之路。现在，“一带一路”建设正改变西部特别是西北地区对外开放格局，使陕西进入向西开放的前沿位置。陕西高校和科研机构众多，创新人才济济，有一批国家级高新区、开发区、示范区和大学科技园区；高端能源化工、装备制造、航空航天等产业实力雄厚，电子信息、汽车制造、新材料等产业发展势头迅猛。陕西省是中华民族的重要发祥地之一。1262 年设立的陕西四川行中书省，辖区为今陕西省、甘肃省、宁夏回族自治区、青海省、四川省五省区及内蒙古自治区河套地区。新中国成立后，陕西人民砥砺奋进、众志成城，在中国共产党的坚强领导下，书写陕西发展的壮丽诗篇。改革开放以来，陕西国民经济持续快速增长，国内生产总值已经由 1978 年的 81.07 亿元上升到 2021 年的 29 800.98 亿元。三秦人民凭着一股逢山开路、遇水架桥的闯劲，凭着一股踏石留印、抓铁有痕的韧劲，交出了一份靓丽答卷。

10.2.2 陕西省重点旅游景区

1. 西安

西安，古称长安、镐京，陕西省省会、特大城市、关中平原城市群核心城市，国务院批复确定的西部地区重要的中心城市，国家重要的科研、教育和工业基地。西安地处关中平原中部，北濒渭河，南依秦岭，自古有着“八水绕长安”之美誉，是联合国教科文组织于 1981 年确定的“世界历史名城”，是中华文明和中华民族重要发祥地之一，是丝绸之路的起点，历史上先后有十多个王朝在此建都。丰镐都城、秦阿房宫、兵马俑，汉未央宫、长乐宫，隋大兴城，唐大明宫、兴庆宫等勾勒出“长安情结”。西安是中国最佳旅游目的地、中国国际形象最佳城市之一，有两项六处遗产被列入《世界遗产名录》，2018 年 2 月，国家发展和改革委、住房和城乡建设部发布《关中平原城市群发展规划》，规划支持西安建设国家中心城市，加快西安都市圈立体交通体系建设，建成具有历史文化特色的国际化大都市。西安市部分核心景点如下。

1）秦始皇兵马俑博物馆

秦始皇兵马俑博物馆位于陕西省西安市临潼区秦陵镇，其成立于 1975 年 11 月，于 1979 年 10 月 1 日正式开馆，截至 2020 年 1 月，秦始皇兵马俑博物馆已接待海内外观众达 8 000 多万人次，其中接待外国国家元首、政府首脑 187 批，副总统、副总理和议长 506 批，部长级客人 1 852 批。

截至 2020 年 1 月，博物馆已先后建成并开放了秦俑一、三、二号坑和文物陈列厅。目前，秦始皇兵马俑博物馆拥有藏品 5 万余（套）件。一号兵马俑坑内埋藏陶俑、陶马约 6 000 件，同时还有大量的青铜兵器；二号兵马俑坑内埋藏陶俑、陶马约 1 300 件，二号俑坑文物较一号俑坑的更丰富，兵种更齐全；三号俑坑的规模较小，坑内埋藏陶俑、陶马 72 件；陈列厅内有一、二号铜车马。

秦始皇兵马俑博物馆先后被评为全国文化系统先进集体、全国文博系统先进集体、全国精神文明建设先进单位，并荣获了“全国五一劳动奖状”。秦始皇兵马俑博物馆为首批国家5A级旅游景区、首批国家一级博物馆。秦始皇兵马俑博物馆如图 10–1 所示。

2）秦始皇陵

秦始皇陵，是中国历史上第一位皇帝嬴政（前 259—前 210）的陵寝，是中国第一批世界文化遗产、第一批全国重点文物保护单位、国家 5A 级旅游景区，位于陕西省西安市临潼区城东 5 km 处的骊山北麓。

秦始皇陵建于秦王政元年（前 246 年）至秦二世二年（前 208 年），历时 39 年，是中国历史上第一座规模庞大、设计完善的帝王陵寝。秦始皇陵四周分布着大量形制不同、内涵各异的陪葬坑和墓葬，已探明的有 400 多个，其中包括“世界第八大奇迹”中的兵马俑坑。秦始皇陵是世界上规模最大、结构最奇特、内涵最丰富的帝王陵墓之一，充分表现了 2 000 多年前中国古代劳动人民的艺术才能，是中华民族的骄傲和宝贵财富。

1961 年 3 月 4 日，秦始皇陵被国务院公布为第一批全国重点文物保护单位。1987 年 12 月，秦始皇陵及兵马俑坑被联合国教科文组织批准列入《世界遗产名录》。2021 年 10 月 18 日，秦始皇陵入选全国“百年百大考古发现”。

3）大雁塔

大雁塔位于唐长安城晋昌坊（今陕西省西安市南）的大慈恩寺内，又名“慈恩寺塔”。唐永徽三年（652），玄奘为保存由天竺经丝绸之路带回长安的经卷佛像主持修建了大雁塔，最初为五层，后加盖至九层，再后层数和高度又有数次变更，最后固定为七层塔身。

大雁塔作为现存最早、规模最大的唐代四方楼阁式砖塔，是佛塔这种古印度佛寺的建筑形式随佛教传入中原地区，并融入华夏文化的典型物证，是凝聚了中国古代劳动人民智慧结晶的标志性建筑。

1961 年 3 月 4 日，国务院公布大雁塔为第一批全国重点文物保护单位。2014 年 6 月 22 日，在卡塔尔多哈召开的联合国教科文组织第 38 届世界遗产委员会会议上，大雁塔作为中国、哈萨克斯坦和吉尔吉斯斯坦三国联合申遗的“丝绸之路：长安—天山廊道的路网”中的一处遗址点成功列入《世界遗产名录》。大雁塔如图 10–2 所示。

图 10–1 秦始皇兵马俑博物馆

图 10–2 大雁塔

4）小雁塔

小雁塔位于唐长安城安仁坊（今陕西省西安市南郊）荐福寺内，又称“荐福寺塔”，建于唐景龙年间，与大雁塔同为唐长安城保留至今的重要标志。小雁塔和荐福寺钟楼内的古钟合称为“关中八景”之一的“雁塔晨钟”。小雁塔目前是西安博物院的组成部分，为国家 4A 级旅游景区。

小雁塔是中国早期方形密檐式砖塔的典型代表，原有 15 层，现存 13 层，高 43.4 m，塔形秀丽，是唐代佛教建筑艺术遗产，也是佛教传入中原地区并融入汉族文化的标志性建筑。

1961 年 3 月 4 日，小雁塔被国务院公布为第一批全国重点文物保护单位。2014 年 6 月 22 日，在卡塔尔多哈召开的联合国教科文组织第 38 届世界遗产委员会会议上，小雁塔作为中国、哈萨克斯坦和吉尔吉斯斯坦三国联合申遗的“丝绸之路：长安—天山廊道的路网”中的一处遗址点成功列入《世界遗产名录》。

5）西安城墙

西安城墙是中国现存规模最大、保存最完整的古代城垣，是第一批全国重点文物保护单位、国家 5A 级旅游景区。广义的西安城墙包括西安唐城墙和西安明城墙，但一般特指狭义上的西安明城墙。

西安城墙位于西安市中心，墙高 12 m，顶宽 12～14 m，底宽 15～18 m，轮廓呈封闭的长方形，周长 13.74 km。

西安城墙主城门有四座：长乐门（东门）、永宁门（南门）、安定门（西门）、安远门（北门），这四座城门也是古城墙的原有城门。从民国开始为方便出入古城区，先后新辟了多座城门，至今西安城墙已有城门 18 座。

1961 年 3 月 4 日，西安城墙被国务院公布为第一批全国重点文物保护单位。西安明城墙如图 10–3 所示。

6）大唐芙蓉园

大唐芙蓉园位于陕西省西安市城南的曲江开发区，大雁塔东南侧，它是在原唐代芙蓉园遗址以北，仿照唐代皇家园林式样重新建造的，是中国第一个全方位展示盛唐风貌的大型皇家园林式文化主题公园。

大唐芙蓉园内建有紫云楼、仕女馆、御宴宫、杏园、芳林苑、凤鸣九天剧院、唐市等许多仿古建筑，是中国最大的仿唐皇家建筑群，景区由中国工程院院士张锦秋担纲总体规划和建筑设计。2011 年 1 月 17 日，大唐芙蓉园被国家旅游局评为国家 5A 级旅游景区。大唐芙蓉园如图 10–4 所示。

图 10–3　西安明城墙

图 10–4　大唐芙蓉园

2. 省内其他重点景区

1）法门寺

法门寺，又名“真身宝塔”，位于炎帝故里、青铜器之乡——宝鸡市，为全国重点文物保护单位。法门寺始建于东汉末年桓灵年间，距今有 1 800 多年历史，有“关中塔庙始祖”之称，周魏以前称作“阿育王寺”，隋文帝时改称“成实道场”，唐高祖时改名“法门寺”。法门

图 10-5 法门寺

寺被誉为皇家寺庙，因安置释迦牟尼佛指骨舍利而成为海内外仰望的佛教圣地。法门寺佛塔被誉为“护国真身宝塔”。法门寺为国家 5A 级旅游景区。

法门寺地宫是迄今所存最大的塔下地宫。法门寺地宫出土了释迦牟尼佛指骨舍利、铜浮屠、八重宝函、银花双轮十二环锡杖等佛教至高宝物，法门寺珍宝馆拥有出土于法门寺地宫的两千多件大唐国宝重器，为世界寺庙之最。法门寺如图 10-5 所示。

2）炎帝陵（陕西宝鸡）

炎帝陵位于宝鸡市渭滨区神农镇，地处神农镇境内的常羊山之上，是炎黄子孙寻根祭祖的主要场所。炎帝生于姜水之岸（今宝鸡市境内），随着历史发展，其后代沿渭水向东南迁徙到湖北、湖南、山西等地，广义上看，炎帝是一个氏族部落，存在若干世系，故全国有五处炎帝故里，陕西宝鸡、湖北随州、湖南炎陵及会同、山西高平均被视为炎帝故里。其中，炎帝一、二世均生活在陕西宝鸡，宝鸡作为炎帝故里，是中华民族的发祥地之一。

10.2.3 陕西省旅游线路

1. 黄金旅游线路

（1）西安—临潼—华阴；
（2）西安—咸阳—乾县；
（3）西安—兴平—扶风—宝鸡；
（4）西安—佛坪—洋县—城固—汉中—留坝；
（5）西安—铜川—黄帝陵—洛川—延安—南泥湾；
（6）延安—壶口瀑布—韩城—西安；
（7）延安—安塞民间文化艺术馆—子长—米脂—榆林。

2. 主要旅游线路

（1）山水古迹旅游线：西安—骊山—华清池—秦始皇陵兵马俑—华山风景名胜区；
（2）丝绸之路旅游线：西安—咸阳—乾陵—法门寺—太白山—茂陵；
（3）黄土风情旅游线：西安—铜川—黄帝陵—延安；
（4）三国遗迹旅游线：西安—洋县—汉中；
（5）革命圣地旅游线：凤凰山—王家坪—杨家岭—枣园—南泥湾。

3. 特色之旅

1）关中帝王陵之旅

陕西有七八十座帝王陵墓，占全国现存帝王陵的近乎一半。陕西的帝王陵不仅数量多，而且有着博大精深的文化内涵，所以，它们都是陕西引以为傲的旅游资源。

精品旅游路线：秦始皇陵—汉阳陵—汉茂陵—唐昭陵—唐乾陵。

2）汉唐雄风遗迹之旅

西安汉唐遗迹众多，内容丰富，加之这两个朝代在中国历史上的巨大功业，西安市很早就提出了“重振汉唐雄风”的发展战略。西安城墙、大小雁塔等带有浓厚汉风唐韵的历史遗迹成为西安旅游的一颗颗耀眼明珠。

精品旅游路线：西安城墙—钟楼—陕西历史博物馆—大唐芙蓉园—大雁塔。

任务 10.3　甘肃省旅游资源

10.3.1　甘肃省概况

甘肃，古属雍州，地处黄河上游，它东接陕西，南控巴蜀青海，西倚新疆，北扼内蒙、宁夏，是古丝绸之路的锁匙之地和黄金路段。

它像一块瑰丽的宝玉，镶嵌在中国中部的黄土高原、青藏高原和内蒙古高原上，东西蜿蜒1 600 多 km。

甘肃，是取甘州（今张掖）、肃州（今酒泉）二地的首字而成。由于西夏曾置甘肃军司，元代设甘肃省，简称甘；又因省境大部分在陇山（六盘山）以西，而唐代曾在此设置过陇右道，故又简称为陇。

甘肃海拔大多在 1 000 m 以上，四周为群山峻岭所环抱。北有六盘山、合黎山和龙首山；东为岷山、秦岭和子午岭；西接阿尔金山和祁连山；南壤青泥岭。境内地势起伏、山岭连绵、江河奔流，地形相当复杂。这里有直插云天的皑皑雪峰、有一望无垠的辽阔草原、有莽莽漠漠的戈壁瀚海、有郁郁葱葱的次生森林、有神奇碧绿的湖泊佳泉、有江南风韵的自然风光，也有西北特有的名花瑞果。

甘肃东南部的天水市和陇南地区，是历史悠久、山川锦绣、物产丰富、气候宜人、民俗奇特的天然膏腴之地，有小江南之称。

甘肃东部的庆阳、平凉地区，是具有悠久革命历史的老区。境内除有众多的革命遗迹外，黄帝登临、广成子修炼得道的道家圣地崆峒山，西王母设宴招待周穆王的王母宫山，以及公刘庙、菩萨山等庙会，都成为民间文化的传播阵地和民间经济的交易场所。特别是唢呐、剪纸、社火、戏曲等民俗文化尤具魅力。

河西走廊是甘肃著名的粮仓，也是昔日铁马金戈的古战场和古丝绸之路的交通要道。闻名于世的敦煌莫高窟艺术、肃南裕固族风情、肃北蒙古族风情、阿克塞风俗、天祝藏区风情、雷台奇观、古酒泉传奇、嘉峪关传说等在这里熠熠生辉。

10.3.2　甘肃省重点旅游景区

1. 兰州

兰州，简称“兰”或“皋”，古称金城，甘肃省省会，国务院批复确定的西北地区重要的工业基地和综合交通枢纽，西部地区重要的中心城市之一，丝绸之路经济带的重要节点城市。

兰州地处中国西北地区、中国陆域版图的几何中心，位于甘肃中部，是甘肃政治、文化、经济和科教中心，国家向西开放的战略平台，西部开发的重要引擎，西北地区科学发展示范区，历史悠久的黄河文化名城，西部地区有国际影响力的现代化中心城市，面向“一带一路”，辐射中亚、西亚、南亚的现代化、国际化大都会。

兰州自秦朝以来，已有两千多年的建城史，自古就是“联络四域、襟带万里”的交通枢纽和军事要塞，以“金城汤池”之意命名金城，素有“黄河明珠”的美誉。兰州得益于丝绸之路，成为重要的交通要道、商埠重镇，后成为中国最早接受近代工业文明的城市之一，新中国成立后被国家确定为重点建设的工业基地之一，成为国家重要的石油化工、生物制药和装备制造基地。

2012 年，兰州新区被国务院批复为西北地区首个国家级新区，批复明确把建设兰州新区作为深入实施西部大开发战略的重要举措。兰州市部分核心景点如下。

1）兰州黄河铁桥

兰州黄河铁桥，又名中山桥，位于甘肃省兰州市滨河路中段，白塔山下。清光绪三十四年四月十日（1908 年 5 月 9 日），兰州黄河铁桥工程正式开工。清宣统元年七月初四（1909 年 8 月 19 日），兰州黄河铁桥竣工通行。其采用由美国桥梁公司设计、德国泰来洋行承建、中国工匠施工的合作模式建造。

兰州黄河铁桥为 4 墩 5 孔布局，每孔跨径 45.9 m，桥长 233.5 m，总宽 8.36 m。兰州黄河铁桥作为一个交通结构工程，体现了中国近代历史上洋务运动时期建筑艺术发展的风格、流派、特征。兰州黄河铁桥是中国近代史上兰州市、甘肃省乃至整个西北地区第一座引进外国技术建造的桥梁，这一特殊的建设背景及建设年代使兰州黄河铁桥变成了研究近代历史的钥匙，在中国的建筑史上占有独特的地位。同时，桥梁所需物资的运输过程也创造了近代运输史上的奇迹。2006 年 5 月 25 日，兰州黄河铁桥被中华人民共和国国务院公布为第六批全国重点文物保护单位。兰州黄河铁桥如图 10–6 所示。

2）甘肃省博物馆

甘肃省博物馆，简称“甘博”，位于甘肃省兰州市七里河区西津西路 3 号，其展现了甘肃丰厚的文化底蕴和陇原大地留下的大量珍贵文化遗存，是中国最早成立的综合性博物馆之一，也是甘肃省规模较大的综合性博物馆。

甘肃省博物馆的前身是 1939 年成立的甘肃科学教育馆，1950 年改名为西北人民科学馆，1956 年改名为甘肃省博物馆，1958 年迁入新馆，1999 年经省政府立项，投资 1.5 亿元对原展览大楼进行改扩建工程。

甘肃省博物馆馆藏珍贵历史文物、自然标本 8 万余件（组），其中一级文物 686 件（组）（含国宝 16 件）、二级文物 2 606 件（组）、三级文物 48 164 件（组）。汇集了甘肃从远古时期到近现代的大量文化瑰宝，尤以新石器时代之冠的甘肃彩陶、汉代简牍文书、汉唐丝绸之路珍品、古生物化石等珍贵文物独具特色，反映了甘肃厚重的历史文化。

甘肃省博物馆“甘肃丝绸之路文明”展厅如图 10–7 所示。

图 10–6　兰州黄河铁桥

图 10–7　甘肃省博物馆“甘肃丝绸之路文明”展厅

3）八路军兰州办事处纪念馆

八路军兰州办事处纪念馆位于兰州市城关区甘南路 700 号，是甘肃省唯一一家抗战纪念馆。八路军兰州办事处于 1937 年 5 月设立，1943 年 11 月撤回延安，历时六年。其间，在谢觉哉、彭加伦、伍修权等同志的领导下，在开展营救被俘流落的红军西路军将士、推进抗日民族统一战线、加强同苏联外交代表处和军事代表处的联系、接待我党往返苏联人员、转运抗战物资、输送进步青年到延安、指导中共甘肃工委开展工作等方面发挥了重要作用，被周恩来亲切地誉为“革命的接待站，战斗的指挥所”。1981 年其被辟为革命纪念馆并正式向全社会开放，先后被中宣部、国家发展和改革委、国家旅游局、国家文物局等部门列为全国爱国主义教育示范基地、全国青少年教育基地、全国未成年人思想道德教育基地、国家国防教育示范基地、国家安全教育基地、红色旅游第一批全国百家经典景区、全国重点文物保护单位、中国延安干部学院甘肃教学点等。

2. 省内其他重点景区

1）麦积山石窟

麦积山石窟位于甘肃省天水市麦积区，为麦积山风景名胜区子景区，是小陇山中的一座孤峰，高 142 m，因山形酷似麦垛而得名。麦积山石窟存有 221 座洞窟、10 632 身泥塑石雕、1 300 余 m^2 壁画，其以精美的泥塑艺术闻名世界，被誉为东方雕塑艺术陈列馆。

麦积山石窟为世界文化遗产、国家 5A 级旅游景区、国家重点风景名胜区、国家森林公园、国家地质公园、全国重点文物保护单位，是中国四大石窟之一。

麦积山石窟保留有大量的宗教、艺术、建筑等方面的实物资料，体现了千余年来各个时代塑像的特点，反映了中国泥塑艺术发展和演变的过程，丰富了中国古代文化史，为后世研究我国佛教文化提供了丰富的资料和史实。麦积山石窟如图 10–8 所示。

2）雷台汉墓

武威雷台汉墓因出土中国旅游标志马踏飞燕闻名，1983 年被公布为甘肃省重点文物保护单位，2001 年被国务院公布为第五批全国重点文物保护单位。其主要景点有汉式大门、音乐喷泉、汉代风格大型浮雕、四神图腾柱、铜车马仪仗俑阵列、汉墓、雷台观、汉文化展览馆等。马踏飞燕如图 10–9 所示。

图 10–8　麦积山石窟

图 10–9　马踏飞燕

3）莫高窟

莫高窟，俗称千佛洞，坐落在河西走廊西端的敦煌。它始建于前秦宣昭帝苻坚时期，后历经北朝、隋朝、唐朝、五代十国、西夏、元朝等历代的兴建，形成巨大的规模，共有洞窟 735 个，壁画 4.5 万 m^2、泥质彩塑 2 415 尊，是世界上现存规模最大、内容最丰富的佛教艺术宝地。洞窟中保存有绘画和彩塑，按石窟建筑和功用分为中心柱窟（支提窟）、殿堂窟（中央佛坛窟）、覆斗顶型窟、大像窟、涅槃窟、禅窟、僧房窟、影窟等形制，还有一些佛塔。窟型最大者高 40 余 m、宽 30 m，最小者高不足盈尺。在多个洞窟外存有较为完整的唐代、宋代木质结构窟檐，是不可多得的木结构古建筑实物遗存，具有极高的研究价值。

1961 年，莫高窟被中华人民共和国国务院公布为第一批全国重点文物保护单位之一。1987 年，莫高窟被列入《世界遗产名录》。莫高窟壁画如图 10–10 所示。

图 10–10 莫高窟壁画

4）鸣沙山月牙泉风景名胜区

鸣沙山月牙泉风景名胜区位于甘肃省敦煌市城南 5 km 处，占地面积 3.12 万 km^2，主要景点有月牙泉、鸣沙山。鸣沙山东西长 40 余 km，南北宽约 20 km，主峰海拔 1 715 m，因沙动成响而得名。月牙泉处于鸣沙山环抱之中，其形酷似一弯新月而得名。

鸣沙山月牙泉风景名胜区为国家重点风景名胜区，2015 年 7 月 20 日，被批准为国家 5A 级旅游景区。鸣沙山月牙泉风景名胜区如图 10–11 所示。

5）嘉峪关关城

嘉峪关关城在嘉峪关市区西南 6 km 处，位于嘉峪关最狭窄的山谷中部，地势最高的嘉峪山上，城关两翼的城墙横穿沙漠戈壁，向北 8 km 连黑山悬壁长城，向南 7 km 接天下第一墩，是明代万里长城西端的重要关口，自古为河西第一隘口。关城始建于明洪武五年（1372），从初建到筑成一座完整的关隘，经历了 168 年的时间，是明代长城沿线九镇所辖千余个关隘中最雄险的一座，至今保存完好，尤为难得。嘉峪关关城如图 10–12 所示。

图 10–11 鸣沙山月牙泉风景名胜区

图 10–12 嘉峪关关城

10.3.3 旅游线路

1. 黄金旅游线路

（1）兰州—武威—山丹—张掖—酒泉—嘉峪关—敦煌；

（2）兰州—永靖—临夏；

（3）兰州—天水—甘谷—武山—陇西；

（4）兰州—会宁—平凉—庆阳。

2. 主要旅游线路

（1）敦煌、嘉峪关（酒泉）、兰州之游：敦煌—嘉峪关（酒泉）—兰州；

（2）“丝绸之路”大漠风情游：兰州—嘉峪关—敦煌。

3. 特色之旅——沙山神泉石窟游

在丝绸之路第一画廊——莫高窟，游客可欣赏到历朝历代绘制的精美绘画艺术、泥塑及建筑，了解古丝绸之路佛教深远的文化内涵、历史意义。游沙漠奇景——鸣沙山、月牙泉，聆听丝绸之路古道的悠远驼铃、沙山奇特的鸣响。

任务 10.4　青海省旅游资源

10.4.1　青海省概况

青海省位于祖国西部，雄踞世界屋脊青藏高原的东北部。因境内有国内最大的内陆咸水湖——青海湖而得名，简称“青”。青海是长江、黄河、澜沧江的发源地，故被称为“江河源头”，又称“三江源”，素有“中华水塔”之美誉。青海省东西长 1 200 多 km，南北宽 800 多 km，总面积 72.23 万 km^2，占全国总面积的十三分之一，面积排在新疆、西藏、内蒙古之后，列全国各省、市、自治区的第四位。青海北部和东部同甘肃省相接，西北部与新疆维吾尔自治区相邻，南部和西南部与西藏自治区毗连，东南部与四川省接壤，是联结西藏、新疆与内地的纽带。青海全省平均海拔 3 000 m。青海山脉纵横，峰峦重叠，湖泊众多，峡谷、盆地遍布。祁连山、巴颜喀拉山、阿尼玛卿山、唐古拉山等山脉横亘境内。青海湖是我国最大的内陆咸水湖，柴达木盆地以“聚宝盆”著称于世。全省地貌复杂多样，五分之四以上的地区为高原，东部多山，海拔较低，西部为高原和盆地，境内的山脉，有东西向、南北向两组，构成了青海的地貌骨架。青海是农业区和牧区的分水岭，兼具了青藏高原、内陆干旱盆地和黄土高原的三种地形地貌，汇聚了大陆季风性气候、内陆干旱气候和青藏高原气候三种气候形态，这里既有高原的博大、大漠的广袤，也有河谷的富庶和水乡的旖旎。

天地有大美而不言。青海地大物博、山川壮美、历史悠久、民族众多、文化多姿多彩，具有生态、资源上的重要战略地位。青海的美，具有原生态、多样性，不可替代的独特魅力，李白的诗句：“登高壮观天地间，大江茫茫去不还。黄云万里动风色，白波九道流雪山。”正是青海山河的生动写照。

10.4.2　青海省重点旅游景区

1. 西宁

西宁，古称青唐城、西平郡、鄯州，青海省省会，是国务院批复确定的中国西北地区重要的中心城市。

西宁地处西北地区、青海省东部、湟水中游河谷盆地，是青藏高原的东门户，古“丝绸之路”南路和“唐蕃古道”的必经之地，自古就是西北交通要道和军事重地，素有“西海锁钥”“海藏咽喉”之称，是世界高海拔城市之一，青海省的政治、经济、科教、文化、交通和通信中心，也是国务院确定的内陆开放城市。

西宁历史文化源远流长，有着得天独厚的自然资源，绚丽多彩的民俗风情，是青藏高原一颗璀璨的明珠，取“西陲安宁”之意，先后荣获国家卫生城市、中国特色魅力城市 200 强、中国优秀旅游城市、中国园林绿化先进城市、国家森林城市、全国文明城市等荣誉称号。西宁市部分核心景点如下。

1）塔尔寺

塔尔寺又名塔儿寺，地处青海省西宁市湟中区，创建于明洪武十二年（1379），得名于大金瓦寺内为纪念黄教创始人宗喀巴而建的大银塔，是国家 5A 级旅游景区。塔尔寺是中国西北地区藏传佛教的活动中心，在中国及东南亚享有盛名，历代中央政府都十分推崇塔尔寺的宗教地位。明朝对寺内上层宗教人士多次封授名号，清康熙帝赐有“净上津梁”匾额，乾隆帝赐“梵宗寺”称号，并为大金瓦寺赐有“梵教法幢”匾额。

酥油花、壁画和堆绣被誉为“塔尔寺艺术三绝”，另外寺内还珍藏了许多佛教典籍和历史、文学、哲学、医药、历法等方面的学术专著。塔尔寺的酥油花雕塑也是栩栩如生，远近闻名。

塔尔寺是中国藏传佛教格鲁派（黄教）六大寺院之一，也是青海省首屈一指的名胜古迹和全国重点文物保护单位。塔尔寺如图 10–13 所示。

图 10–13　塔尔寺

2）青海省博物馆

青海省博物馆位于西宁市城西区新宁广场东侧，是青海第一座具有现代化功能的大型综合性博物馆，占地 17 000 m^2，建筑面积 20 800 m^2。

青海省博物馆最早筹建于 1957 年，1986 年 9 月正式建立并对外开放。2001 年 5 月 1 日，青海省博物馆新馆建成开放，2008 年 4 月 1 日起面向社会免费开放，2017 年 1 月被中国博物馆协会评为国家一级博物馆。截至 2017 年 12 月，该馆设主、侧展厅 10 个，展厅面积 9 146 m^2。文物库房 7 个，面积 2 593 m^2。馆藏文物 14 932 件（套），其中珍贵文物 2 193 件（套）。馆藏文物以彩陶和民族宗教类文物最具特色，涉及宗教、民俗、政治、经济、军事、生产、生活等多个领域。其承担着展览展示、文物保护、科学研究、人才培养、社会服务、对外教育宣传及交流等多项任务。

2. 青海省内其他重点景区

青海湖

青海湖是中国最大的内陆咸水湖，古称西海（相传为西海小白龙的居所）、又称仙海、鲜水海，北魏以后称青海。藏语称“措温波”，意为“青色的湖”，蒙古语称“库库诺尔”，意为“蓝色的海”。青海湖之名始于清代，1949 年后通称青海湖。湖水面积 4 283.3 km^2，平均水深 16 m，最大水深 28 m，水面海拔 3 194 m，湖水容积 719 亿 m^3。青海湖地区的鸟禽集中栖息、繁殖地，既是保护区的核心保护区域，也是向世人展示风采的主要景观，包括鸟岛、海心山、三块石、海西皮、沙岛以及鸟岛至泉湾、那尕则滩涂沼泽地。

鸟岛，又名小西山或蛋岛，面积 0.27 km^2，每年 4～8 月斑头雁、棕头鸥在此栖息、繁殖，因鸟类集中产卵，所产鸟蛋几乎覆盖全岛，故名蛋岛。

海西皮，又名鸬鹚岛，与蛋岛相距约 2 km。东面有断层陡崖紧靠湖边，陡崖外有一近似圆形的岩石屹立于湖中，拔湖 30 余米，是鸬鹚的繁殖场所，现有栈道直通海西皮岛顶，游人可步行观光。

海心山，又名龙驹岛，位于青海湖中心略偏南，距鸟岛约 28 km，面积 1.22 km^2。相传古吐谷浑游牧民族在冻冰后将母马赶至岛上，来年春天，母马皆有孕，所生马驹日行千里，号称龙种，是我国三大优良马种河曲马的前身，隋炀帝曾在此地设置“牧马宫”，岛上还有唐朝大将哥舒翰修建的“应龙城”遗址。岛上植被覆盖度在 50%以上，是鸬鹚的繁殖场所。海心山及其周围半径 500 m 被划为核心区，实施严格保护。

三块石，又名孤插山，相传为二郎神与孙悟空大战时埋锅造饭之处。位于青海湖西南部，南距湖边 8 km，距鸟岛 20 km。三块石由礁石、碎石滩及沙埂组成，这里是青海湖鸟岛栖息繁殖的“大后方”。鸬鹚、鱼鸥的总体数量在 2 万只以上。三块石及其周围 500 m 的水域为保护区的核心区，实施严格保护。

沙岛，位于青海湖东北部海晏县境内，曾是湖中最大的岛屿，现已成为半岛，表面均由沙砾覆盖，基本无植被，曾是鱼鸥的栖息繁殖地。沙岛及其周围 5 000 m 的水域和地面为保护区的核心区，实施严格保护。泉湾、那尕则滩涂沼泽地，位于青海湖西南边，主要生长有湿生植物苔草、扁穗草、杉叶藻等。这里有多处泉水涌流形成沼泽湿地，冬季不封冻。黑颈鹤、大天鹅就生活在这里，它是保护区的核心区，游人可沿环湖西路观光。

10.4.3 青海省旅游线路

1. 黄金旅游线路

（1）西宁—湟中—循化—民和—乐都；

（2）西宁—青海湖—格尔木—海西；

（3）西宁—兴海—玛多—玉树。

2. 主要旅游线路

（1）传统黄金旅游线：塔尔寺—青海湖，这是一条以宗教朝拜和自然风貌观赏为主的旅游线路；

（2）唐蕃古道旅游线：西宁—日月山—玛多—玉树—拉萨；

（3）丝绸之路旅游线：西宁—东关清真大寺—青海湖—塔尔寺。

3. 特色之旅

1）青海生态民俗休闲游

游览李家峡水库，乘船欣赏高峡平湖的壮丽景色，游大坝，参观发电机房；漫步坎布拉国家森林公园，欣赏丹霞地貌；参观藏传佛教后期著名寺院南宗寺、尼姑寺，在游览中享受大自然，品尝青稞美酒；欣赏互助土族风情园，感受敬青稞酒、献哈达的礼遇，充分体会大自然的神奇与人类的伟大功绩。

精品旅游线路：李家峡水库—坎布拉国家森林公园—南宗寺互助北山国家森林公园—互助北山。

2）青藏高原风光游

欣赏青海湖的碧波、戈壁风光，前往昆仑山口，参观青藏铁路二期工程起点和青藏铁路，欣赏昆仑神泉、玉珠峰、无极龙凤宫、碑林和盐湖奇观，眺望可可西里，感受胡杨林生命的坚强，体验蒙古族风情。

精品旅游线路：日月山—青海湖—茶卡盐湖—班禅行宫—昆仑山口—青藏铁路—万丈盐桥—胡杨林。

任务 10.5 宁夏回族自治区旅游资源

10.5.1 宁夏回族自治区概况

宁夏，生态优美的宜居地。

这里是全国唯一全境属于黄河流域的省区，拥有完整的山水林田湖草沙生态体系，堪称中国生态微缩盆景。

这里气候宜人，年均气温 8 ℃，以“蓝天碧水”享誉大江南北。

这里开放包容、社会稳定，各民族手足相亲、守望相助，是全国民族团结进步示范区。

宁夏立足区位相对便利、气候条件独特、资源能源丰富、产业特色鲜明的比较优势，乘势而上、顺势而为，围绕打造现代产业基地，重点发展“六新六特六优”产业。

新型材料、清洁能源、装备制造、数字信息、现代化工、轻工纺织“六新”产业潜力巨大。

葡萄酒、枸杞、牛奶、肉牛、滩羊、冷凉蔬菜“六特”产业优势突出。

文化旅游、现代物流、现代金融、健康养老、电子商务、会展博览“六优”产业快速崛起。

宁夏是西部独具特色的旅游目的地，拥有沙湖、沙坡头、镇北堡西部影城、水洞沟等 5A 级旅游景区，正在全力打造国家全域旅游示范区；宁夏拥有国家级中国—阿拉伯国家博览会和葡萄酒文化旅游博览会两个金字招牌，正在建设银川国家物流枢纽与骨干冷链物流基地。银川跨境电子商务综合试验区加快建设，全国数字供销示范区蓬勃发展；银行、证券、保险、基金、担保等金融领域合作前景广阔，成功创建全国首个“互联网+医疗健康”“互联网+教育”示范区，康养教育产业发展基础良好。

10.5.2 宁夏回族自治区重点旅游景区

1. 宁夏沙湖生态旅游区

沙湖生态旅游区地处贺兰山下，距宁夏回族自治区首府银川市 42 km。景区内沙漠与水域毗邻而居，既有大漠戈壁之雄浑，又有江南水乡之秀美，被誉为“世间少有”的文化旅游胜地。

湖傍金沙，沙环碧水，沙水相依，巧夺天工，曾有诗词赞叹：金绸子沙滩、银绸子水，谁不说咱沙湖美；塞上的风光、江南的景，人在沙湖不思归。

图 5-14 宁夏沙湖生态旅游区

金沙、碧水、翠苇、飞鸟、游鱼、远山、彩荷七大资源天然组合，使宁夏沙湖生态旅游区成为沙的海洋、水的世界、鱼的乐园、鸟的天堂。

宁夏沙湖生态旅游区以得天独厚的旅游资源，历经 20 多年的可持续开发，年接待海内外游客逾 100 余万人次，被评为国家 5A 级旅游景区，正逐步成为独具特色的国际知名景区。宁夏沙湖生态旅游区如图 5-14 所示。

2. 镇北堡西部影城

镇北堡西部影城是国家 5A 级旅游景区，位于银川市西夏区镇北堡镇，距银川市中心 35 km，其交通方便，是贺兰山东麓旅游区的亮点。镇北堡西部影城在中国众多的影视城中以古朴、荒凉、原始、粗犷、民间化为特色，在这里拍摄了《红高粱》《东邪西毒》《大话西游》等 100 多部影片，享有“中国电影从这里走向世界”的美誉。镇北堡西部影城已逐步成为中国古代北方小城镇的缩影，再现了我们祖先的生活方式、生产方式和游乐方式。镇北堡西部影城有大小场景 100 多处，景区内配有专业的拍摄人员，让游客真正感受到“来时是游客，走时成明星”。

3. 水洞沟

位于宁夏回族自治区灵武市的水洞沟是国家 5A 级旅游景区，是中国最早发掘的旧石器时代文化遗址，被誉为中国史前考古的发祥地和最具中华文明意义的百项考古发现之一。水洞沟还是我国保存最完好的长城立体军事防御体系之一。独特的雅丹地貌鬼斧神工地造就了魔鬼城、摩天崖、大峡谷等奇绝景观，它们和蓝天、碧水、芦苇、鸳鸯、野鸭共同构筑了宁静逸然的世外桃源，而地上的高科技动感体验展馆，地下杀机四伏、暗器密布的峡谷兵城使游客置身于万年的时光隧道之中。

4. 西夏王陵

西夏王陵又称西夏帝陵、西夏皇陵，是西夏历代帝王陵。西夏王陵位于银川市西，西傍贺兰山，东临银川平原，是中国现存规模最大、地面遗存最完整的帝王陵园之一，也是现存规模最大的一处西夏文化遗址。

西夏王陵营建年代约自 11 世纪初至 13 世纪初。西夏王陵受到佛教建筑的影响，是汉族文化、佛教文化、党项族文化的有机结合体。

西夏王陵规模宏伟，布局严整。每座帝陵都是坐北向南，呈纵长方形的独立建筑群体，规模同明十三陵相当，吸收了秦汉以来，唐宋皇陵之所长，又受佛教建筑影响，构成中国陵园建筑中别具一格的形式，有东方金字塔之称。

10.5.3 宁夏回族自治区旅游线路

1. 黄金旅游线路

（1）银川—吴忠—中卫—同心—固原—泾源；

（2）银川—贺兰山—平罗—石嘴山。

2. 主要旅游线路

（1）西夏文化探秘游：西夏王陵—贺兰山岩画—三关口明代长城—居延文化遗址—甲渠侯宫遗址—阿拉善王府—延福寺—玉皇阁—纳家户清真寺—海宝塔；

（2）丝路寻踪游：青铜峡—沙坡头—同心清真大寺—须弥山石窟—固原博物馆—六盘山。

3. 特色之旅

宁夏沙湖寺塔游：来到宁夏银川，游金沙碧湖、绿苇飞鸟完美结合的景区——沙湖，神秘的东方金字塔——西夏王陵，游览世界垄断性资源之一——沙坡头景区，儒、释、道三教合一的高庙，西夏古塔群——青铜峡一百零八塔。

精品旅游线路：银川—沙湖—中卫沙坡头—高庙—一百零八塔。

任务 10.6 新疆维吾尔自治区旅游资源

10.6.1 新疆维吾尔自治区概况

新疆维吾尔自治区，简称“新”，地处中国西北，位于亚欧大陆腹地，面积 166.49 万 km^2，约占全国陆地总面积的六分之一，是中国陆地面积最大、交界邻国最多、陆地边界线最长的省级行政区。

新疆古称“西域”，意为中国的西部疆域，自古以来就是祖国不可分割的一部分。公元前 138 年，汉武帝派遣张骞出使西域，西汉政权与西域建立了联系。公元前 60 年，西汉在乌垒（今轮台县境内）设立西域都护府，标志着新疆地区正式纳入中国版图。1884 年，清政府正式在新疆设省，并取“故土新归”之意，改称西域为“新疆”。1949 年 9 月，新疆和平解放。1955 年 10 月 1 日成立新疆维吾尔自治区。在中国共产党领导下，新疆各族人民同全国人民共同团结奋斗，新疆进入历史上最好的繁荣发展时期。

新疆地貌可以概括为“三山夹两盆”：北面是阿尔泰山，南面是昆仑山，天山横亘中部，把新疆分为南北两部分，习惯称天山以南为南疆，天山以北为北疆。位于南疆的塔里木盆地面积约 40 万 km^2，是中国最大的盆地。塔里木盆地中部的塔克拉玛干沙漠，面积约 33 万 km^2，是中国最大、世界第二大流动沙漠。贯穿塔里木盆地的塔里木河全长约 2 486 km，是中国最长的内陆河。位于北疆的准噶尔盆地面积约 30 万 km^2，是中国第二大盆地。在天山东部和西部，还有被称为“火洲”的吐鲁番盆地和被誉为“塞外江南”的伊犁谷地。位于吐鲁番盆地的艾丁湖，湖盆最低处低于海平面 154.31 m，是中国陆地最低点。

新疆属于典型的温带大陆性干旱气候，降水集中在山区，平原区降水少、蒸发量大，年均降水量 177.4 mm。

新疆生物资源种类繁多、物种独特。

新疆矿产种类全、储量大，能源丰富，开发前景广阔。

新疆文化旅游资源丰富、开发潜力巨大。自然景观神奇独特，著名的景区有高山湖泊——天山天池、人间仙境——喀纳斯、空中草原——那拉提、地质奇观——可可托海等。2013 年中国“新疆天山”被列入联合国教科文组织世界自然遗产名录。新疆历史文化底蕴深厚，在 5 000 多 km 古“丝绸之路”的南、北、中三条干线上，分布着众多的古遗址、古墓葬、石窟寺等人文景观，其中高昌故城、交河故城、北庭故城遗址、克孜尔尕哈烽燧、克孜尔石窟、苏巴什佛寺遗址等 6 处遗产地成为新疆首批世界文化遗产。

10.6.2 新疆维吾尔自治区重点旅游景区

1. 乌鲁木齐

乌鲁木齐，简称乌市，旧称迪化，新疆维吾尔自治区首府，是国务院批复确定的中国西北地区重要的中心城市和面向中亚、西亚的国际商贸中心。

乌鲁木齐地处西北地区、新疆中部、亚欧大陆中心、天山山脉中段北麓、准噶尔盆地南缘，毗邻中亚各国，是新疆的政治、经济、文化、科教和交通中心，是第二座亚欧大陆桥中国西部桥头堡和中国向西开放的重要门户，是世界上最内陆、距离海洋和海岸线最远的大型城市。乌鲁木齐是全国文明城市、国家园林城市、全国双拥模范城市、中国优秀旅游城市、全国民族团结进步模范城市。乌鲁木齐市部分核心景点如下。

1）新疆国际大巴扎

新疆国际大巴扎位于新疆维吾尔自治区首府乌鲁木齐市天山区，于 2003 年 6 月 26 日落成，是世界规模最大的大巴扎（维吾尔语，意为集市、农贸市场），集伊斯兰文化、建筑、民族商贸、娱乐、餐饮于一体，是新疆旅游业产品的汇集地和展示中心，是“新疆之窗”“中亚之窗”“世界之窗”。

新疆国际大巴扎于 2004 年入选乌鲁木齐市“十佳建筑”，具有浓郁的伊斯兰建筑风格，在涵盖了建筑的功能性和时代感的基础上，重现了古丝绸之路的繁华，集中体现了浓郁的西域民族特色和地域文化。新疆国际大巴扎如图 10-15 所示。

2）红山公园景区

红山公园景区位于乌鲁木齐市水磨沟区红山路北一巷 40 号，是一座集旅游观光、古典特色、人文内涵、体育健身于一体的综合性自然山体公园，是国家 4A 级旅游景区，也是乌鲁木齐市新十景之一。红山公园，因地处红山而得名。红山山体由紫色砂砾岩构成，呈赭红色，故名“红山”。据地质研究，红山是在距今约八千万年前的喜马拉雅山造山运动时期，同天山一同崛起的。山上有珍奇的化石资源，曾发现了距今2.7亿年前的古鳕鱼化石和酷似人类鞋印的化石。

3）南山风景区

南山风景区在乌市以南的乌鲁木齐县境内，是一个地处亚欧腹地极度干旱区，以冰雪景观、葱郁林草、奇特山石、优越旅游气候、高山林牧区风光和浓郁少数民族风情为主要特色的景区。这里雪峰高耸，山峦起伏，林木葱郁，花草遍地，景色迷人，是避暑与游览的胜地。其中较著名的景点有东、西白杨沟，后峡，甘沟，灯草沟，水西沟，庙尔沟和板房沟等。各景点具有天山北坡自然景观的共性，但个性也比较明显。南山风景区如图10–16所示。

图10–15　新疆国际大巴扎

图10–16　南山风景区

4）天山大峡谷

天山大峡谷位于乌鲁木齐县境内，距市区48 km。景区规划总面积1 038.48 km^2，三面环山，平均海拔2 020 m，年平均气温4～6 ℃，有天山北坡最完整、最具观赏价值的原始雪岭云杉林，囊括了除沙漠以外的新疆所有自然景观，具有极高的旅游欣赏、科学考察和历史文化价值，被评为国家级森林公园、国家级体育运动休闲基地、国家5A级旅游景区、自治区全民健身拓展运动培训基地、自治区徒步运动基地、自治区全民健身登山运动培训基地。

2. 新疆维吾尔自治区内其他重点景区

1）新疆火焰山

新疆火焰山是吐鲁番最著名的景点。其位于吐鲁番盆地的北缘，古丝绸之路北道，主要由中生代的侏罗纪、白垩纪和第三纪的赤红色砂、砾岩和泥岩组成。当地人称它为“克孜勒塔格”，意即“红山”。新疆火焰山如图10–17所示。

2）葡萄沟

葡萄沟位于新疆吐鲁番市区东北11 km处，南北长约8 km，东西宽约2 km，是火焰山下的一处峡谷，沟内有布依鲁克河，主要水源为高山融雪，因盛产葡萄而得名，是新疆吐鲁番市的旅游胜地。2007年5月8日，葡萄沟被国家旅游局正式批准为国家5A级旅游景区。葡萄沟如图10–18所示。

图10–17　新疆火焰山

图10–18　葡萄沟

10.6.3 新疆维吾尔自治区旅游线路

1. 黄金旅游线路

（1）乌鲁木齐—天山天池—五彩湾—阿勒泰—喀纳斯—布尔津—克拉玛依—奎屯；

（2）乌鲁木齐—奎屯—库车—拜城—阿克苏—喀什—叶城；

（3）乌鲁木齐—奎屯—博乐—霍城—伊宁—新源—巴音郭楞；

（4）乌鲁木齐—吐鲁番—鄯善—哈密。

2. 主要旅游线路

（1）人间仙境喀纳斯之旅：乌鲁木齐—布尔津—喀纳斯；

（2）天池吐鲁番之旅：乌鲁木齐—天山天池—南山牧场—吐鲁番；

（3）丝绸之路民俗风情之旅：乌鲁木齐—库尔勒—民丰—和田—喀什—阿克苏—库车—吐鲁番—乌鲁木齐；

（4）寻梦罗布泊之旅：乌鲁木齐—迪坎儿村—龙城—罗布泊—洛瓦寨—米兰镇。

3. 特色之旅

丝绸之路风情游：天山天池国家级风景区，苍松翠柏，欣赏天池美景。站在湖边远观东部天山最高峰——博格达峰。赴中国最低、最热、最干和最甜的地方——吐鲁番，参观万佛宫、葡萄沟、火焰山。途经世界第三、亚洲第二的风力发电厂——达坂城风力发电站，游览世界上保存完整的夯土建筑——高昌古城，以及与万里长城、大运河并称为我国古代三大工程的“地下运河”——坎儿井。飞往喀什，参观石头城，体验柯尔克孜族、塔吉克族民族风情。

实　训

1. 实训目的

根据西北客运交通线路与旅游资源情况设计为期 21 天的西北地区边塞主题旅游方案。

2. 实训内容

对照职业能力目标的要求，认真学习本项目的内容，在熟悉西北地区旅游资源的基础上，设计西北地区边塞主题旅游线路。

3. 实训步骤

（1）绘制本项目思维导图，掌握职业能力目标要求的能力。

（2）以本项目的内容为脉络，前往图书馆查找文献，通过互联网收集网络资料，结合纸质和电子地图完成 PPT 演示文件的创作。

（3）在班级讨论会上，提交 PPT 演示文件并进行简短的汇报。

（4）听取教师及其他同学对 PPT 演示文件的点评，取长补短，复盘本项目的内容。

参考文献

［1］刘文彬，宗霞．铁路旅游地理［M］．北京：中国铁道出版社，2004．

［2］杨艳．铁路旅游地理［M］．北京：中国铁道出版社有限公司，2021．

［3］刘涛，李斌．高速铁路旅游地理［M］．北京：北京交通大学出版社，2022．